Kohlhammer

Alfred Endres, Regina Bertram,
Michael Finus, Bianca Rundshagen

Umweltökonomie

Arbeits- und Übungsbuch

Verlag W. Kohlhammer

Alle Rechte vorbehalten
© 2007 W. Kohlhammer GmbH Stuttgart
Umschlag: Gestaltungskonzept Peter Horlacher
Gesamtherstellung:
W. Kohlhammer Druckerei GmbH + Co. KG, Stuttgart
Printed in Germany

ISBN: 978-3-17-019689-6

Vorwort

Nur immer schön brav in der Vorlesung sitzen oder sich im stillen Kämmerlein den Lehrbuchstoff reinziehen, bringt es nicht! Man muss auch mal aktiv werden und selbstständig Probleme aus dem studierten Fach bearbeiten. Nur dann gelingt es, sich den Stoff anzueignen und letztlich zu beherrschen.

Für die selbstständige Beschäftigung mit der Umweltökonomie soll das vorliegende Arbeitsbuch Gelegenheit und Anreiz bieten. Hier finden Sie Aufgaben aus den verschiedensten Gebieten der Umweltökonomie. Wir, die Autoren, lassen die gestellten Fragen nicht einfach offen im Raume stehen, sondern präsentieren jeweils eine »Musterlösung«. Diese beschreibt nicht die einzige und überhaupt allein selig machende Antwort, sondern offenbart Ihnen wie wir uns der gestellten Aufgabe »an Ihrer Stelle« nähern würden. Tun Sie sich bei der Bearbeitung einen Gefallen: Bearbeiten Sie zunächst die gestellten Aufgaben selbst und schauen Sie erst anschließend in der Musterlösung nach. Aus dem Spannungsverhältnis zwischen eigener Lösung und Musterlösung ergeben sich möglicherweise viele Lerneffekte. Vielleicht sind dies sogar Lerneffekte für die Autoren: Wenn Sie finden, dass Sie hier und da (oder überall) bessere Antworten gefunden haben als wir, dann lassen Sie es uns bitte unter alfred.endres@fernuni-hagen.de »Stichwort: Arbeitsbuch zur Umweltökonomie« wissen.

Damit Sie die hier und in den einschlägigen Lehrbüchern und Lehrveranstaltungen verwendete Terminologie gesammelt griffbereit haben, bietet Ihnen das Arbeitsbuch auch ein umweltökonomisches Glossar.

Außerdem sind den einzelnen Segmenten kurze einführende Texte unter der Überschrift »Kompaktkurs« vorangestellt. Diese rufen Ihnen die wichtigsten Zusammenhänge des jeweils betreffenden Kapitels schlaglichtartig in Erinnerung und stimmen Sie seelisch auf die im Folgenden zu beantwortenden Aufgaben ein. Bitte beachten Sie jedoch, dass diese kurzen Texte eine gründliche Beschäftigung mit der umweltökonomischen Materie auf keinen Fall ersetzen können. Die Lektüre des Kurztextes allein reicht auch nicht zur Beantwortung der gestellten Fragen aus. Sie ist ergänzend zur Lektüre umweltökonomischer Lehrbücher und/oder dem Besuch umweltökonomischer Lehrveranstaltungen gedacht.

Das Arbeitsbuch orientiert sich in seinem Aufbau an dem Lehrbuch *Alfred Endres, Umweltökonomie, 3. Aufl., Stuttgart (Kohlhammer), 2007*. Wenn die Autoren (Sie haben es schon geahnt: insbesondere einer der Autoren) Ihnen auch empfehlen, dieses Lehrbuch beizuziehen, so kann das vorliegende Arbeitsbuch doch auch zur Begleitung des Studiums anderer umweltökonomischer Lehrbücher oder schlicht als Ergänzung Ihrer umweltökonomischen Lehrveranstaltungen dienen.

Natürlich – alle Autoren haben gemeinsam an dem vorliegenden Werk gelitten und fühlen sich daher »gesamtschuldnerisch« für seine Qualität verantwortlich. Unbeschadet dessen galt folgende Arbeitsteilung: Kompaktkurs (Vorwort!) / Endres, Aufgaben und Musterlösungen, Teile 1 und 6 / Bertram, Teile 2 und 4 / Rundshagen, Teile 3 und 5 / Finus.

Wir wünschen gutes Gelingen und (ja, es ist möglich!) viel Spaß.

Univ.-Prof. Dr. Alfred Endres
Dipl.-Volksw. Regina Bertram   Hagen, im Januar 2007
PD Dr. Michael Finus
Dr. Bianca Rundshagen

Inhaltsverzeichnis

Vorwort 5

1   Die Internalisierung externer Effekte als Leitbild der Umweltpolitik   9
Kompaktkurs 1 9
Übungsaufgaben 14

2   Strategien der Internalisierung externer Effekte 16
2.1   Verhandlungen 16
Kompaktkurs 2.1 16
Übungsaufgaben 20
2.2   Haftungsrecht 23
Kompaktkurs 2.2 23
Übungsaufgaben 24
2.3   Pigou-Steuer 26
Kompaktkurs 2.3 26
Übungsaufgaben 27

3   Instrumente der Umweltpolitik 30
Kompaktkurs 3.1 und 3.2 30
3.1   Einleitung 31
Übungsaufgaben 31
3.2   Typen umweltpolitischer Instrumente 32
Übungsaufgaben 32
3.3   Zur Beurteilung umweltpolitischer Instrumente 33
Kompaktkurs 3.3 33
Übungsaufgaben 37

4   Weiterungen des umweltökonomischen Grundmodells 43
Kompaktkurs 4 43
4.1   Umweltpolitik mit Schadstoffinteraktion 44
Kompaktkurs 4.1 44
Übungsaufgaben 46
4.2   Umweltpolitik bei unvollständiger Konkurrenz 48
Kompaktkurs 4.2 48
Übungsaufgaben 49
4.3   Internalisierungsverhandlungen bei asymmetrischer Information . . 51
Kompaktkurs 4.3 51
Übungsaufgaben 53

4.4 **Die »doppelte Dividende« der Ökosteuer** 54
Kompaktkurs 4.4 54
Übungsaufgaben 57

4.5 **Zur umweltpolitischen Induktion des umwelttechnischen**
Fortschritts... 58
Kompaktkurs 4.5 58
Übungsaufgaben 59

5   **Internationale Umweltprobleme** 61
Kompaktkurs 5.1 und 5.2 61

5.1 **Einführung**... 64
Übungsaufgaben 64

5.2 **Internationale Umweltvereinbarungen**....................... 65
Übungsaufgaben 65

5.3 **Instrumente der internationalen Umweltpolitik –**
Das Beispiel des EU-Emissionshandels...................... 71
Kompaktkurs 5.3 71
Übungsaufgaben 73

6   **Natürliche Ressourcen und Nachhaltige Entwicklung** 74
Kompaktkurs 6.1 und 6.2 74

6.1 **Ressourcenerschöpfung – Das Ende der Menschheit?** 77
Übungsaufgaben 77

6.2 **Regenerierbare Ressourcen** 78
Übungsaufgaben 78

6.3 **Nachhaltige Entwicklung** 80
Kompaktkurs 6.3... 80
Übungsaufgaben 84

Lösungsteil 86

Lösungshinweise zu den Aufgaben zu Teil 1 86
Lösungshinweise zu den Aufgaben zu Teil 2................... 90
Lösungshinweise zu den Aufgaben zu Teil 3 102
Lösungshinweise zu den Aufgaben zu Teil 4 115
Lösungshinweise zu den Aufgaben zu Teil 5 133
Lösungshinweise zu den Aufgaben zu Teil 6 152

Umweltökonomisches Glossar 163

1 Die Internalisierung externer Effekte als Leitbild der Umweltpolitik

Kompaktkurs 1

Umweltökonomie ist angewandte Mikrotheorie. Wir rekapitulieren daher (wenn auch im Telegrammstil) Grundelemente der mikroökonomischen Theorie. In dieser Theorie wird das Verhalten von Haushalten und Firmen sowie die Koordination dieser Akteure durch den Marktmechanismus erklärt. Dieser erklärende (auch: prognostizierende) Teil der Theorie wird als *positive Analyse* bezeichnet. Außerdem entwickelt die mikroökonomische Theorie aus gesamtgesellschaftlicher Sicht Kriterien zur Beurteilung des Verhaltens der einzelnen Akteure und der Marktergebnisse. Entsprechen die individuellen Gleichgewichte und/oder die Marktgleichgewichte nicht der Norm für gesellschaftliche Optimalität, wird über das Design von (ordnungs- oder prozesspolitischen) Korrekturmaßnahmen nachgedacht. Diese Teile der mikroökonomischen Theorie werden als *normative Analyse* bezeichnet.

Das Verhalten der Entscheidungsträger und ihre Koordination werden in mikroökonomischen *Modellen* stilisiert. Der repräsentative Entscheidungsträger ist ein *rationaler* Akteur. Unter Rationalität ist in diesem Kontext die Zweckgerichtetheit des Handelns zu verstehen. Der Akteur versucht sein Ziel unter den für ihn geltenden Rahmenbedingungen soweit wie möglich zu erreichen (*Homo Oeconomicus*).

In der mikroökonomischen Theorie nehmen wir überwiegend an, das Ziel einer Firma bestehe darin, ihren Gewinn zu maximieren. Für den einzelnen Haushalt unterstellen wir das Ziel der Nutzenmaximierung. Bei der Nutzenmaximierung unterliegt der Haushalt Restriktionen, insbesondere der eines beschränkten Budgets.

Betrachten wir zunächst kurz die Implikationen des Ziels der Gewinnmaximierung, indem wir uns die Entscheidung einer einzelnen Firma über ihre Produktionsmenge nach dem Bild der Mikroökonomie vergegenwärtigen. Wir nehmen dabei vereinfachend an, dass die Firma unter konkurrenzwirtschaftlichen Bedingungen agiere. (Das Wesentliche der Marktform der vollständigen Konkurrenz besteht darin, dass kein einzelner Anbieter oder Nachfrager den Marktpreis beeinflussen kann.)

Ein und dieselbe Produktionsmenge kann durch sehr unterschiedliche Kombinationen von Produktionsfaktoren hergestellt werden. Die Firma wird zunächst alle Produktionsverfahren aus der weiteren Betrachtung ausschließen, bei denen mindestens ein Produktionsfaktor mit einer größeren Menge eingesetzt werden müsste als bei einem anderen Verfahren, ohne dass dem ein geringerer Einsatz eines anderen Faktors »als Ausgleich« entgegenstünde. Solche Produktionsverfahren sind per definitionem ineffizient. Die Anwendung eines ineffizienten Produktionsverfahrens ist mit dem Ziel der Gewinnmaximierung von vornherein unvereinbar. Aus der Menge der effizienten Produktionsverfahren wird die Firma dasjenige auswählen, das eine vorgegebene Endproduktmenge zu minimalen Kosten herstellt. (Für diese Auswahl ist die Kenntnis aller Inputpreise erforderlich.) Auf diese Weise kann die Firma die zur Produktion aufzuwendenden minimalen Kosten nicht nur für die hier zunächst betrachtete vorgegebene Produktionsmenge, sondern für jede Produktionsmenge errechnen. Der Zusammenhang zwischen Produktionsmengen und minimalen Kosten konstituiert die Kostenfunktion der Firma. Bei aus der Sicht der Firma gegebenem Marktpreis für ihr Produkt wird sie nun diejenige Menge des betreffenden Gutes herstellen, für die die Differenz aus Erlös und Gesamtkosten maximal ist. Diese Menge ist die *Gleichgewichtsmenge* der Firma. Unter den in der Mikroökonomie üblichen Annahmen bezüglich der Eigenschaften der Kostenfunktion ist diese Menge auch dadurch gekennzeichnet, dass der Preis den Produktionsgrenzkosten entspricht. Der Preis deckt hier gerade die bei der Produktion der letzten Einheit anfallenden Produktionskosten. Die Produktion einer weiteren Einheit würde einen marginalen Verlust erwirtschaften und unterbleibt daher. Die Produktion einer geringeren als der gleichgewichtigen Menge würde bestehende Gewinnmöglichkeiten ungenutzt lassen. Wir sehen also, dass der Entscheidung der Firma drei dem Ziel der Gewinnmaximierung dienende Schritte vorausgehen: Aussonderung ineffizienter Verfahren, Aussonderung nicht kostenminimaler Verfahren, Entscheidung über das Niveau der Produktion. Führt die Firma diese Schritte nach dem hier beschriebenen Muster durch, so befindet sie sich im *Gleichgewicht*. Sie hat ihr Ziel im Rahmen der Umstände, unter denen sie wirtschaftet, bestmöglich erreicht und ist daher nicht an einer Modifikation des erreichten Zustandes interessiert.

Wenden wir uns mit einer analogen kurzen Darstellung dem Haushalt zu. Für den Haushalt unterstellen wir in der Mikroökonomie, dass er nach Nutzenmaximierung strebt. In der Regel wird die Nutzenfunktion so modelliert, dass der Nutzen von der Versorgung des Konsumenten mit verschiedenen Gütern abhängt und um so größer ist, je höher die Versorgung mit jedem einzelnen Gut ausfällt. Es ist jedoch ohne weiteres möglich, den Nutzenbegriff weiter zu fassen und über die Güterversorgung im engeren Sinne hinausgehende Einflüsse auf das Wohlbefinden des Konsumenten zu berücksichtigen. An die Gestalt der Nutzenfunktion werden bis auf einige Konsistenzeigenschaften keine besonderen Anforderungen gestellt. (Diese werden als *Axiome der Konsumtheorie* formuliert. Dazu gehört z. B. das Erfordernis der Transivität der Präferenzordnung.) Allerdings kann der Konsument seinen Hedonismus nicht ungezügelt ausleben. Er muss vielmehr bei seiner Maximierung berücksichtigen, dass er nur über ein beschränktes Einkommen verfügt und für die zu konsumierenden Güter jeweils positive Preise entrichten muss. Formal erfolgt die Nutzenmaximierung daher unter einer Budgetrestriktion. Die Budgetrestriktion spannt den Raum der für den Konsumenten realisierbaren Möglichkeiten auf. Die Punkte dieses Raumes sind durch die als vollständig unerstellten Präferenzen des Konsumenten nach ihrer Erwünschtheit geordnet. Unter den einfachen in der Mikroökonomie üblicherweise unterstellten Bedingungen existiert eine einzige Kombination von Gütern (ein Güterbündel), die unter den für den Konsumenten erreichbaren Kombinationen den höchsten Nutzenindex verdient. Sie ist dadurch gekennzeichnet, dass die letzte ausgegebene Geldeinheit bei allen in dem Güterbündel enthaltenen Gütern denselben Nutzen stiftet. (Wäre dies nicht so, so könnte der Konsument durch Verlagerung seines Budgets von einem Gut mit niedrigerem Grenznutzen des Geldes zu einem Gut mit höherem Grenznutzen seinen Nutzen steigern – im Nutzenmaximum ein Ding der Unmöglichkeit.) Kauft der Konsument dieses Güterbündel, so befindet er sich im *Gleichgewicht*, d. h., er wünscht bei gegebenem Budget und gegebenen Güterpreisen keine Änderung dieser Allokation. Wichtig für das mikroökonomische Bild von der Entscheidungsfindung eines Haushalts ist die Vorstellung, das Mögliche (Budgetbeschränkung) und das Wünschbare (Nutzenfunktion) stellten insofern getrennte Sphären dar, als die Wünsche nicht von ihren Realisierungsmöglichkeiten beeinflusst würden. Weder positive Verkopplungen (»Der Fuchs und die Trauben«) noch negative (»Die Kirschen in Nachbars Garten«) sind zugelassen.

Wir haben hier kurz das Bild der Mikroökonomie von den Entscheidungsprozessen einer einzelnen Firma und eines einzelnen Haushaltes rekapituliert. Natürlich ist es für die Betrachtung einer Volkswirtschaft von fundamentalem Interesse, wie die Entscheidungen von Haushalten untereinander, die Entscheidungen von Firmen untereinander und vor allem die Entscheidungen von Firmen mit den Entscheidungen von Haushalten koordiniert werden. Hierbei spielt der Marktpreis eine Schlüsselrolle.

Nehmen wir z. B. an, dass sich ein bestimmtes Gut verknappt und dass sich die Verknappung in einer Preissteigerung am Markt niederschlägt. In dieser Situation werden die Anbieter im Interesse ihrer Gewinnmaximierung eine größere Menge des Gutes anbieten. Die Nachfrager werden in dem Bestreben, ihren Nutzen zu maximieren, versuchen, das verteuerte Gut in bestimmten Verwendungen durch andere Güter zu ersetzen. So bringt das über das Marktsystem vermittelte Eigeninteresse der Beteiligten bei einer Güterverknappung selbstständig einen Entknappungsprozess in Gang. Das ist eine gesamtgesellschaftlich nicht zu unterschätzende Leistung. Ähnlich kann für die Anpassung an Konsumentenwünsche bezüglich der Produktqualität argumentiert werden. Besteht z. B. bei vielen Konsumenten der Wunsch, auf eine höherwertige Variante eines Produktes überzuwechseln, selbst wenn diese teurer ist, so nutzt ein Produzent, der die Premium-Variante nicht in sein Produktionsprogramm aufnimmt, obwohl dies technisch und ökonomisch möglich wäre, seine Gewinnchancen nicht aus. Herrscht auf dem Markt Konkurrenz, so ist der Produzent sogar gezwungen, die Anpassung an die Konsumentenwünsche zu vollziehen, weil er sonst von seinen flexibleren Konkurrenten aus dem Markt gedrängt wird.

In einem idealtypischen Modell lässt sich sogar zeigen, dass die Güterversorgung im Marktsystem auf »gesellschaftlich optimale« Weise erfolgt. Allerdings ist der Begriff der sozialen Optimalität in der Literatur umstritten. Häufig wird das *Pareto-Kriterium* als Wohlfahrtskriterium verwendet. Danach ist ein gesellschaftlicher Zustand A einem anderen Zustand B vorzuziehen, wenn sich in A mindestens ein Mitglied der Gesellschaft besser und kein anderes Mitglied schlechter stellt als in B. Dabei wird die individuelle Befindlichkeit jeweils vom Individuum selber eingeschätzt. Wir sehen, dass dieses Kriterium fest auf dem Boden eines *normativen Individualismus* steht. Die Aussage über das Wohl der Gesellschaft wird aus einer Aussage über das Wohl von Individuen abgeleitet. Für ein jenseits der einzelnen individuellen Interessen angesiedeltes Interesse der Gesellschaft als Ganzes oder des Staates ist in diesem Konzept kein Platz. In seinem Individualismus ist das Konzept auch anthropozentrisch. Interessen von nichtmenschlichen Lebewesen spielen konzeptionell keine Rolle (– geschweige denn empirisch). Sie sind für die Wohlfahrt der Gesellschaft allerdings mittelbar von (möglicherweise erheblichem) Interesse, wenn sie in den Präferenzen der Individuen Berücksichtigung finden.

Nach dem hier vorgestellten Pareto-Kriterium ist ein Zustand gesellschaftlich optimal, wenn von ihm ausgehend keine Änderung mehr möglich ist, die auch nur ein Mitglied der Gesellschaft besser stellen würde, ohne ein anderes schlechter zu stellen. Eine Alternative zum Pareto-Kriterium ist das Konzept der *sozialen Wohlfahrtsfunktion*. In der sozialen Wohlfahrtsfunktion sollen die Nutzen der einzelnen Mitglieder der Gesellschaft (gewichtet oder ungewichtet) zusammengezählt werden. Voraussetzung für die Aggregation der einzelnen Präferenzen der Gesellschaftsmitglieder zu einer die Präferenzen der Gesamtgesellschaft beschreibenden Nutzenfunktion wäre aber ein *kardinales Nutzenkonzept*. Das in der modernen Mikroökonomik verwendete Nutzenkonzept ist jedoch ordinal. Häufig wird diese Divergenz pragmatisch dadurch überbrückt, dass die Zahlungsbereitschaft eines Individuums als Näherungsgröße für seinen Nutzen akzeptiert wird.

Natürlich kann gegen die oben vorgetragene Skizze eingewendet werden, das Marktsystem werde durch eine rosarote Brille betrachtet. Die wichtigsten Einwände lauten:

- Für die Richtung und das Ausmaß der am Markt artikulierten Konsumentenwünsche ist nicht nur deren Intensität, sondern auch die Kaufkraft der betreffenden Konsumenten entscheidend.
- Die Wünsche der Konsumenten sind nicht naturgegeben. Vielmehr werden die Firmen versuchen, sie durch Werbung zu beeinflussen.
- Auf vielen Märkten herrscht nur geringe Konkurrenz.
- Bei der Darstellung wird den Akteuren ein unrealistisch hohes Maß an Informiertheit (und Rationalität) unterstellt.

Über jeden dieser Einwände ließe sich trefflich streiten und dies geschieht auch in der Literatur reichlich – und zwar mit der für Mikroökonomen charakteristischen Mischung aus Leidenschaft und Nüchternheit. Im umweltökonomischen Kontext ist jedoch ein fünfter Einwand wichtiger: Es darf nicht übersehen werden, dass der oben kurz skizzierte Mechanismus nur funktionieren kann, wenn das sich verknappende Gut einen Preis hat. Das ist gerade im Bereich der Ökologie häufig nicht der Fall. So sind saubere Luft und sauberes Wasser ökonomisch gesehen knappe Güter. Nimmt aber die Knappheit sauberer Luft zu, so existiert kein Luftpreis, in dem sich diese Verknappung niederschlagen und damit Anreize zu einer Steigerung des Luftqualitätsangebots (und einer Senkung der Luftqualitätsnachfrage (!)) auslösen könnte. Entzieht eine Firma einer anderen Firma und Haushalten den Produktionsfaktor bzw. das Konsumgut Wasser einer bestimmten Qualität, indem sie Schadstoffe einleitet, so sorgt kein Preismechanismus dafür, dass die Wasserverschmutzung für die Firma teuer und damit eingeschränkt wird.

Typischerweise sind es gerade die umweltbelastenden Effekte wirtschaftlicher Aktivitäten, deren Knappheitsfolgen den Verursachern nicht durch Preise signalisiert und angelastet werden. Daher gibt es keinen marktlichen Anreiz, der einer Verschlechterung der Umweltqualität, einer Verknappung des Konsumgutes oder Produktionsfaktors »Umwelt«, entgegenwirkt. Wir bezeichnen derartige Wirkungen wirtschaftlicher Aktivitäten als *externe Effekte*, also Effekte, die am Marktsystem vorbeilaufen.

Ein unkorrigiertes Marktsystem ist also nicht ökologieverträglich. Es hat aber – wie in der Literatur vielfach gezeigt und »im wirklichen Leben« von vielen Millionen Menschen erfahren – andere Meriten. Daher haben die meisten Ökonomen, die sich mit dem Verhältnis von Ökologie und Ökonomie beschäftigen, nicht die Abschaffung der Marktwirtschaft aus ökologischen Gründen gefordert, sondern eine ökologische Korrektur dieses Systems. Damit sollen die beträchtlichen Kräfte dieser Wirtschaftsordnung statt zerstört, gebündelt und auf die Mühlen der Ökologie geleitet werden.

Am meisten hat die *Umweltökonomie* die Frage beschäftigt, wie man die wirtschaftlichen Anreize, die bei anderen knappen Gütern automatisch Entknappungsprozesse einleiten, in den Dienst des Umweltschutzes stellen könnte. Damit ist das Programm der *Internalisierung externer Effekte* aufgerufen. Darunter sind die in der Literatur entwickelten Strategien zu verstehen, mit denen auch für mit externen Effekten verbundene Aktivitäten die oben kurz angesprochene soziale Optimalität des Marktsystems wieder hergestellt werden soll. Bei der Internalisierung werden unterschiedliche Verfahren angewandt, mit denen die externen Kosten (also die in Geldeinheiten ausgedrückten externen Effekte) ihren Verursachern angelastet werden. Diese Verfahren sollen sozusagen externe in interne Kosten verwandeln. Die Verursacher – so die Erwartung – werden dann im Rahmen ihrer Optimierungsüberlegungen versuchen, diese Kosten zu minimieren. Letztlich führt eine Internalisierung externer Effekte dazu, dass die Verursacher von Emissionen mit dem Produktionsfaktor Umwelt im eigenen Interesse (d. h. um Kosten zu vermeiden) ebenso sorgfältig umgehen wie mit anderen Produktionsfaktoren. Keine der hier angesprochenen Strategien verzichtet vollständig auf die Anwendung des marktlichen Prinzips denzentraler Ressourcenallokationen. Allerdings spielen bei allen Strategien Markt und Staat bei der Ressourcenallokation zusammen. Die Ansätze unterscheiden sich darin, ob der Staat bei diesem Spiel eine mehr oder weniger tragende Rolle übernimmt.

Am zurückhaltendsten verhält sich der Staat bei der Internalisierungsstrategie der *Coase'schen Verhandlung*. Er beschränkt sich darauf, exklusive und fungible Eigentumsrechte zu spezifizieren und zuzuweisen und überlässt alles andere dem Markt. Man könnte sagen, dass er hier keine bedeutendere Rolle spielt als bei privaten Gütern. Auch bei diesen Gütern setzt ein funktionsfähiger Markt die Definition derartiger Rechte voraus. Dies fällt bei der gängigen Darstellung des marktlichen Allokationsverfahrens lediglich nicht auf, weil der rechtliche Rahmen (jedenfalls in der traditionellen mikroökonomischen Analyse) stillschweigend als existent vorausgesetzt ist. Stärker dirigistisch ist dagegen die *Pigou-Steuer*, mit der Abgaben zur Internalisierung externer Effekte eingesetzt werden. Hier werden zwar auch dem Marktmechanismus verwandte Steuerungsinstrumente verwendet, es handelt sich jedoch um staatlich fixierte Preise. Eine hinsichtlich des staatlichen Interventionsgrades »mittlere Linie« verfolgt die Internalisierung externer Effekte durch das *Haftungsrecht*. Eine kurze Zusammenfassung der Eigenschaften und Probleme dieser drei Internalisierungsstrategien und entsprechende Übungsaufgaben mit Lösungen finden Sie in Teil 2.

Übungsaufgaben

Aufgabe 1.1

Erläutern Sie das Wechselspiel zwischen positiver und normativer Analyse in der ökonomischen Theoriebildung.

Aufgabe 1.2

Zeigen Sie, dass im idealtypischen Marktmodell bei vollständiger Konkurrenz das Marktergebnis immer sozial optimal ist.

Aufgabe 1.3

Gehen Sie von folgender Situation aus: Auf dem Markt für ein Produkt x herrscht vollkommene Konkurrenz. Die inverse Nachfragefunktion ist durch $N(x) = 20 - x / 30$ und die aggregierte Angebotsfunktion durch $A(x) = x / 30$ gegeben. Proportional zur Produktion des Gutes entstehen Umweltschäden. Die Grenzschadensfunktion ist $GS(x) = x / 60$.

a) Stellen Sie die Angebots- und Nachfragekurve grafisch dar und ermitteln Sie das unkorrigierte Marktgleichgewicht.
b) Ermitteln Sie die Grenzvermeidungskostenfunktion $GVK(x)$ der Gesellschaft.
c) Ermitteln Sie das soziale Optimum unter Einbeziehung der Externalität.

Aufgabe 1.4

Stellen Sie das Umweltproblem als Abweichung zwischen idealtypischem Marktmodell bei vollständiger Konkurrenz und Realität dar.

Aufgabe 1.5

Betrachtet sei eine Modellökonomie mit zwei Firmen $(i = 1,2)$, deren Grenzvermeidungskostenkurven gegeben sind durch:
$GVK_1(x_1) = 100 - 2x_1$ (Firma 1) und $GVK_2(x_2) = 100 - 2x_2 / 3$ (Firma 2),
wobei x_i $(i = 1,2)$ die jeweiligen Emissionsmengen der Firmen bezeichnet. Die Grenzschadenskurve der Gesellschaft ist gegeben durch: $GS(x) = 40 + x$, wobei $x = x_1 + x_2$ die gesamte Emissionsmenge ist.

a) Ermitteln Sie die aggregierten Grenzvermeidungskosten $GVK(x)$.
b) Ermitteln Sie die sozial optimale Emissionsmenge und die sozial optimale Allokation auf die Firmen.
c) Berechnen Sie die gesamten Vermeidungskosten der Firmen und der Gesellschaft im sozialen Optimum.

Aufgabe 1.6

Erläutern Sie, dass es bei der Internalisierung externer Effekte aus ökonomischer Sicht nicht darum gehen kann, externe Effekte *vollständig* zu vermeiden.

Aufgabe 1.7

Worin sehen Sie die Probleme bei der Ermittlung des optimalen Niveaus eines externen Effekts?

Aufgabe 1.8

Welches Wissen ist Ihrer Meinung nach notwendig, um eine Grenzschadensfunktion, wie in Abbildung 1.1 dargestellt, angeben zu können?

Abbildung 1.1

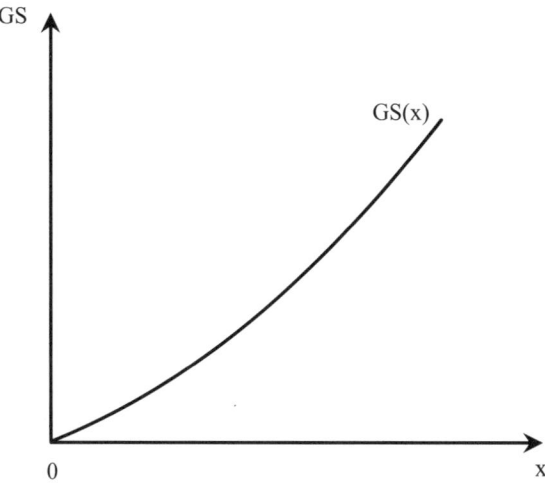

Aufgabe 1.9

Werden Zahlungsbereitschaften mit Verteilungsgewichten korrigiert, hat das Auswirkungen auf die Definitionen des umweltpolitischen Ziels. Was halten Sie davon, mit Hilfe der Umweltpolitik distributive Ziele zu verfolgen?

2 Strategien der Internalisierung externer Effekte

2.1 Verhandlungen

Kompaktkurs 2.1

In seinem berühmten Aufsatz aus dem Jahre 1960 hat *Ronald Coase* die Ansicht vertreten, dass die im Marktmechanismus mit externen Effekten verursachte Fehlallokation nach einer staatlichen Entscheidung über (und Zuweisung von) Eigentumsrechte(n) durch unmittelbare Interaktion zwischen den Betroffenen beseitigt werden könne. Coase folgend, gehen wir nur von zwei beteiligten Personen aus. Die grundlegende Idee leitet sich dabei unmittelbar aus der Feststellung der Suboptimalität des unkorrigierten Marktgleichgewichts ab: Ist das unkorrigierte Niveau der Aktivität, von der der externe Effekt ausgeht, nicht pareto-optimal, so bedeutet dies definitionsgemäß, dass eine Veränderung dieser Situation möglich ist, bei der mindestens einer der Beteiligten besser gestellt wird, ohne dass sich die (Gewinn- oder Nutzen-)Situation eines anderen verschlechtert. Bei entsprechender Teilung des Reallokationsgewinns werden sogar beide Beteiligten besser gestellt. Die Aussicht auf diese Zustandsverbesserung bildet nun nach Coase den Motor für das Zusammenwirken der Parteien, bis Optimalität erreicht ist und damit keine Verbesserung mehr möglich ist, die allen Beteiligten zugute kommen könnte.

Das Zusammenwirken der Parteien nimmt in der Vorstellungswelt von Coase die Form von Verhandlungen über das Niveau des externen Effektes (pragmatischer formuliert: der Emissionen) an. Zentral für die Argumentation von Coase ist dabei, dass für die Ressource, die Träger des externen Effektes ist (z. B. die Luft), eine klare anfängliche Zuweisung von exklusiven und transferierbaren Eigentumsrechten besteht. Erst diese ermöglicht einen Tausch.

Erhält der Verschmutzer das Eigentumsrecht an der Umweltressource, so spricht man der *Laissez-faire-Regel*. In diesem Fall ist der im unkorrigierten Gleichgewicht realisierte Zustand, in dem der Verschmutzer ohne Rücksicht auf die Anwohner sein gewinnmaximales Emissionsniveau realisiert, durchaus rechtens. Schließlich »gehört die Umwelt ihm«. Möchte der Geschädigte das Niveau des externen Effekts herabgesetzt sehen, so muss er den Verschmutzer durch die Leistung einer Zahlung dazu bewegen. Akzeptiert der Verschmutzer diese Zahlung als Gegenleistung für eine bestimmte Emissionssenkung, verkauft er damit einen Teil seines Verfügungsrechtes an der Umweltressource. Dabei wird der Verkauf für den Verschmutzer dann wirtschaftlich interessant sein, wenn der Preis die Emissionsvermeidungskosten übersteigt. Für den Käufer (hier: den Geschädigten) wird die Transaktion solange vorteilhaft sein, wie der eigene Vorteil aus der Emissionssenkung (seine Zahlungsbereitschaft) über dem Preis liegt.

Auch die entgegengesetzte Zuweisung der Eigentumsrechte – die so genannte *Verursacherregel* – ist denkbar und wird von Coase behandelt. Hier gehört anfänglich die Umwelt vollständig dem Geschädigten. Damit darf die Verursacherfirma überhaupt keine Emissionen ausstoßen, da der potenziell Geschädigte qua Eigentum am Umweltmedium einen vollständigen Unterlassungsanspruch besitzt. Möchte der potenzielle Verschmutzer wenigstens teilweise über die Ressource verfügen, d. h. emittieren, muss er dem Geschädigten das Nutzungsrecht abkaufen. Für den Verschmutzer wird dies interessant sein, wenn der Preis geringer ist, als die bei Inanspruchnahme des Nutzungsrechts zu sparenden Vermeidungskosten. Für den Geschädigten werden nur Preise in Frage kommen, die ihn mindestens für seine Nutzungseinbuße kompensieren.

Der Vorschlag von Coase ist bemerkenswert. Der bei seiner Strategie zur Internalisierung nötige Staatseingriff beschränkt sich auf eine anfängliche Eigentumszuweisung an der Trägerressource und den Schutz der jeweils geltenden Rechtsposition. Nach Festlegung der Anfangsausstattung folgt die Allokation ungestört durch staatliche Interventionen den Gesetzen von Angebot und Nachfrage. Unter der Laissez-faire-Regel wird sich dann ein Marktgleichgewicht ergeben, wenn die Grenzvermeidungskosten, also die Kosten, die dem Verschmutzer durch eine marginale Reduzierung seines Ausstoßes entstehen, gerade so hoch sind wie die Grenzzahlungsbereitschaft der Geschädigten. Unter der Verursacherregel wird der Handel mit Umweltträgerressourcen dann zum Stillstand kommen, wenn die marginalen Vermeidungskosten, die der Verschmutzer durch den Kauf einer Umwelteinheit erspart, die marginale Kompensationsforderung der Geschädigten nicht mehr übersteigt. (Dabei ist zu beachten, dass im Coase'schen Modell die marginale Kompensationsforderung dem Betrag nach immer der marginalen Zahlungsbereitschaft entspricht.) Für beide Ausgangsverteilungen stellt sich also das Ergebnis ein, dass im Marktgleichgewicht die Grenzzahlungsbereitschaft (für die fragliche Ressource) des Geschädigten gerade so hoch ist, wie die Grenzvermeidungskosten des Verschmutzers. Vergegenwärtigt man sich, dass letztere im Grunde genommen auch lediglich die Grenzzahlungsbereitschaft des Verschmutzers darstellen, so ergibt sich verallgemeinert, dass die Gleichheit der Grenzzahlungsbereitschaften aller beteiligten Lager das Kennzeichen jedes Coase'schen Marktgleichgewichts ist, und zwar unabhängig von der Anfangsausstattung mit Eigentumsrechten.

Nach Coase ist die sich einstellende Endverteilung der Umweltressourcen erstens pareto-optimal und zweitens von der Anfangsverteilung der Nutzungsrechte unabhängig (*Coase-Theorem*). Damit zerfällt das Theorem in zwei Teilthesen: die »Effizienzthese« und die »Invarianzthese«. Es ist wichtig zu wissen, dass Coase seine oben vorgestellten Thesen unter dem expliziten *Ausschluss von Transaktionskosten* formulierte. Außerdem ist darauf hinzuweisen, dass das Coase-Theorem nicht die vollständige Irrelevanz der vom Staat gewählten eigentumsrechtlichen Zuweisung behauptet, sondern »lediglich« deren allokative Irrelevanz. Distributiv besteht dagegen ein fundamentaler Unterschied zwischen den beiden polaren eigentumsrechtlichen Anfangszuweisungen. Die Zuweisung der knappen Umweltressourcen ist eine bedeutende verteilungspolitische Maßnahme, die im Falle der Laissez-faire-Regel zugunsten des Verschmutzers und zu Lasten der Geschädigten, im Falle der Verursacherregel dagegen mit umgekehrtem Vorzeichen getroffen wird. Ungeachtet der eher bescheidenen Rolle des Staates darf die Tragweite dieser anfänglichen Eigentumszuweisung durch den Staat damit auch nach Coase nicht ignoriert werden. Sie ist letztlich Folge eines gesellschaftlichen Werturteils darüber, wem die Umwelt gehören sollte, was nach Coase allerdings allokativ bedeutungslos ist.

Damit besteht ein herausragendes Element des Coase'schen Ansatzes darin, dass er die Rollenverteilung zwischen einem »Verursacher« und einem »Geschädigten« (mit allen normativen Beiklängen) aus allokativer Sicht für unerheblich hält. Der externe Effekt kommt nur durch die nicht über den Markt ausgetragenen Interessengegensätze beider Beteiligten zustande, und in diesem Sinne sind beide Verursacher des externen Effekts, genauso wie beide Verursacher der Knappheit dieser Ressource sind. Beide alternativen Rechtszuweisungen werden bei anschließendem Handel dem Verursacher-prinzip gerecht.

Für die theoretische Beurteilung des Coase'schen Theorems seien seine beiden Teilthesen getrennt untersucht. Wenden wir uns zunächst der *Effizienzthese* zu.

Nach der eingangs gegebenen Definition ist zu prüfen, ob ausgehend vom Coase'schen Marktgleichgewicht eine Emissionsänderung möglich ist, die mindestens einen der Beteiligten besser stellt, ohne einen anderen schlechter zu stellen. Wir sehen unmittelbar, dass dies (unter den Coase'schen Annahmen) nicht möglich ist, da die Coase'schen Transaktionen ja erst dann zur Ruhe gekommen sind, wenn eine Besser-stellung der einen Partei nur noch auf Kosten der anderen möglich ist. Entsprechend ist das Coase'sche Gleichgewicht durch die Gleichheit der Grenzzahlungsbereitschaften bestimmt. In der mikroökonomischen Literatur ist gezeigt worden, dass dies auch eine notwendige Bedingung für soziale Optimalität ist. Die Genialität des Coase'schen Ansatzes liegt also darin, dass eben jene Größen, die für eine optimale Allokation aus-schlaggebend sind und deren Ausgleich das Optimum gerade konstituiert (nämlich Grenzschäden und Grenzvermeidungskosten), durch die Zuweisung von Eigentums-rechten über das Medium der Verhandlungen allokationswirksam werden.

Die Entscheidung über das realisierte Emissionsniveau weist wesentliche Elemente marktlicher Allokation auf. Sie darf jedoch keinesfalls mit der Wirkungsweise und den Ergebnissen des *Konkurrenzmechanismus* verwechselt werden. Ein gravierender Unter-schied besteht darin, dass im konkurrenzwirtschaftlichen Marktmodell einzelne Markt-teilnehmer den Marktpreis nicht beeinflussen können, im Coase'schen Verhandlungs-modell die Akteure jedoch keine Preisnehmer sind. Vielmehr sind durch die Höhe der (Grenz-)Schäden und (Grenz-)Vermeidungskosten lediglich die Grenzen bestimmt, innerhalb derer der Preis liegen muss. Welche Einigung erzielt wird, hängt vom Ver-handlungsgeschick der Parteien und nicht zuletzt von ihrer Fähigkeit ab, den Status quo ante auszuhalten. Dieser Status quo ist unter der Verursacherregel für den Verschmutzer und unter der Laissez-faire-Regel für den Geschädigten unter Umständen sehr unange-nehm.

Der Zusammenhang zwischen der Aufteilung der Verhandlungsgewinne und dem Stehvermögen führt dazu, dass möglicherweise kämpferische Verhaltensweisen in Betracht gezogen werden, durch die die Verhandlungsposition des Gegenübers in der Ausgangslage geschwächt wird. Beide von Coase vorgestellten Rechtsrahmen bergen das dem Modell der vollständigen Konkurrenz fremde Potenzial einer gefährlichen Machtentfaltung. Die Situation entspricht eher weniger sympathischen Konstellationen, wie dem *bilateralen Monopol*. Hier ist der Weg zum Gleichgewicht ein Spiel mit ungewissem Ausgang. So ist es denkbar, dass die beiden Parteien in einem »Stehvermögenswettstreit« für lange Zeit nicht zu einer Transaktion kommen und so die effiziente Allokation verfehlen.

Eine weitere die Effizienz berührende Schwierigkeit offenbart sich, wenn man die bisher zur Vereinfachung vorgenommene Beschränkung auf lediglich zwei Beteiligte aufgibt. Sind mehrere Personen involviert, so werden wohl weder die Verursacher noch die Geschädigten einen monolithischen Block bilden, der kollektive Interessen aufweist. Beide Lager bestehen oft aus einer Vielzahl von Individuen, zwischen denen vielfache Interessenkonflikte denkbar sind. So ist z. B. für jedes Mitglied der Geschädigtengruppe die Reduktion von Emissionen unter der Laissez-faire-Regel ein *öffentliches Gut*. Es ist demnach für jeden Einzelnen attraktiv, sich bei der »Kollekte« der Kompensationssumme unter den Betroffenen zurückzuhalten, um so (im Verhältnis zu seiner wahren Zahlungsbereitschaft) kostengünstig als Trittbrettfahrer in ihren Genuss zu kommen. Jeder Angehörige der Gruppe der Geschädigten ist diesen verlockenden Anreizen des *Gefangenendilemmas* ausgesetzt. Versuchen alle Angehörigen eine Trittbrettfahrerposition einzunehmen, so wird die tatsächlich aufgebrachte Kompensationssumme viel geringer ausfallen als die »wahre« Wertschätzung einer Emissionsreduktion durch die Betroffenen. Ähnlich verzerrende Anreize gelten unter der Verursacherregel. Hier ist jeder Geschädigte versucht, seine Kompensationsforderung aufzublähen. Da ein Arrangement unter der Verursacher-Regel nur zustande kommt, wenn alle Geschädigten zustimmen, kann jeder einzelne die Einigung torpedieren. Er sitzt also am langen Hebel einer *Hold-Up-Position,* mit dem er allerlei Erpressungsmanöver ausführen kann. Auch hierdurch kann der Zeitpunkt der Einigung (bis zu dem die Beteiligten in Suboptimalität verharren) hinausgezögert werden. Die hier mit Blick auf die Geschädigten vorgetragenen Erwägungen gelten mutatis mutandis für die Verursacher. Insgesamt ergibt sich, dass marktwirksame (Grenz-)Zahlungsbereitschaften und tatsächliche (Grenz-)Zahlungsbereitschaften infolge der hier dargestellten Anreize auseinanderfallen. Die von Coase vermutete Übereinstimmung von Marktgleichgewicht und sozialem Optimum wird folglich verfehlt. Das durch die Definition von Eigentumsrechten zwischen den Parteien scheinbar gelöste Problem der Marktallokation öffentlicher Güter tritt hier als Interessenkonflikt innerhalb der Gruppe der Geschädigten (Verursacher) wieder auf.

Wie steht es nun um die Gültigkeit der *Invarianzthese*, also um die von Coase behauptete allokative Unabhängigkeit des Verhandlungsergebnisses von der eigentumsrechtlichen Ausgangsverteilung? Vergegenwärtigt man sich, dass das Coase'sche Gleichgewicht (wie das soziale Optimum) über die Gleichheit der Grenzzahlungsbereitschaften der beiden Lager bestimmt ist, erschließt sich, dass die Invarianzthese die Unabhängigkeit der (Grenz-)Zahlungsbereitschaft von der Verteilung fordert. Dies ist eine allgemein nicht haltbare Annahme, da bekanntermaßen die Zahlungs*bereitschaft* für eine Ressource neben den (als invariant angenommenen) Präferenzen im Allgemeinen von der Zahlungs*fähigkeit* abhängt. Für normale (nicht inferiore) Güter gilt: Je größer die Zahlungsfähigkeit, desto höher die Zahlungsbereitschaft. Eingedenk des Umstandes, dass die anfängliche Rechtszuweisung wegen der »Versilberbarkeit« dieser Rechte die geldwerte Vermögensposition der Beteiligten erheblich beeinflusst, kann die Invarianzthese nur für den (gegebenenfalls für Firmen argumentierbaren) Spezialfall »neutraler« (sowohl superiorer als auch inferiorer) Güter als gültig angenommen werden.

Im allgemeinen Fall werden Coase'sche Verschmutzungsgleichgewichte bei der Laisssez-faire-Regel tendenziell über den entsprechenden Gleichgewichten bei der Verursacherregel liegen. Beide mögen effizient sein, doch sie unterscheiden sich.

Ähnliche Wirkungen wie der erwähnte »Einkommenseffekt« zeigt ein interessantes psychologisches Phänomen: Interdisziplinäre Forschungen haben ergeben, dass Individuen zum Ausgleich für den Verlust eines Gutes (einer Rechtsposition) aus emotionalen Gründen eine Summe fordern, die höher ist, als diejenige Summe, die sie zu zahlen bereit sind, um (von einer Lage ohne dieses Gut ausgehend) in seinen Besitz zu gelangen. Einmal im Besitz des Gutes, wächst es ihnen scheinbar derart ans Herz, dass sie seinen Verlust stärker bewerten als eine verpasste Gelegenheit, es zu gewinnen. In der Literatur wird hier von einem psychologischen *Ausstattungseffekt* gesprochen. Betrachten wir zur Verdeutlichung der Relevanz des Ausstattungseffekts für das Coase-Theorem die Situation des Geschädigten. Unter einer Verursacherregel besitzt er das Eigentumsrecht an der Umweltressource. Sein minimaler Verkaufspreis (für eine marginale Ressourceneinheit) ist durch den Grenzschaden definiert. Unter der Laissez-faire-Regel hat der Geschädigte dagegen kein Recht an der Ressource. Sein maximaler Kaufpreis ist ebenfalls durch den Grenzschaden definiert. Greift der Ausstattungseffekt, so bewertet der Geschädigte jedoch die Grenzschäden unter der Verursacherregel höher als unter der Laissez-faire-Regel. Sein maximaler Kaufpreis unter der einen Regel liegt unter dem minimalen Verkaufspreis bei der anderen Regel, d. h. die Gleichgewichtsallokation variiert mit der Regel. Damit scheitert die Invarianzthese des Coase-Theorems am Ausstattungseffekt.

Übungsaufgaben

Aufgabe 2.1.1

Worin ist das (auf den ersten Blick) »kontraintuitive« Moment des Coase-Theorems zu sehen? Auf welche Weise lässt sich die Intuition »retten«?

Aufgabe 2.1.2

Sehen Sie in der Wirkungsweise des Verhandlungsmodells von Coase eine vollständige Analogie zu derjenigen des konkurrenzwirtschaftlichen Marktmodells?

Aufgabe 2.1.3

Der derzeitige – für viele beklagenswerte – Zustand der natürlichen Umwelt ist wohl zu einem guten Teil darauf zurückzuführen, dass über lange Zeiträume der industriellen Entwicklung *de facto* die Laissez-faire-Regel zur Anwendung kam und dennoch die Geschädigten in den seltensten Fällen von der Möglichkeit Gebrauch machten, Schäden durch Kompensationszahlungen abzuwenden. Haben Sie eine Erklärung dafür, dass das Verhandlungsmodell von Coase hier offensichtlich nicht funktionierte?

Aufgabe 2.1.4

Könnte es zu einer Verhandlungslösung kommen und wenn ja, wie sähe diese Lösung aus, wenn der Staat auf eine Zuteilung von Eigentumsrechten an einer von mehreren Bürgern gemeinsam genutzten Ressource vollständig verzichtet?

Aufgabe 2.1.5

An einem Fluss gebe es zwei Anlieger. Eine Fabrik (Oberlieger) und einen Fischer (Unterlieger). Die Fabrik leitet ihr im Rahmen der Produktion entstehendes Abwasser (Emissionen) in den Fluss. Je mehr Emissionen die Fabrik in den Fluss leitet, desto geringer ist die Fangmenge des Fischers. Die Gewinnfunktion des Fabrikanten sei gegeben durch $G_O = b(aE - E^2 / 2)$. Der Gewinn des Fischers sei gegeben durch $G_U = d - cE^2 / 2$ mit $d = 200$, $a = 10$ und $b = c = 2$.

a) Bestimmen Sie das gleichgewichtige Emissionsniveau des Fabrikanten E^* sowie das sozial optimale Emissionsniveau E^{**}.

b) Die Beteiligten verhandeln nun ausgehend vom unkorrigierten Emissionsgleichgewicht über einen Übergang zum sozial optimalen Emissionsniveau.

b.i) Es gelte die Laissez-faire-Regel. Ermitteln Sie das unkorrigierte Emissionsgleichgewicht, die maximale Ausgleichzahlung, welche der Fischer für die Emissionsänderung zu zahlen bereit wäre, sowie die minimale Ausgleichzahlung, welche die Fabrik fordern würde.

b.ii) Es gelte die Verursacherregel. Ermitteln Sie das unkorrigierte Emissionsgleichgewicht, die maximale Ausgleichzahlung, welche die Fabrik für die Emissionsänderung zu zahlen bereit wäre, sowie die minimale Ausgleichzahlung, welche der Fischer fordern würde.

Aufgabe 2.1.6

Nehmen Sie an, ein Industrieland verhandle mit einem Entwicklungsland über die Erhaltung des zu dessen Staatsgebiet gehörigen Regenwaldes. Das Industrieland ziehe aus der Erhaltung des Regenwaldes einen Nutzen in der Höhe von $N_I = 21 \cdot Q - Q^2 / 2$, wobei Q die Fläche an Regenwald bezeichnet und der Index I für Industrieland steht. Für das Entwicklungsland stelle der Regenwald eine ökonomische Ressource dar, die durch Abholzung für die industrielle Produktion und für den Anbau von landwirtschaftlichen Gütern genutzt werden kann. Somit ist die Erhaltung des Regenwaldes für das Entwicklungsland mit Opportunitätskosten verbunden. Die Kosten belaufen sich auf K_E = Q^2, wobei der Index E für Entwicklungsland steht. Die derzeitige Regenwaldfläche betrage 21 Einheiten. Analysieren Sie mit Hilfe dieses Beispiels das Coase-Theorem näher. Gehen Sie davon aus, dass Transaktionskosten keine Rolle spielen und dass Einkommenseffekte mit Ausnahme von Teilaufgabe d) vernachlässigt werden können.

a)   Berechnen Sie den Grenznutzen und die Grenzkosten der Regenwalderhaltung.

b)   Berechnen Sie die aus globaler Sicht optimale Fläche an Regenwald.

c)   Gehen Sie davon aus, dass aufgrund der Souveränitätsrechte von Staaten die Nutzungsrechte an der Ressource Regenwald dem Entwicklungsland gehören.

c.i)   Mit welchen Opportunitätskosten müsste das Entwicklungsland rechnen, wenn sich beide Länder auf die global optimale Fläche an Regenwald einigten?

c.ii)   Mit welchem Nutzengewinn kann das Industrieland gegenüber der Situation rechnen, in welcher kein Regenwald erhalten bleibt?

c.iii) Wie groß ist der Überschuss zwischen dem Nutzengewinn des Industrielandes und den Opportunitätskosten des Entwicklungslandes? Warum könnte man diesen Überschuss als Effizienzgewinn der Verhandlung bezeichnen?

c.iv)   Gehen Sie davon aus, das Industrieland entschädige das Entwicklungsland für seine Opportunitätskosten und zahle zusätzlich einen Transfer an das Entwicklungsland, welcher der Hälfte seines Nettonutzengewinns (Nutzengewinn abzüglich entschädigter Opportunitätskosten) entspricht. Mit welchem Nettonutzen können das Entwicklungsland und das Industrieland rechnen?

d)   Gehen Sie davon aus, die internationale Staatengemeinschaft spreche das Recht an der Ressource Regenwald dem Industrieland zu. Skizzieren Sie kurz, welche Auswirkungen diese Entscheidung auf die global optimale Fläche an Regenwald hat, wenn Einkommenseffekte eine Rolle spielen. Hinweis: Erläutern Sie, in welche Richtung das global optimale Ergebnis Ihrer Meinung nach wandert und aus welchen Gründen dies geschieht.

e)   Gehen Sie davon aus, dass mehrere Industrieländer einen Nutzen aus dem Erhalt des Regenwaldes ziehen, es jedoch weiterhin nur ein Entwicklungsland gibt. Die Nutzungsrechte an der Ressource »Regenwald« gehören dem Entwicklungsland. Diskutieren Sie die mit diesem Angebotsmonopol an der Ressource »Regenwald« verbundenen praktischen Probleme der Anwendung des Coase-Theorems. In welche Richtung verlagert sich das Verhandlungsergebnis, wenn Sie davon ausgehen, dass die Nutzenfunktion des Industrielandes in den vorherigen Teilaufgaben der aggregierten Nutzenfunktion aller Industrieländer entspricht?

2.2 Haftungsrecht

Kompaktkurs 2.2

Unter dem Haftungsrecht ist ein Regelwerk zu verstehen, mit dem festgelegt wird, unter welchen Bedingungen und in welchem Umfang der Verursacher eines externen Effekts dem Geschädigten den Schaden zu ersetzen hat. Die Internalisierungswirkung des Haftungsrechts liegt (im Grundsatz) auf der Hand: Ist der Verursacher schadensersatzpflichtig, so berücksichtigt er die externen Kosten bei seiner Entscheidung (z. B. über Ausmaß und Qualität seiner Produktion) ebenso wie die Kosten für am Markt zu erwerbende Produktionsfaktoren. Das Haftungsrecht veranlasst ihn also im Idealfall, die zunächst externen Kosten in derselben Weise zu würdigen wie die internen, d. h. der externe Effekt wird internalisiert.

In der rechts- und umweltökonomischen Literatur wird das Haftungsrecht in zwei Ausformungen (»Haftungsregeln«) vorgestellt. Dies sind die *Verschuldenshaftung* und die *Gefährdungshaftung*. Unter der Verschuldenshaftung wird eine Haftungsregel verstanden, nach der der Verursacher dem Geschädigten den Schaden ersetzen muss, wenn der Schaden dadurch zustande gekommen ist, dass der Verursacher bei seiner Aktivität die »im Verkehr erforderliche Sorgfalt« hat vermissen lassen. Hat der Schädiger dagegen nicht schuldhaft gehandelt, so ist er von der Haftung befreit. Unter der Gefährdungshaftung ist dagegen eine Haftungsregel zu verstehen, nach der der Verletzer für jeden Schaden, den er verursacht hat, verschuldensunabhängig haftet. Bei der Verschuldenshaftung stellt sich natürlich die Frage, wie der zunächst unbestimmte Rechtsbegriff der »im Verkehr erforderliche Sorgfalt« operationalisiert werden kann. Es ist in der Literatur gezeigt worden, dass die Verschuldenshaftung ein ideales Instrument der Internalisierung externer Effekte darstellt, wenn die im Verkehr erforderliche Sorgfalt über das sozial optimale Emissionsniveau definiert wird. Die Gefährdungshaftung erreicht im idealtypischen Modell stets eine perfekte Internalisierungswirkung.

Die Bedingungen, die das oben angesprochene »idealtypische Modell« konstituieren, sind allerdings äußerst restriktiv. Insbesondere wird vorausgesetzt, dass die externen Schäden mit den unter dem Haftungsrecht zu leistenden Schadensersatzzahlungen identisch sind und ein einziger Anlagenbetreiber für die Verursachung des externen Schadens verantwortlich ist (»Monokausalität«). In der Realität gibt es aber erstens zahlreiche Gründe für Abweichungen zwischen Schaden und Schadensersatzzahlung. Diese können in Informationsproblemen, Motivationsproblemen, unvollständigen Eigentumsrechten und Haftungsbegrenzungen liegen. Außerdem werden Schäden häufig gemeinsam von verschiedenen Verursachern bei verschiedenen Geschädigten angerichtet (»Multikausalität«). Darüber hinaus ist es aus ökonomischer Sicht häufig geboten, dass nicht nur die potenziellen Verursacher, sondern auch die potenziell Geschädigten Schadensvorsorge treffen. Treten derartige Komplikationen in der Realität auf, so ist das Haftungsrecht als umweltpolitisches Instrument zwar nicht wertlos, es verliert jedoch seine ideale Internalisierungswirkung.

Übungsaufgaben

Aufgabe 2.2.1

Der haftungsrechtliche Ansatz zur Internalisierung externer Effekte ist dem eigentumsrechtlichen Ansatz nach Coase verwandt. Worin bestehen die wesentlichen Unterschiede?

Aufgabe 2.2.2

Erläutern Sie die Kostenstruktur eines Emittenten in Abhängigkeit von seinem Emissionsniveau unter der Verschuldenshaftung.

Aufgabe 2.2.3

Unter der Gefährdungshaftung unterscheidet sich die für den Emittenten relevante Kostenstruktur wesentlich von der unter der Verschuldenshaftung. Worauf ist es zurückzuführen, dass dennoch im ökonomischen Grundmodell unter beiden Haftungsregeln das sozial optimale Emissionsniveau realisiert wird?

Aufgabe 2.2.4

Gegeben sei die Situation aus Aufgabe 2.1.5. Zur Internalisierung der externen Kosten, die der Fabrikant dem Fischer verursacht, werde nun das Haftungsrecht angewendet.

a) Erläutern Sie die Auswirkungen i) der Gefährdungshaftung und ii) der Verschuldenshaftung mit sozial optimalen Sorgfaltsstandard auf die Entscheidungssituation des Fabrikanten.
b) Stellen Sie die Zielfunktion des Fabrikanten unter beiden Haftungsregeln grafisch dar.

Aufgabe 2.2.5

Betrachtet sei eine Modellökonomie mit zwei Firmen ($i \in \{1,2\}$). Für das Emissionsniveau E_i der Firma i gelte $0 \leq E_i \leq 10$, so dass $V_i = 10 - E_i$ das Emissionsvermeidungsniveau dieser Firma darstellt. Die zugehörigen Vermeidungskosten der Firma 1 werden beschrieben durch die Funktion $VK_1(V_1) = 50(V_1)^2$ und die der Firma 2 durch $VK_2(V_2) = 100(V_2)^2$. Der Erwartungswert der durch die Emissionen verursachten gesellschaftlichen Schäden sei $S(E_1,E_2) = 50(E_1 + E_2)^2$.

a) Ermitteln Sie die aus gesellschaftlicher Sicht optimalen Emissionsniveaus E_1^{**} und E_2^{**} sowie die sozial optimale Gesamtemissionsmenge $E^{**} = E_1^{**} + E_2^{**}$.
b) Die Regierung überlegt, zur Erreichung der optimalen Emissionsmenge E^{**} eine Variante der Gefährdungshaftung einzuführen, bei der beide Firmen jeweils für den

halben Gesamtschaden aufkommen. Ist das resultierende Sorgfaltsgleichgewicht sozial optimal?

c) Wie müsste die Gefährdungshaftung modifiziert werden, damit die Firmen ihre sozial optimalen Emissionsniveaus wählen?

Aufgabe 2.2.6

Angenommen ein Produzent A kann die von ihm verursachten Umweltschäden durch eine Sorgfaltsaktivität x verringern. (Diese kann z. B. in der Verringerung seines Produktionsniveaus bestehen.) Die Sorgfaltsaktivität verursacht ihm Kosten $K_A(x)$ mit $K_A(0)$ = 0, $K_A'(x) > 0$ und $K_A''(x) \geq 0$. Die von ihm verursachten erwarteten Umweltschäden betragen $ES(x)$ mit $ES'(x) < 0$ und $ES''(x) \geq 0$.

a) Interpretieren Sie die Eigenschaften der Kostenfunktion und der Funktion der erwarteten Schäden.

b) Der Staat strebt eine Internalisierung der externen Kosten mittels der Verschuldenshaftungsregel an. Nennen Sie mögliche Gründe für einen staatlich suboptimal festgelegten Sorgfaltsstandard.

c) Welche Auswirkungen ergeben sich hieraus für die Sorgfaltsgleichgewichte der Verschuldenshaftung?

d) Nennen Sie mögliche Gründe für eine Schadensdiskontierung, d. h. einer positiven Differenz zwischen erwartetem Schaden und erwarteter Schadensersatzzahlung.

e) Welche Auswirkungen ergeben sich bei dem Wirkungsbruch der Schadensdiskontierung für die Sorgfaltsgleichgewichte der Verschuldenshaftung, wenn keine weiteren Wirkungsbrüche vorliegen?

f) Sei $K_A(x) = 2x$, $ES(x) = 8/x$. Der staatlich gesetzte Sorgfaltsstandard sei $x^S = 7/2$. Zeigen Sie, dass der Standard nicht auf dem sozial optimalen Sorgfaltsniveau festgelegt ist. Welches Gleichgewicht ergibt sich unter der Verschuldenshaftung, wenn kein weiterer Wirkungsbruch vorliegt?

g) Zusätzlich gehe der potenzielle Verletzer im Falle eines Schadenseintritts nun davon aus, nur für 9/16 des Schadens aufkommen zu müssen, welches Sorgaltsniveau wählt er nun?

h) Vergleichen Sie die gesamten gesellschaftlichen Kosten in f), g) und im sozialen Optimum.

2.3 Pigou-Steuer

Kompaktkurs 2.3

Der Gedanke, Fehlallokationen, die durch eine Divergenz zwischen privaten und sozialen Kosten entstehen, durch staatliche Eingriffe in das Wirtschaftsgeschehen zu beseitigen, geht auf das im Jahre 1920 in London erschienene Hauptwerk des britischen Ökonomen *Arthur Cecil Pigou* zurück. Zur Diagnose schreibt Pigou: »In general industrialists are interested, not in the social but only in the private, net product of their operations ..., self interest will bring about equality in the values of the marginal private net product of resources invested in different ways. But it will not tend to bring about equality in the values of the marginal social net products except when marginal private net products and marginal social net products are identical. When there is a divergence between these two sorts of marginal net products, self interest will not, therefore, tend to make the national dividend a maximum; and consequently certain specific acts of interference with normal economic processes may be expected, not to diminish, but to increase the dividend.«

Als Therapie schlug Pigou vor, der Staat solle das Verhalten der Verursacher von negativen externen Effekten durch Besteuerung beeinflussen. Der Steuersatz sollte gerade so bemessen werden, dass der Verursacher im eigenen Interesse seine Aktivität auf dem sozial optimalen Niveau ausübt: «... for every industry in which the value of the marginal social net product is less than that of the marginal private product there will be certain rates of tax, the imposition of which by the state would increase the size of the national dividend and increase economic welfare; and one rate of tax would have the optimum effect in this respect.«

Steuern, die der Pigou'schen Idee entsprechend zur sozial optimalen Internalisierung externer Effekte erhoben werden, werden in der Literatur als *Pigou-Steuern* bezeichnet.

Es verdient hervorgehoben zu werden, dass der korrekte Pigou-Steuersatz den externen Grenzkosten *im sozialen Optimum* entspricht. Es reicht also für eine Pigou-Besteuerung nicht, die externen Grenzschäden in der noch nicht durch umweltpolitische Eingriffe beeinflussten »unkorrigierten Gleichgewichtssituation« zu erheben. Vielmehr muss der Staat die mit der Internalisierung angestrebte sozial optimale Situation (und damit die Höhe der in dieser Situation entstehenden externen Grenzkosten) kennen. Dazu muss er sowohl die aggregierte Grenzschadensfunktion als auch die aggregierte Grenzvermeidungskostenfunktion in ihrem gesamten Verlauf möglichst gut schätzen.

Übungsaufgaben

Aufgabe 2.3.1

Erläutern Sie, inwieweit eine Besteuerung nach Pigou den Verursacher eines negativen externen Effektes (einen Schadstoffemittenten) dazu veranlassen kann, im eigenen Interesse seine Aktivität auf sozial optimalem Niveau auszuüben!

Aufgabe 2.3.2

Wie beurteilen Sie die Chancen für eine praktische Umsetzung des Konzeptes der Pigou-Steuer?

Aufgabe 2.3.3

Sehen Sie Anhaltspunkte für die These, die Internalisierung externer Effekte über Verhandlungen zwischen Verursacher und Geschädigtem habe gegenüber der Besteuerungsvariante den Vorteil, dass sie beide Parteien besser stellt?

Aufgabe 2.3.4

Die Wohlfahrtswirkungen einer Pigou-Steuer sollen mit Hilfe eines Beispiels erläutert werden. Die Angebotskurve auf dem Markt für ein Produkt x sei $A(x) = 3 + 2x$, die Nachfragekurve $N(x) = 39 - x$ und die marginalen externen Kosten (externe Grenzkosten) seien $EGK(x) = x$. Um die Wohlfahrtswirkungen analysieren zu können, werden die folgenden Begriffe eingeführt: 1) Konsumentenrente: Zahlungsbereitschaft für ein Produkt x abzüglich der Ausgaben für den Erwerb des Produktes x. Dabei gehen wir davon aus, dass die Nachfragekurve mit der (aggregierten) marginalen Zahlungsbereitschaft der Konsumenten identisch ist. Die Konsumentenrente ist ein Maß für den Nettonutzen der Konsumenten. 2) Produzentenrente: Einnahmen aus dem Verkauf des Gutes x abzüglich der Kosten für die Herstellung des Gutes x. Dabei gehen wir davon aus, dass die Angebotskurve mit der (aggregierten) Grenzkostenkurve der Produzenten identisch ist. Die Produzentenrente ist ein Maß für den Nettonutzen der Produzenten. 3) Externe Kosten: Kosten, die Dritten bei der Produktion von x entstehen. 4) Steuereinnahmen: Einnahmen, die der Staat erhält, wenn er einen Steuersatz t auf die Produktion von x erhebt.

Bitte klären Sie folgende Teilaspekte:

a) Ermitteln Sie die unkorrigierte (ohne Einbeziehung von Externalitäten) gleichgewichtige Marktmenge x und den gleichgewichtigen Preis p^*.

b) Ermitteln Sie die soziale Grenzkostenkurve $SGK(x)$ und die (unter Einbeziehung von Externalitäten) korrigierte Gleichgewichtsmenge x^{**}. Welcher Marktpreis p^{**} ergibt sich? In welcher Höhe muss eine Pigou-Steuer t^{**} erhoben werden?

c) Mit Steuereinnahmen in welcher Höhe kann der Staat durch Einführung der Pigou-Steuer rechnen?

d) Berechnen Sie die externen Kosten vor und nach der Einführung der Pigou-Steuer.

e) Berechnen Sie die Konsumentenrente vor und nach der Einführung der Pigou-Steuer.

f) Berechnen Sie die Produzentenrente vor und nach der Einführung der Pigou-Steuer.

g) Welche aggregierten Wohlfahrtsgewinne entstehen durch die Pigou-Steuer?

h) Gehen Sie davon aus, dass die Zustimmung der drei Interessengruppen (Konsumenten, Produzenten und Betroffene von Umweltschäden) zur Einführung einer Pigou-Steuer von den gruppenindividuellen Wohlfahrtsimplikationen dieser Steuer abhängen. Nutzen Sie die Information aus den Teilaufgaben c) bis g), um zu verdeutlichen, warum eine Regierung aus politischen Erwägungen eine Pigou-Steuer trotz aggregiertem Wohlfahrtsgewinn ablehnen könnte.

i) Bisher sind wir davon ausgegangen, dass keine Verwaltungskosten mit der Einführung der Pigou-Steuer verknüpft sind. Wären die Implikationen aus Teilaufgabe g) (»Die Einführung einer Pigou-Steuer ist aus volkswirtschaftlicher Sicht sinnvoll.«) auch gültig, wenn Sie davon ausgehen, dass Verwaltungskosten in Höhe von 30 Einheiten entstehen?

Aufgabe 2.3.5

Betrachtet sei eine Modellökonomie mit einer Firma. Für das Emissionsniveau x dieser Firma gelte $0 \leq x \leq 6$, so dass $v = 6 - x$ das Emissionsvermeidungsniveau darstellt. Die zugehörigen Vermeidungskosten der Firma werden beschrieben durch die Funktion $VK(v) = 50v^2$. Der Erwartungswert der durch die Emissionen verursachten gesellschaftlichen Schäden sei $S(x) = 25x^2$.

a) Berechnen Sie die Grenzvermeidungskosten GVK und die Grenzschäden GS (als Funktion von x) und stellen Sie beide Kurven in einem Diagramm grafisch dar.

b) Ermitteln Sie die sozial optimale Emissionsmenge x^{**}. Welchem erwarteten gesellschaftlichen Schaden entspricht dieses Emissionsniveau?

c) Die Regierung überlegt, zur Erreichung der sozial optimalen Emissionsmenge x^{**} eine Emissionssteuer einzuführen. Ermitteln Sie den optimalen (Pigou-)Steuersatz t^{**}. Wie hoch ist die Steuerlast der Firma?

d) Als alternative Maßnahme zur Durchsetzung der optimalen Emissionsmenge erwägt die Regierung die Einführung einer Haftungsregel, wobei die beiden Varianten Gefährdungshaftung und Verschuldenshaftung in Frage kommen. (Bei der Gefährdungshaftung haftet die Firma stets für die durch ihre Emissionen verursachten Schäden, während bei der Verschuldenshaftung die Firma nur dann haftet, wenn sie eine Emissionsnorm überschreitet. Diese sei auf dem sozial optimalen Niveau x^{**} festgelegt.) Zeigen sie, dass unter beiden Haftungsregeln die Firma, welche risikoneutral sei, das Emissionsniveau x^{**} wählt.

e) Vergleichen Sie die drei Instrumente Emissionssteuer, Gefährdungshaftung und Verschuldenshaftung bezüglich der Kriterien i) Informationsanforderung seitens der

Regierung, ii) Planungssicherheit für die Firma und iii) distributive Wirkung. (Wer trägt die Kosten für die Emissionsschäden?)

f) Bewerten Sie den gesellschaftlichen (aggregierten) Wohlfahrtsgewinn unter den drei Instrumenten, der entsteht, wenn man von einem unregulierten Zustand $x^* = 6$ zum regulierten Zustand x^{**} übergeht.

3 Instrumente der Umweltpolitik

Kompaktkurs 3.1 und 3.2

Die konzeptionellen und praktischen Schwierigkeiten einer Internalisierung externer Effekte haben dazu geführt, dass sich die Umweltökonomie auch intensiv mit der Analyse pragmatischerer Instrumente des Umweltschutzes beschäftigt. Hier wird untersucht, auf welche Weise die Senkung des (häufig auf eine bestimmte Region bezogenen) Schadstoffausstoßes um einen bestimmten Betrag erreicht werden kann. Das Ausmaß dieser Senkung wird anders als bei der Internalisierung nicht durch ökonomische Optimierung bestimmt, sondern als ein politisch vorgegebenes, den Belangen der Umwelt in einem von der Umweltökonomie nicht weiter hinterfragten Sinne dienendes Ziel angesehen. Mit Blick auf das exogen vorgegebene Umweltbelastungsziel werden die hier gemeinten Strategien häufig als *standardorientierte Ansätze* in der Umweltpolitik bezeichnet. In der umweltökonomischen Diskussion werden folgende Typen standardorientierter umweltpolitischer Instrumente besonders beachtet:

a) Auflagen,
b) Abgaben,
c) Zertifikate.

Unter einer *Auflage* wird in der wirtschaftstheoretisch orientierten Umweltökonomie meist eine Politik verstanden, die jedem einzelnen Verursacher des betreffenden Schadstoffs in der betreffenden Region eine absolute Höchstgrenze bezüglich der von ihm (pro Zeiteinheit) zu verursachenden Emission vorschreibt. Die Summe aller individuellen Emissionshöchstgrenzen ergibt den vorgegebenen regionalen Emissionshöchstwert. Natürlich kommen Auflagen in der praktischen Umweltpolitik in vielen von dieser Definition abweichenden Spielarten vor.

Unter einer *Abgabe* wird i. d. R. eine Politik verstanden, bei der jeder Verursacher des betreffenden Schadstoffs in der Region für die von ihm emittierte Menge Zahlungen an den Staat zu leisten hat. Der Abgabesatz (Abgabe pro Emissionseinheit) ist konstant und für alle Emittenten gleich. Der Abgabesatz ist so bemessen, dass er diejenige Anpassungsreaktion der einzelnen Verursacher herbeiführt, die den aggregierten Schadstoffausstoß auf den vorgegebenen Emissionszielwert begrenzt.

Unter *Zertifikaten* wird im Allgemeinen eine Politik verstanden, bei der das Recht auf Emission einer bestimmten Schadstoffmenge für die Verursacher der betreffenden Region an den Besitz einer entsprechenden Menge von Emissionserlaubnisscheinen (Zertifikaten) geknüpft ist. Eine Gesamtmenge von Zertifikaten, deren Nennwerte sich auf die regionale Emissionshöchstgrenze addieren, wird unter den betreffenden Verursachern versteigert. Eine alternative Form der »Erstallokation« der Zertifikate auf die Verursacher besteht in der freien Vergabe der Emissionsrechte.

Die hier kurz vorgestellten (und andere) Instrumente werden in der Literatur nach den folgenden Hauptkriterien beurteilt

a) Effizienz,
b) dynamische Anreizwirkung,
c) ökologische Treffsicherheit.

Die *Effizienz* bezeichnet dabei die Fähigkeit eines Instruments, den vorgegebenen Emissionszielwert mit minimalen Kosten zu erreichen.

Unter der *dynamischen Anreizwirkung* wird die Fähigkeit eines Instruments verstanden, umwelttechnischen Fortschritt zu induzieren.

Mit der *ökologischen Treffsicherheit* ist die Fähigkeit eines Instrumentes gemeint, das vorgegebene Zielniveau exakt zu erreichen.

Weitere Beurteilungskriterien für umweltpolitische Instrumente sind z. B. die (Markt-)systemkompatibilität, die politische Durchsetzbarkeit und die »Stoßfestigkeit« gegen nach Verfälschung strebende Übergriffe von Interessengruppen sowie die administrative Handhabbarkeit. Außerdem spielen die spezifischen Informationsanforderungen und die »Fehlerfreundlichkeit« eine wichtige Rolle für die vergleichende Beurteilung der verschiedenen Instrumente: Wer muss was wissen, damit das Instrument wirkt wie geplant und wie schwer ist es, einen Fehler zu korrigieren, der dadurch entsteht, dass sich einer der Beteiligten irrt?

3.1 Einleitung

Übungsaufgaben

Aufgabe 3.1.1

Worin besteht der grundsätzliche Unterschied zwischen Internalisierungsstrategien (Coase-Theorem, Pigou-Steuer und Haftungsrecht) und standardorientierten Instrumenten (Auflagen, Abgaben und Zertifikate)?

Aufgabe 3.1.2

Es wurde behauptet, eine umweltpolitische Regulierung von Emissionen durch den Staat sei überflüssig, wenn Konsumenten sich »umweltpolitisch korrekt« verhielten und nur Produkte kaufen würden, die keine oder nur geringe Emissionen verursachen würden. Welches wichtige Problem steht dieser Erwartung entgegen?

Aufgabe 3.1.3

Klären Sie die Begriffe »schwaches« und »starkes« Verursacherprinzip.

Aufgabe 3.1.4

Nennen Sie drei Evaluationskriterien für standardorientierte Instrumente und definieren Sie diese.

3.2   Typen umweltpolitischer Instrumente

Übungsaufgaben

Aufgabe 3.2.1

Definieren Sie die standardorientierten umweltpolitischen Instrumente Auflagen, Abgabe und Zertifikate.

Aufgabe 3.2.2

Nennen Sie Beispiele bundesdeutscher und internationaler umweltpolitischer Maßnahmen, die den standardorientierten umweltpolitischen Instrumenten Auflagen, Abgabe und Zertifikate zugeordnet werden können und erläutern Sie diese kurz.

Aufgabe 3.2.3

Worin sehen Sie den wesentlichen Unterschied zwischen den Instrumenten Auflage und Zertifikaten auf der einen bzw. Abgabe auf der anderen Seite?

Aufgabe 3.2.4

Worin ist aus ökonomischer Sicht der grundsätzliche Vorteil der Abgabenpolitik wie auch der Zertifikatpolitik gegenüber einer Auflagenpolitik zu sehen?

Aufgabe 3.2.5

Die Emissionen einer Firma können wie folgt definiert werden:
Emissionen = Produktionsmenge x Input je Produktionseinheit x Emissionen je Inputeinheit.

Es ist nun möglich, Auflagen hinsichtlich der gesamten Emissionen einer Firma zu erlassen oder aber Auflagen hinsichtlich jedes Elements auf der rechten Seite der Gleichung zu formulieren. So könnten Auflagen hinsichtlich der Produktionsmenge oder des verwendeten Inputs in der Produktion formuliert werden. Wie sollte aus Ihrer Sicht eine Auflage im »Idealfall« konzipiert sein, um die Kriterien Effizienz, dynamische Anreizwirkung und ökologische Treffsicherheit möglichst gut zu erfüllen?

Aufgabe 3.2.6

Was ist mit dem Begriff »Preis-Standard-Ansatz« gemeint? Warum könnte man Zertifikate als Standard-Preis-Ansatz bezeichnen?

Aufgabe 3.2.7

Zeigen Sie Analogien zwischen Zertifikaten und dem Coase-Theorem auf. Wo endet die Analogie?

Aufgabe 3.2.8

Durch welche Maßnahmen kann bei Zertifikaten das ökologische Ziel im dynamischen Kontext angepasst werden?

Aufgabe 3.2.9

Nennen Sie zwei Nachteile, die mit einer freien Vergabe von Zertifikaten nach dem »Grandfathering-Prinzip« verbunden sind.

Aufgabe 3.2.10

Es wurde behauptet, dass die Planungssicherheit für Firmen bei einer Emissionssteuer höher als bei Emissionszertifikaten sei. Wie kann man dies begründen?

3.3 Zur Beurteilung umweltpolitischer Instrumente

Kompaktkurs 3.3

Beurteilen wir die oben kurz vorgestellten Instrumente mit den ebenfalls kurz angesprochenen drei Hauptkriterien, so ergibt sich folgendes Bild.

Bei der Festlegung von *Auflagen* sind die Grenzkosten der Emissionsvermeidung der einzelnen emittierenden Anlagen nicht bekannt. Es ist daher nicht möglich, eine Verteilung der insgesamt angestrebten Emissionsvermeidungsmenge auf die einzelnen Anlagen vorzunehmen, die einen Ausgleich der Grenzvermeidungskosten erreicht. Die Auflagenpolitik ist also notwendig ineffizient.

Diese Kritik besteht fort, obwohl die Praxis der Auflagenpolitik häufig weit von dem Lehrbuchbeispiel einer pauschalen Auflage, mit der allen betroffenen Anlagen prozentual gleiche Emissionsvermeidungsmengen vorgeschrieben werden, entfernt ist. Die praktische Auflagenpolitik trägt den bei verschiedenen Anlagen verschiedenen technischen Möglichkeiten (und wirtschaftlichen Gegebenheiten) bisweilen durch sehr differenzierte Standards Rechnung. Dennoch lässt sich nicht vermeiden, dass Anlagen mit verschiedenen Grenzvermeidungskostenverläufen zu Gruppen zusammengefasst werden, für die die gleiche Auflagenintensität gilt. Außerdem wird eine effiziente Emissionsvermeidung bei der Auflagenpolitik insoweit verhindert, als diese sich auf technische und dort sogar vorwiegend auf additive (end of pipe) Vermeidungsmaßnahmen konzentriert. Für eine effiziente Mischung von Vermeidungsaktivitäten ist es dagegen erforderlich, dass auch technisch-integrierte und nicht-technische Vermeidungsmaßnahmen soweit eingesetzt werden, bis sich die Grenzkosten der Emissionsvermeidung in allen Bereichen ausgleichen. Die in einem effizienten »Emissionsminderungsportefeuille« enthaltenen Strategien der Energieeinsparung oder der Änderung des produzierten Güterbündels werden jedoch mit der auflagenorientierten Umweltpolitik nur unzureichend angereizt.

Auch nach dem Kriterium der dynamischen Anreizwirkung schneidet die Auflagenpolitik nicht besonders gut ab. Die umweltökonomische Untersuchung ergibt, dass diese Politik nur in unzureichendem Maße in der Lage ist, umwelttechnischen Fortschritt zu induzieren. Dies bedeutet aber nicht, dass bei der Auflagenpolitik keinerlei umwelttechnischer Fortschritt stattfindet. So kann ein neues Verfahren zur Emissionsvermeidung (z. B. von staatlichen Instanzen oder Unternehmen der Umweltschutzindustrie) entwickelt und mit Erfolg erprobt werden. Mit einer den Möglichkeiten dieser Innovation angepassten Verschärfung von Emissionsstandards werden Unternehmen gezwungen, die neue Technik einzuführen. Außerdem besteht für die Verursacher unter der Auflagenregelung ein Anreiz, Verfahren zu entwickeln, mit denen der jeweilige Standard billiger erreicht werden kann.

Die Kritik an der dynamischen Anreizwirkung der Auflagenpolitik entzündet sich jedoch daran, dass sie bei den Betreibern der emittierenden Anlagen selbst kein Interesse an einer Entwicklung und Einführung von Techniken begründen, die eine Übererfüllung amtlicher Normen ermöglichen. Im Rahmen der Auflagenpolitik erbringt eine Innovation, die auf eine Übererfüllung der staatlichen Emissionsnormen abzielt, der innovierenden Firma nämlich nur Kosten aber keine Erträge. Es ist daher für die Firma unattraktiv, knappe Ressourcen in diese Verwendung zu lenken. Mit der Auflagenpolitik gelingt es nicht, die Informationsvorsprünge, kreativen Potentiale und wirtschaftlichen Möglichkeiten der Anlagenbetreiber systematisch in den Dienst des umwelttechnischen Fortschritts zu stellen. Dieser gravierende Strukturfehler der Auflagenpolitik kann auch nicht durch eine Politik geheilt werden, die sich bemüht, stets den »Stand der Technik«

in der Emissionsvermeidung zur Pflicht zu machen. Bei den Vorschriften zum Stand der Technik handelt es sich nämlich nicht – wie häufig in der umweltpolitischen Diskussion unterstellt – um eine ingenieurwissenschaftliche Tatsachenfeststellung bezüglich der bei jeder einzelnen Anlage maximalen Emissionsvermeidungsmöglichkeiten und um die Verpflichtung, diese Möglichkeit zu nutzen. Vielmehr ergeben sich die nach dem Konzept des Standes der Technik festgelegten Emissionsgrenzwerte als Kompromiss, bei dem das Risikopotential der emittierten Schadstoffe, die technischen Möglichkeiten der Emissionsvermeidung und sogar die Vermeidungskosten berücksichtigt werden. Außerdem hemmt die Politik des Standes der Technik den technischen Fortschritt auf Seiten der Verursacher, weil diese bei Innovationen nicht belohnt, sondern durch verschärfte Auflagen bestraft werden. Schließlich hinkt der in Vorschriften kodifizierte Stand der Technik wegen der vielfältigen Lags in der Politikgenese hinter dem tatsächlichen Stand der Technik her.

Im umweltökonomischen Grundmodell sind Auflagen ökologisch treffsicher. Dies liegt daran, dass hier eine Auflagenpolitik als Festlegung einer absoluten Emissionshöchstgrenze und deren Aufteilung auf die betreffenden Emittenten modelliert wird. Es darf dabei jedoch nicht übersehen werden, dass der ökologische Erfolg der Auflagenpolitik in der Realität häufig durch eine mangelnde Verknüpfung zwischen umweltpolitischer Zielvariablen und umweltpolitischem Eingriffsobjekt gefährdet ist: Die Auflagen sind meist in der Form von Beladungsgrößen (z. B. mg Schadstoff pro m^3 Abluft) formuliert. Mit dieser Regulierung von Emissionskonzentrationen ist das umweltpolitische Ziel einer Senkung der Emission von Gesamtschadstoffmengen nur schlecht anzusteuern. Eine Zunahme der wirtschaftlichen Aktivität kann nämlich Erfolge bei der Erreichung konzentrationsorientierter Emissionsgrenzwerte überkompensieren. Der Bereich der Emissionen aus Kraftfahrzeugen illustriert dieses Problem.

Bei der *Emissionsabgabe* ist für jede emittierte Einheit des betreffenden Schadstoffs ein bestimmter Geldbetrag an den Staat zu entrichten. Die Emissionsabgabe im hier behandelten Sinn des »Preis-Standard-Ansatzes« dient im Gegensatz zur Pigou-Steuer nicht der Internalisierung externer Effekte, sondern der Zurückdrängung der Emissionen auf ein vorgegebenes Maß. Ein rationaler Emittent wird auf den Einsatz dieses Instruments reagieren, indem er seine Emissionen des betreffenden Schadstoffs so weit zurückführt, bis seine Grenzvermeidungskosten auf den Steuersatz angestiegen sind. Da der Steuersatz für alle Emittenten (der betreffenden Region) gleich ist, ergibt sich im Anpassungsgleichgewicht eine Situation, in der die Grenzvermeidungskosten der verschiedenen Emittenten einander gleich sind. In dem an die Abgabe angepassten Gleichgewicht vermeidet ein Emittent (ceteris paribus) umso mehr Emissionen, je günstiger seine Grenzkostenfunktion der Emissionsvermeidung verläuft. Damit wird erreicht, dass das insgesamt vorgegebene Emissionsvermeidungsziel zu gesamtwirtschaftlich minimalen Vermeidungskosten realisiert wird.

Neben ihrer Effizienz hat die Emissionssteuer den Vorteil, dass von ihr ein stetiger Anreiz zur Einführung umwelttechnischen Fortschritts für die Verursacher ausgeht. Wer ein günstiges Verfahren der Emissionsvermeidung einführt, wird durch Steuerersparnis belohnt.

Allerdings leidet das Instrument der Emissionssteuer darunter, dass die politiktreibende Instanz nicht genau vorhersehen kann, welches Emissionsniveau sich nach Anpassung der Verursacher an den Steuersatz einstellen wird. Die (umweltökonomisch geschulte (!)) Umweltbehörde wird zwar vermuten, dass die Verursacher ihr Emissionsniveau so anpassen, dass die Bedingung »Steuersatz = Grenzvermeidungskosten« erfüllt ist. Da sie die Grenzvermeidungskostenfunktionen der einzelnen Verursacherfirmen jedoch allenfalls schätzen kann, weiß sie nicht genau, bei welchem Emissionsniveau das Anpassungsgleichgewicht für verschiedene Steuersätze erreicht ist. Es ist demnach sehr wahrscheinlich, dass es der Behörde zunächst nicht gelingt, den zieladäquaten Steuersatz aufzufinden. Stellt die Behörde fest, dass das umweltpolitische Ziel nach Anpassung der Emittenten an den von ihr festgelegten Steuersatz verfehlt wird, so müsste der Steuersatz für einen erneuten Versuch der Zielerreichung entsprechend angepasst werden. Dies ist in der Praxis sehr aufwändig und kaum durchsetzbar.

Insgesamt ist der Emissionsabgabe also eine mangelhafte ökologische Treffsicherheit zu attestieren.

Betrachten wir nun die *Emissionszertifikate* als drittes standardorientiertes umweltpolitisches Instrument. Wir stellen uns dazu vor, in einer Region solle die Gesamtemission eines bestimmten Schadstoffes gesenkt werden und jedem Emittenten werde ein bestimmter Prozentsatz seiner im Rahmen der vor Einführung der Zertifikatpolitik geltenden Auflagenregelung erlaubten Emissionsmenge gratis verbrieft. Die unter der Auflagenpolitik implizit vorhandenen Emissionsrechte sind damit explizit geworden und können innerhalb der Region zwischen verschiedenen Emissionsquellen übertragen werden.

Natürlich besteht in dieser Situation für jede Firma ein Anreiz, die erhaltenen Emissionsrechte so auf ihre einzelnen Anlagen zu verteilen, dass sich eine kostenminimale Emissionsvermeidung ergäbe. Darüber hinaus ist es attraktiv, Zertifikate zwischen verschiedenen Firmen der Region zu übertragen. Firmen mit hohen Grenzkosten der Emissionsvermeidung könnten den Firmen mit niedrigen Grenzkosten Zertifikate abkaufen. Auf diese Weise entstünde eine Verteilung von Emissionsminderungsanstrengungen, bei der eine Firma ceteris paribus umso mehr Emissionen vermeidet, je günstiger ihre Grenzvermeidungskosten verlaufen. Der Gleichgewichtskurs für die Emissionszertifikate sorgt bei dieser Politik in gleicher Weise für eine effiziente Erreichung des vorgegebenen Ziels der Emissionsvermeidung wie der Emissionssteuersatz im Rahmen einer Preis-Standard-Politik.

Ebenso wie der Abgabesatz im Preis-Standard-Ansatz sorgt der Marktpreis der handelbaren Emissionsrechte auch dafür, dass für die Firmen ein Anreiz zur Einführung umwelttechnischen Fortschritts besteht. Allerdings schwindet dieser Effekt im Zeitverlauf, wenn infolge des technischen Fortschritts das Angebot an Zertifikaten steigt und die Nachfrage sinkt. Die Umweltbehörde müsste diesem Effekt durch Aufkauf oder Abwertung entgegentreten. Nur dann würde der umwelttechnische Fortschritt ein Absinken der Umweltbelastung bewirken.

Schließlich erfüllt das Konzept der Emissionszertifikate das Beurteilungskriterium der ökologischen Treffsicherheit: Da die Menge der regionalen Emissionen über die ausgegebene Zertifikatmenge unmittelbar von der »Umweltbehörde« kontrolliert wird, vermeidet das Konzept handelbarer Emissionsrechte die ökologischen Unsicherheiten der Emissionssteuer.

Übungsaufgaben

Aufgabe 3.3.1

Worin ist aus ökonomischer Sicht der grundsätzliche Vorteil der Abgabenpolitik wie auch der Zertifikatpolitik gegenüber einer Auflagenpolitik zu sehen?

Aufgabe 3.3.2

Wie beurteilen Sie anhand des Effizienzkriteriums die drei »Prototypen« umweltpolitischer Instrumente Auflagen, Abgaben und Zertifikate, sofern lediglich die individuellen Anreize (Firmenebene) zur Emissionsvermeidung betrachtet werden, die von dem jeweiligen Instrument ausgehen?

Aufgabe 3.3.3

Warum ist für die Beurteilung der Effizienz eines umweltpolitischen Instrumentes eine Betrachtung der individuellen Anreize zur Emissionsvermeidung unzureichend?

Aufgabe 3.3.4

Wie beurteilen Sie die Effizienz einer pauschalen Auflagenregelung?

Aufgabe 3.3.5

Was ändert sich durch eine Staffelung von Auflagen und welche Probleme ergeben sich hierbei?

Aufgabe 3.3.6

Aus welchem Grunde sind Abgaben- und Zertifikatpolitik hinsichtlich des Effizienzkriteriums einer Auflagenpolitik grundsätzlich überlegen?

Aufgabe 3.3.7

Können Sie Ihre Beantwortung der letzten Frage mit dem Begriff der »Marktwirtschaftlichkeit« eines umweltpolitischen Instrumentes in Verbindung bringen?

Aufgabe 3.3.8

Angenommen, es existierten zwei Verursacher von Emissionen eines bestimmten Schadstoffes in einer abgegrenzten Region mit unterschiedlichen Grenzvermeidungs- kostenverläufen. Charakterisieren Sie (unabhängig vom Typ des hierzu eingesetzten umweltpolitischen Instrumentes) die effiziente Realisierung eines regionalen Emissi- onsstandards mit Hilfe der entsprechenden Marginalbedingung und begründen Sie, warum jede Abweichung von dieser Bedingung Ineffizienz impliziert.

Aufgabe 3.3.9

Wie lautet die Gleichgewichtsbedingung für den Fall, dass der Emissionsstandard mit Hilfe einer Abgabenpolitik bzw. einer Zertifikatpolitik angestrebt wird?

Aufgabe 3.3.10

Wie beurteilen Sie unter dem Aspekt der dynamischen Anreizwirkung den »Prototypen« der Auflagenpolitik?

Aufgabe 3.3.11

Wie ändert sich Ihre Beurteilung, wenn Sie die Möglichkeit einbeziehen, im Rahmen einer Auflagenpolitik die Einhaltung des »Standes der Technik« vorzuschreiben?

Aufgabe 3.3.12

Erläutern Sie die Vorteile einer Abgabenpolitik anhand des Kriteriums der dynamischen Anreizwirkung.

Aufgabe 3.3.13

Worauf beruht die unter langfristigen Gesichtspunkten im Vergleich zur Abgabenpolitik geringere dynamische Anreizwirkung einer Zertifikatpolitik?

Aufgabe 3.3.14

Vergleichen Sie die drei »Prototypen« umweltpolitischer Instrumente Auflagen, Abga- ben und Zertifikate hinsichtlich ihrer ökologischen Treffsicherheit.

Aufgabe 3.3.15

Abbildung 3.1 zeigt die Grenzvermeidungskostenkurven von Firma 1 und 2, die mit VK_1' und VK_2' bezeichnet sind (manchmal findet sich auch GVK_i in der Literatur), als Funktion der Emissionen X_i der Firma i, $i \in \{1,2\}$. X_i^* sei das ursprüngliche Emissionsniveau von Firma *i* ohne Emissionsreduktion. Nehmen Sie zunächst an, dass ein einheitlicher Emissionsstandard von der Regierung eingeführt wird, der von beiden Firmen verlangt, ihre Emissionen um 50 Prozent zu senken. Dies bedeutet, dass es jeder Firma nicht gestattet ist, mehr als das Emissionsniveau $\overline{X}_i^*$ in der untenstehenden Grafik auszustoßen. Die Buchstaben a, b, ..., g bezeichnen Flächen, die für die Beantwortung der nachfolgenden Fragen verwendet werden können.

Abbildung 3.1

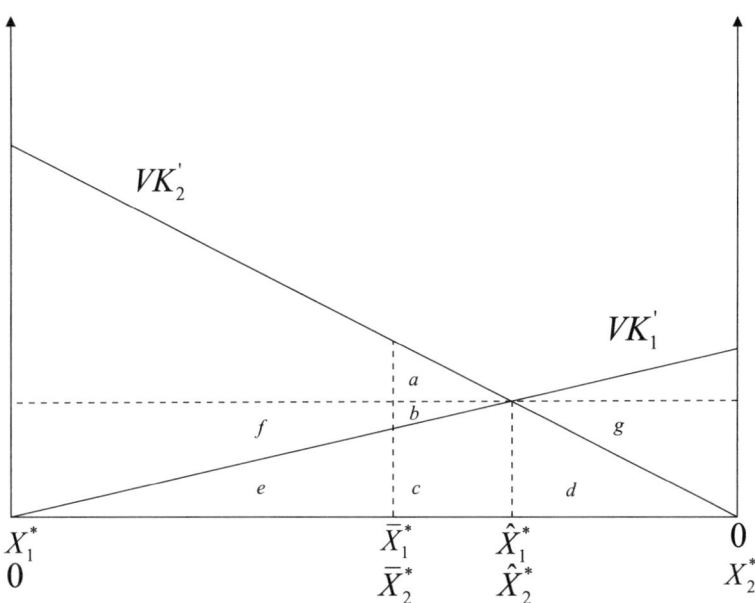

a) Zeigen Sie, dass der Emissionsstandard nicht kosteneffizient ist. Definieren Sie dabei den Begriff der Kosteneffizienz im vorliegenden Kontext.

b) Wie müsste ein Emissionsstandard ausgestaltet sein, damit er im Beispiel kosteneffizient wäre?

c) Welche Information müsste der Regierung hierfür zur Verfügung stehen?

d) Unter welcher Bedingung wäre ein *einheitlicher* Emissionsstandard kosteneffizient? Gehen Sie davon aus, dass jede Firma kostenlos Emissionszertifikate von der Regierung erhält, welche das Recht auf einen Emissionsausstoß $\overline{X}_i^*$ erlauben.

e) Würden diese Zertifikate gehandelt und, falls ja, wer kauft und verkauft Zertifikate und warum?

f) Welcher Zertifikatpreis wird sich am Markt unter vollständigem Wettbewerb ergeben?

g) Bestimmen Sie die Handelsgewinne durch den Zertifikathandel.

Aufgabe 3.3.16

Das Kyoto-Abkommen zur Reduzierung von Treibhausgasen wurde 1997 unterzeichnet, ist jedoch erst 2005 in Kraft getreten, nachdem Russland dieses Protokoll ratifiziert hat. Ein wichtiges Problem (neben vielen anderen Problemen), welches der Umsetzung des Protokolls bisher im Wege stand, war die Kontroverse, ob ein Zertifikathandel mit Emissionsrechten möglich sein soll. Auf der einen Seite stand die Europäische Union, die sich aus moralischen Gründen gegen einen Zertifikathandel aussprach: Industrieländer sollten nicht die Möglichkeit erhalten, sich von ihren Verpflichtungen »freizukaufen«. Auf der anderen Seite standen die USA, die sich aus Effizienzgründen für die Etablierung eines Zertifikatmarktes einsetzten. Sie argumentierten, dass die Reduktion von Treibhausgasen mit erheblichen Vermeidungskosten verbunden sein werde und dass nur durch einen Zertifikathandel die volkswirtschaftlichen Kosten auf ein vertretbares Maß abgesenkt werden könnten. Nachfolgend soll diese Kontroverse mit Hilfe eines einfachen Beispiels näher beleuchtet werden.

Für die Grenzvermeidungskostenkurve der USA (Land 1) und Russland (Land 2) gelte: $GVK_1 = 20 - 2 \cdot E_1$ und $GVK_2 = 10 - E_2$. E_1 seien die Emissionen von Land 1 und E_2 die von Land 2. In der Ausgangslage ohne Emissionsvermeidung seien die Grenzvermeidungs kosten sowie die Vermeidungskosten null. Dies bedeutet, dass beide Länder ohne Vermeidung jeweils 10 Emissionseinheiten ausstoßen. Nehmen Sie an, die Vereinbarungen des Umweltabkommens sehen vor, dass beide Länder ihre Emissionen um 45 Prozent senken müssen. Mit anderen Worten, das Abkommen sieht eine einheitliche Emissionsreduktionsquote von 45 Prozent vor.

a) Bestimmen Sie die Vermeidungskosten von Land 1 und 2 sowie die aggregierten Vermeidungskosten unter dem Quotenregime, d. h. wenn kein Zertifikathandel möglich ist.

b) Ermitteln Sie den Zertifikatpreis unter einem Zertifikatregime. Nehmen Sie an, dass jedes Land unentgeltlich Zertifikate erhält, welche Emissionen im Umfang von 55 Prozent seiner ursprünglichen Emissionen verbriefen. Gehen Sie von vollständigem Wettbewerb auf dem Zertifikatmarkt aus.

c) In welchem Umfang werden Zertifikate gehandelt und welches Land tritt als Käufer und welches als Verkäufer von Zertifikaten auf?

d) Ermitteln Sie die aggregierten Vermeidungskosten der beiden Volkswirtschaften unter dem Zertifikatregime.

e) Vergleichen Sie die aggregierten Vermeidungskosten unter dem Quotenregime mit jenen unter dem Zertifikatregime. Ermitteln Sie den Effizienzgewinn des Zertifikatregimes gegenüber dem Quotenregime.

f) Wie verteilt sich der Effizienzgewinn auf Land 1 und 2? Profitieren beide Länder von der Einführung eines Zertifikatregimes und wenn ja, warum?

Innerhalb der UNO wird darüber diskutiert, ob es nicht sinnvoll wäre, die Zertifikate zu versteigern, anstatt sie frei an die Länder zu verteilen. Es wird argumentiert, dass mit Hilfe der Einnahmen Projekte in Entwicklungsländern finanziert werden könnten, um somit auch Entwicklungsländer zum Beitritt zum Kyoto-Protokoll zu bewegen (Kompensationsgeschäfte).

g) Würde die Versteigerung von Zertifikaten zu einem weltwirtschaftlichen Effizienzverlust gegenüber der freien Vergabe führen?

h) Würde die Versteigerung von Zertifikaten zur Erhöhung der weltwirtschaftlichen Vermeidungskosten gegenüber der freien Vergabe führen?

i) Würde die Versteigerung von Zertifikaten zur Erhöhung der Kosten für die einzelnen Länder gegenüber der freien Vergabe führen und, falls ja, in welcher Höhe?

j) Würde die Versteigerung von Zertifikaten zur Erhöhung der Kosten für die einzelnen Länder gegenüber dem Quotenregime führen und, falls ja, in welcher Höhe?

k) Während der Verhandlungen über die endgültige Ratifizierung des Kyoto-Protokolls verschlechtert sich die wirtschaftliche Situation in Russland. Der russische Präsident argumentiert, eine 45-prozentige Emissionsreduktion für Russland sei wirtschaftlich nicht verkraftbar. Er droht, falls seinem Land nicht eine größere Emissionsquote zugeteilt werde, werde Russland das Abkommen nicht ratifizieren. Da kein anderer Staat bereit ist, höhere Emissionen Russlands auszugleichen, wird im Sekretariat des Kyoto-Protokolls beschlossen, Russland statt einer Emissionsquote von 55 Prozent nun eine Quote von 75 zuzuteilen. Welche Auswirkungen hat diese Änderung auf die Wohlfahrtssituation von Russland und den USA, wenn Sie Schadenskosten vernachlässigen und davon ausgehen, dass Emissionsquoten gehandelt werden können (Zertifikatregime) sowie dass Zertifikate frei zugeteilt werden? Geben Sie eine einfache Erklärung dafür, dass der Zertifikatpreis gegenüber der restriktiveren Umweltpolitik sinkt.

Aufgabe 3.3.17

Nachfolgend soll mit Hilfe eines Beispiels gezeigt werden, dass die dynamische Anreizwirkung einer Steuer höher ist als die einer Auflage. Wir betrachten dafür eine repräsentative Firma, die derzeit eine Grenzvermeidungskostenkurve $GVK^{alt}=15-E$ aufweist, wobei E die Emissionen bezeichnet. Die derzeitig nicht regulierte Emissionsmenge dieser Firma sei $E^*=15$.

a) Die Regierung plant, die Emissionen mittels einer Auflage auf 10 Einheiten zu beschränken ($E^{**}=10$). Wie hoch sind die Vermeidungskosten der Firma, wenn sie diese Auflage einhält?

b) In welcher Höhe $\overline{t}$ müsste die Regierung eine Steuer erheben, damit sie dasselbe Emissionsziel erreicht?

c) Wie hoch sind die Kosten (Vermeidungskosten plus Steuerlast) der Firma beim Steuersatz $\overline{t}$?

d) Gehen Sie davon aus, dass die Firma ihre Grenzvermeidungskosten aufgrund technischer Innovationen senken kann und die »neue Grenzvermeidungskostenkurve« $GVK^{neu}=10-{}^2/_3\,E$ ist. Berechnen Sie die neuen Vermeidungskosten für $E^{**}=10$ unter der Auflage und die Kosten für die »alte Steuer« $\overline{t}$.

e) Wir definieren den Anreiz zur Innovation als die Differenz zwischen den Kosten vor und nach Einführung der Innovation. Erklären Sie mit Hilfe des Beispiels, warum die dynamische Anreizwirkung unter der Steuer größer als unter der Auflage ist. Wie groß ist der Innovationsanreiz unter den zwei Instrumenten?

f) Warum könnte man sagen, dass in diesem Beispiel die Steuer auch ökologisch superior gegenüber der Auflage ist?

g) Wie groß ist der Innovationsanreiz (wie in Teilaufgabe e) definiert) unter einem Zertifikatsystem, wenn Sie davon ausgehen, dass Zertifikate im Umfang von $E^{**}=10$ frei zugeteilt werden und wenn der Zertifikatpreis vor und nach der Innovation bei $\bar{z} = 5$ verweilt? Ist die Annahme eines konstanten Zertifikatpreises realistisch? Falls nicht, erwarten Sie, dass der Zertifikatpreis steigt oder dass er nach der Innovation fällt?

h) Es wurde argumentiert, dass Firmen durch eine Reduktion des Abgabensatzes belohnt werden sollten, wenn sie eine neue Technologie zur Emissionsvermeidung einführen. Mit anderen Worten, der ursprüngliche Abgabensatz sollte nach Einführung der neuen Technologie von $\bar{t}$ nach $\bar{\bar{t}}$ abgesenkt werden, wobei $\bar{t} > \bar{\bar{t}}$. Finden Sie die Argumentation überzeugend? Bitte begründen Sie Ihre Antwort ausführlich! Erläutern Sie dabei auch, worin Ihr Kriterium für eine im Erörterungszusammenhang »überzeugende« Argumentation besteht.

i) Von verschiedenen Seiten wurde vorgebracht, dass eine Abgabe einen starken Widerstand der Industrie provozieren könnte, da dieses Instrument dem »starken Verursacherprinzip« genügt. Um diesen Widerstand zu besänftigen, wurde vorgeschlagen, dass Firmen keine Abgabe bezahlen sollten, wenn ihre Emissionen unter einem Schwellenwert $\hat{E}$ liegen. Nur für Emissionen oberhalb $\hat{E}$ sollte eine Abgabe an den Staat abgeführt werden. Welchen Effekt hat ein solcher »Abgabenfreibetrag« auf den Vergleich der dynamischen Anreizwirkung zwischen Auflage und Steuer? Bitte berücksichtigen Sie, ob Ihre Antwort vom Niveau $\hat{E}$ abhängt, wobei $\hat{E}$ ein Emissionsniveau im Intervall $0 \le \hat{E} \le E^*$ sein kann, während das unkontrollierte Emissionsniveau wie oben erwähnt E^* ist und $\hat{E}$ kleiner, gleich oder größer als der Emissionsstandard E^{**} wie unter Teilaufgabe a) erwähnt sein kann.

4 Weiterungen des umweltökonomischen Grundmodells

Kompaktkurs 4

In der umweltpolitischen Diskussion wird bisweilen argumentiert, dass die umweltökonomischen Vorschläge nicht genügend an die realökologischen und realwirtschaftlichen Probleme der Umweltpolitik angepasst seien. Insbesondere sei die intellektuelle Architektur des neoklassischen ökonomischen Paradigmas nicht das geeignete Instrument, Umweltprobleme mit ihren Tausenden in den Dimensionen von Raum und Zeit zu beschreibenden Komponenten zu durchdringen und zu lösen.

Diese Kritik mag insofern nützlich sein, als sie (wo nötig) daran erinnert, dass aus einfachen Lehrbuchdarstellungen keine unmittelbaren umweltpolitischen Konsequenzen gezogen werden dürfen. Man täte den umweltökonomischen Vorschlägen zur ökologieverträglichen Gestaltung der marktwirtschaftlichen Ordnung jedoch Unrecht, wollte man sie auf ihre grundlegende Lehrbuchvariante reduzieren. Vielmehr gibt es eine Fülle von Arbeiten, die den Komplikationen realer Probleme Rechnung tragen und pragmatische Politikempfehlungen ableiten. Insbesondere ist die wissenschaftliche Evolution in den letzten Jahren folgende Wege gegangen:

a) Von statischen zu dynamischen Modellen;
b) Von Modellen ohne räumliche Dimension zur expliziten Analyse regionaler und internationaler Probleme;
c) Von Modellen bei Sicherheit zur Analyse von Risiken verschiedener Arten und Verteilungen;
d) Von der Analyse additiver Emissionen zur umweltpolitischen Synergetik;
e) Von einer Welt ohne Transaktionskosten zur Institutionenanalyse;
f) Vom Verständnis von Emissionen als unspezifizierten Externalitäten zur Analyse von Emissionen verschiedener Art in verschiedene Umweltmedien;
g) Von einigen wenigen stilisierten Prototypen umweltpolitischer Instrumente zu einer reichen Auswahl praxisorientierter Varianten und ihrer Kombinationen;
h) Von allgemeinen Überlegungen zur Durchführung von Fallstudien;
i) Von monodisziplinären Studien zu »Joint Ventures« mit der Philosophie, Psychologie, Rechtswissenschaft, den Ingenieurwissenschaften und anderen Wissenschaften;
j) Von der Interpretation marktorientierter Instrumente als »Allheilmittel« zur Analyse ökonomischer, ökologischer und technischer Voraussetzungen für ihre erfolgreiche Anwendung.

Neben der Öffnung für realökologische Zusammenhänge sind umweltpolitische Empfehlungen der Umweltökonomie auch im Hinblick auf die Kriterien der »Mutterdisziplin«, der allgemeinen Volkswirtschaftslehre, reicher geworden. Über die traditionellen mikroökonomischen Partialanalysen hinaus werden die Empfehlungen durch allgemeine Gleichgewichtsbetrachtungen und makroökonomische Studien abgesichert. Außerdem spielen Überlegungen aus der Theorie des Zweitbesten (*second best*) eine zunehmende Rolle. In Teil 4 finden Sie kurze Zusammenfassungen sowie Übungsaufgaben mit Musterlösungen zu einigen der oben angesprochenen Punkte.

4.1   Umweltpolitik mit Schadstoffinteraktion

Kompaktkurs 4.1

Bei der ökonomischen Analyse des umweltpolitischen Instrumenteneinsatzes wird in aller Regel unterstellt, Ziel der Umweltpolitik sei die Verminderung der Emissionsmenge eines einzelnen Schadstoffes (oder mehrerer Schadstoffe, die unabhängig voneinander betrachtet werden können). Unter dieser Bedingung werden insbesondere Auflagen, Abgaben und Emissionszertifikate auf ihre Fähigkeit hin untersucht, das umweltpolitische Ziel effizient zu erreichen. Natürlich ist die isolierte Betrachtung einzelner Schadstoffe zunächst einmal ratsam, weil sie eine vereinfachte Darstellung der komplexen Probleme des umweltpolitischen Instrumenteneinsatzes ermöglicht. Auf die Dauer darf die umweltökonomische Analyse jedoch die Tatsache nicht ignorieren, dass Schadstoffe in den Umweltmedien auf mannigfaltige Weise interagieren. Liegen derartige Interaktionen vor, können umweltpolitische Ziele nicht mehr für einzelne Schadstoffe unabhängig voneinander definiert und verfolgt werden, weil die Schädlichkeit jedes einzelnen Schadstoffes von der Emissionsmenge anderer Schadstoffe abhängt. Natürlich fragt es sich, ob die Ergebnisse des ökonomischen Grundmodells (d. h. eines Modells, bei dem nur ein einzelner Schadstoff betrachtet wird) noch gelten, wenn wir auf das realistischere (aber auch kompliziertere) Modell mit Schadstoffinteraktion übergehen.

Schadstoffinteraktionen können von sehr verschiedener Natur sein. Der einfachste Fall besteht darin, dass mehrere Schadstoffe gemeinsam von der assimilativen Kapazität der Umwelt zehren, wobei die umweltbelastende Wirkung jeder zusätzlichen Einheit jedes Schadstoffes konstant ist. Natürlich sind kompliziertere Arten von Schadstoffinteraktionen nicht auszuschließen: Es ist denkbar, dass bei konstantem Belastungsniveau zusätzliche Emissionseinheiten eines Schadstoffs durch immer größere Emissionsverminderungen bei anderen Schadstoffen kompensiert werden müssen. Hier nimmt die Rate, mit der ein Schadstoff durch einen anderen unter Aufrechterhaltung des Belastungsniveaus substituiert werden kann, also zu. Natürlich ist auch der umgekehrte Fall möglich, in dem die genannte Rate abnimmt. Schließlich sind auch Mischformen denkbar, bei denen die Substitutionsgrenzrate abwechselnd zu- und abnimmt. Es ist sogar möglich, dass sich verschiedene Schadstoffe bei konstantem Belastungsniveau zueinander nicht substitutiv, sondern komplementär verhalten.

In der modelltheoretischen Literatur zur Schadstoffinteraktion wird in aller Regel vorausgesetzt, es existiere eine Umweltbehörde, die die Umweltbelastung in der von ihr regulierten Region auf ein bestimmtes Niveau zurückdrängen wolle. (Dieser Ansatz folgt der Logik der standardorientierten Umweltpolitik, wie sie aus dem traditionellen umweltökonomischen Modell bekannt ist.) Ihr Ziel besteht danach darin, zu gewährleisten, dass die Wirtschaft eine umweltpolitische Restriktion einhält. Die Belastung wird von mindestens zwei (in derselben Region ansässigen und in der Regel als konkurrenzwirtschaftlich modellierten) Industrien verursacht. Die Industrien emittieren verschiedene Schadstoffe, der Belastungsindex, mit dem die Behörde das Zielniveau ihrer Politik operationalisiert, erfasse die schadensseitigen Interdependenzen zwischen den verschiedenen Emissionen. Im ökonomischen Modell wird in aller Regel unterstellt, dass die Behörde die zugrunde liegenden naturwissenschaftlichen Zusammenhänge kennt.

Anders als bei der standardorientierten Umweltpolitik im Modell mit nur einem Schadstoff besitzt die Umweltbehörde bei der Operationalisierung ihres Ziels erheblichen Spielraum. Da das umweltpolitische Ziel, ein vorgegebenes Belastungsniveau einzuhalten, mit beliebig vielen Kombinationen der verschiedenen Schadstoffe erreicht werden kann, ist die Umweltbehörde frei zu entscheiden, welche dieser Schadstoffkombinationen angestrebt werden soll. Bei der üblichen Modellierung wird angenommen, dass die Umweltbehörde den genannten Spielraum dazu nutzen möchte, den umweltpolitischen Instrumenteneinsatz für die regulierten Firmen so glimpflich wie möglich zu gestalten. Daraus folgt, dass die Umweltbehörde danach strebt, diejenige Kombination der einzelnen Schadstoffeinträge zu realisieren, die die schadstoffübergreifende Belastungsrestriktion zu minimalen Kosten einhält.

Eine in diesem Modellrahmen durchgeführte umweltökonomische Instrumentenanalyse zeigt, dass *Emissionsauflagen* bei allen Formen von Schadstoffinteraktionen in der Lage sind, das umweltpolitische Ziel zu erreichen. Auch wenn ein schadstoffübergreifender Belastungsindex für die Operationalisierung des umweltpolitischen Ziels verwendet wird und nicht bloß der Eintrag eines einzelnen Schadstoffs, wie im ökonomischen Grundmodell, sind Auflagen also im idealtypischen Modell ökologisch treffsicher. Sie führen jedoch im Allgemeinen bei keiner Interaktionsform zu einer effizienten Situation. Sie sind vielmehr in doppelter Hinsicht ineffizient: Erstens verfehlen sie wie im Fall ohne Schadstoffinteraktion im Allgemeinen die kostenminimale Aufteilung einer gegebenen aggregierten Schadstoffmenge auf die einzelnen Emittenten. Darüber hinaus sind sie im Falle der Schadstoffinteraktion im Allgemeinen nicht in der Lage, die kostenminimalen mit der Belastungsrestriktion kompatiblen aggregierten Mengen der interagierenden Stoffe aufzufinden.

Ob *Emissionsabgaben* effizient sind, hängt von der Art der Schadstoffinteraktion ab. In dem oben besprochenen einfachsten Fall der Interaktion, bei dem für jedes gegebene Belastungsniveau die verschiedenen Schadstoffe mit konstanter Rate gegeneinander substituierbar sind, bleibt die Effizienz der Emissionsabgabe wie wir sie aus dem umweltökonomischen Grundmodell kennen, erhalten. Das umweltpolitische Ziel erreichen die Abgaben mit einem Prozess von Versuch und Irrtum, der nicht komplexer ist, als im traditionell untersuchten Fall ohne Schadstoffinteraktion. Eine nähere umweltökonomische Analyse zeigt jedoch, dass dieses für Befürworter von Abgaben im

Umweltbereich beruhigende Ergebnis ins Wanken gerät, wenn Interaktionen mit variablen Substitutionsgrenzraten betrachtet werden. Je komplexer die Art der Schadstoffinteraktionen wird, desto mehr bleiben die Ergebnisse der Emissionsbesteuerung hinter den (womöglich) von der Analyse ohne Interaktion geweckten Erwartungen zurück.

Übungsaufgaben

Aufgabe 4.1.1

Nennen Sie Beispiele für Umweltprobleme, die durch das Zusammenwirken verschiedener Schadstoffe verursacht werden.

Aufgabe 4.1.2

Für die von zwei Schadstoffen x, y hervorgerufene Belastung der Umwelt B gelte $B = a_1 x + a_2 y$ wobei $a_1 > 0$ und $a_2 > 0$ konstante Schädlichkeitskoeffizienten darstellen. Ferner seien die Vermeidungskostenfunktionen der x- und y-Industrie streng monoton fallend in x bzw. y und konvex. Wie lautet in diesem Fall das optimale Steuersatzverhältnis $(t_x / t_y)^{**}$ zur kostenminimalen Einhaltung einer gegebenen Umweltbelastungsrestriktion $B \leq \bar{B}$?

Aufgabe 4.1.3

Für die von zwei Schadstoffen x, y hervorgerufene Belastung der Umwelt B gelte $B = x + y$. Die Schadstoffe werden von zwei voneinander unabhängigen Industrien emittiert. Ohne Umweltpolitik werden sowohl von der x- als auch von der y-Industrie jeweils 40 Schadstoffeinheiten emittiert. Die Vermeidungskosten der x-Industrie seien gegeben durch $VK_x = (50 - x)^2 - 100$ für $0 \leq x \leq 40$. Die Vermeidungskosten der y-Industrie seien gegeben durch $VK_y = (50 - y)^2 / 2 - 50$ für $0 \leq y \leq 40$.

a) Schreiben Sie die Vermeidungskostenfunktionen als Funktionen in Abhängigkeit der vermiedenen Emissionen $v_x = 40 - x$ bzw. $v_y = 40 - y$ und ermitteln Sie anschließend die Grenzvermeidungskostenfunktionen.

b) Die tatsächlichen (Grenz-)Vermeidungskostenfunktionen der x- und y-Industrie seien der Umweltbehörde nicht bekannt. Die von ihr geschätzten Vermeidungskostenfunktionen seien gegeben durch $VK_x^g = (50 - x)^2 / 2 - 50$ und $VK_y^g = (50 - y)^2 - 100$. Ermitteln Sie die zugehörigen geschätzten Grenzvermeidungskostenfunktionen.

c) Die Regierung möchte die Gesamtumweltbelastung auf $\bar{B} = 40$ reduzieren. Diese Umweltbelastungsrestriktion soll zu minimalen Kosten mittels geeigneter Steuersätze t_x und t_y realisiert werden. Ermitteln Sie die optimalen Steuersätze und zugehörigen optimalen Emissionsniveaus.

d) Welche Steuersätze wird die Regierung wählen und mit welchen Emissionsniveaus werden die beiden Industrien hierauf reagieren? Wird die angestrebte Umweltbelastungsrestriktion eingehalten? Erklären Sie ihr Ergebnis.

Aufgabe 4.1.4

Betrachtet werde die Situation aus Aufgabe 4.1.3. Allerdings gelte für die von den Schadstoffen x, y hervorgerufene Belastung der Umwelt nun $B = 2x + y$.

a) Welche Auswirkungen hat diese Änderung auf die Ergebnisse in Aufgabe 4.1.3?
b) In welche Richtung wird die Umweltbehörde in einer Folgeperiode die von ihr gewählten Steuersätze verändern. Wird sich die Relation zwischen den Steuersätzen dabei ändern?

Aufgabe 4.1.5

Geben Sie ein Beispiel einer Umweltbelastungsfunktion $B(x,y)$ an (wobei x und y Emissionen zweier verschiedener Schadstoffe sind), deren Isobelastungslinien konkav sind.

Aufgabe 4.1.6

Gegeben sei eine Umweltbelastungsfunktion $B(x,y)$ mit konkaven Isobelastungslinien. Die Isokostenkurven seien konvex. Was lässt sich in diesem Fall über die Anzahl und Lage der optimalen Emissionstupel (x^{**}, y^{**}) aussagen? Illustrieren Sie Ihre Überlegungen graphisch.

Aufgabe 4.1.7

Die von zwei Schadstoffen x, y hervorgerufene Belastung der Umwelt sei gegeben durch $B(x,y)$. Die Belastungsrestriktion $B(x,y) = \overline{B}$ habe einen konvexen Verlauf und stimme vollständig mit einer Isokostenkurve überein. Was lässt sich in diesem Fall über die optimalen Emissionsniveaus aussagen?

4.2   Umweltpolitik bei unvollständiger Konkurrenz

Kompaktkurs 4.2

Bei der traditionellen Analyse wird unterstellt, die jeweils untersuchten externen Effekte seien die einzigen Störungen in einer ansonsten perfekt funktionierenden Ökonomie. Gelingt ihre vollständige Internalisierung, so wird ein sozial optimaler Zustand erreicht.

Natürlich ist die reale Welt, in der umweltpolitische Instrumente eingesetzt werden, durch eine Vielzahl von Friktionen, auch außerhalb des Umweltbereichs, gekennzeichnet. Im ökonomischen System finden wir z. B. Abweichungen vom Idealbild der vollständigen Konkurrenz und viele andere Störungen. Da die Umweltpolitik diese Defizite nicht simultan mit einer Internalisierung externer Effekte beheben kann (auch wenn diese vollständig gelänge), kann ihr Ziel bestenfalls in der Realisierung eines durch die anderen Unvollkommenheiten beschränkten gesellschaftlichen Optimums bestehen. Wir sprechen in diesem Zusammenhang von einer *zweitbesten* Lösung. Natürlich fragt es sich, inwieweit die unter den Bedingungen einer (jenseits des Umweltproblems) perfekten Modellwelt abgeleiteten Aussagen der Umweltökonomie für eine durch Probleme des Zweitbesten charakterisierte Welt normative Bedeutung beanspruchen können. Wir betrachten die Natur der hier angesprochenen Probleme eines simultanen Auftretens verschiedener Gründe von »Marktversagen« kurz am Beispiel der Besteuerung eines monopolistischen Emittenten.

In seinem diesbezüglich grundlegenden Aufsatz über »External Diseconomies, Corrective Taxes, and Market Structure«, hat der Ökonomie-Nobelpreisträger J. M. Buchanan im Jahre 1969 im *American Economic Review* gezeigt, dass eine Pigou-Besteuerung eines monopolistischen Emittenten die soziale Wohlfahrt mindert, wenn im unkorrigierten monopolistischen Gleichgewicht die Differenz zwischen Preis und Grenzkosten größer ist als die marginalen externen Kosten. Die intuitive Erklärung für dieses Modellergebnis liegt darin, dass die Pigou-Steuer den Monopolisten zu einer Senkung seiner Produktionsmenge veranlasst. Unter der von Buchanan gegebenen Bedingung überwiegt die soziale Wohlfahrteinbuße, die durch den von der Output-Senkung hervorgerufenen Rückgang von Konsumenten- und Produzentenrente verursacht wird, die mit der Emissionssenkung einhergehende Wohlfahrtssteigerung. Allerdings ist anzumerken, dass das Buchanan'sche Ergebnis in einem Modell erzielt worden ist, in dem die Emission strikt proportional an die Ausbringungsmenge gebunden ist. Das Modell ist also eher auf einen Fall wie die CO_2-Emission anzuwenden, für die gegenwärtig keine Abscheidetechnologie existiert, als z. B. auf SO_2. Stellt man Buchanans Modell auf eine allgemeinere Fassung um, bei der Vermeidungstechnologien zugelassen sind, so wird der Fall der wohlfahrtssenkenden Pigou-Steuer unwahrscheinlicher, bleibt aber doch möglich. Selbst in dem Fall, in dem die Verallgemeinerung des Modells die wohlfahrtserhöhende Wirkung der Pigou-Steuer erhält, bleibt die Betrachtung der monopolistischen Marktform nicht ohne Konsequenz für die umweltpolitische Empfehlung. Es zeigt sich nämlich, dass die Formel für die Berechnung des Pigou-Steuersatzes von der Marktform abhängig ist. Der optimale Steuersatz für den Monopolisten fällt niedriger aus als für die Firma bei vollständiger Konkurrenz.

Die Bedeutung der Berücksichtigung von Marktmacht für die umweltökonomischen Politikempfehlungen wird nicht gemindert, wenn man vom Idealbild der Internalisierung externer Effekte (hier: Pigou-Steuer) zu den pragmatischeren standardorientierten Instrumenten übergeht. Betrachten wir eine Emissionssteuer im Sinne des Preis-Standard-Ansatzes. Unter den Bedingungen vollständiger Konkurrenz ist die Emissionssteuer, wie oben skizziert, ein effizientes Instrument der Umweltpolitik.

Dies gilt nicht uneingeschränkt für den monopolistischen Verursacher. Der Schlüssel zum Verständnis des wesentlichen Unterschieds liegt darin, dass auch die Senkung der Ausbringungsmenge eine Methode der Emissionsreduktion darstellt. Die Kosten des Einsatzes dieser Vermeidungsmethode werden vom Monopolisten grundsätzlich anders bewertet als von einer Firma, die unter den Bedingungen vollständiger Konkurrenz operiert. Reduziert eine Firma bei vollständiger Konkurrenz den Output um eine (marginale) Einheit, so verliert sie damit die Differenz zwischen dem Marktpreis des Produkts und den Produktionsgrenzkosten. Diese Bewertung des Outputrückgangs entspricht der gesellschaftlichen Bewertung. Anders bei der monopolistischen Firma: Sie verliert bei einem marginalen Outputrückgang die Differenz zwischen Grenzerlös und Grenzkosten. Diese Differenz ist geringer als die im Gefolge des Outputrückgangs auftretende gesellschaftliche Wohlfahrtseinbuße. Passt sich der Monopolist nun an die Steuer im Gleichgewicht derart an, dass die von ihm berechneten Grenzkosten der Outputreduktion dem Steuersatz entsprechen, so reduziert er den Output aus gesellschaftlicher Sicht zu weit. Ein geringerer Einsatz der Methode der Outputreduktion als Mittel der Emissionsreduktion und ein weiter gehender Einsatz anderer Emissionsvermeidungsmaßnahmen wären gesellschaftlich von Vorteil, liegen jedoch nicht im Interesse des Monopolisten. Der kostenminimale Mix von Vermeidungsaktivitäten wird also im monopolistischen Gleichgewicht unter einer Emissionssteuer verfehlt.

Natürlich darf aus dieser Erörterung nicht geschlossen werden, dass die Emissionssteuer auf monopolistischen Märkten ein ungeeignetes Instrument der Umweltpolitik darstellt. Vielmehr müsste hier zunächst eine komparative Analyse verschiedener umweltpolitischer Instrumente unter monopolistischen Bedingungen erfolgen. Ähnliche Überlegungen gelten auch für das instrumentelle Design der Umweltpolitik in oligopolistischen Märkten.

Übungsaufgaben

Aufgabe 4.2.1

Ein Monopolist biete ein Gut x an. Bei der Produktion des Gutes x entstehen Emissionen, wobei pro Produktionseinheit genau eine Emissionseinheit erzeugt wird. Technische Maßnahmen zur Emissionsvermeidung stehen nicht zur Verfügung, so dass der Monopolist die Emissionen nur senken kann, indem er seine Produktionsmenge reduziert. Die

Schadensfunktion laute $S(x) = x^2 / 2$. Die private Grenzkostenfunktion und die inverse Nachfragefunktion seien gegeben durch $PGK(x) = 1$ und $P(x) = 11 - x$.

Ermitteln Sie die Angebotsmenge des Monopolisten x_M, sowie die sozial optimale Angebotsmenge x^{**}. Erklären Sie Ihr Ergebnis und stellen Sie dieses graphisch dar.

Aufgabe 4.2.2

Gegeben sei die Situation aus Aufgabe 4.2.1. Die Schadensfunktion lautet nun allerdings $S(x) = dx^2 / 2$. Die private Grenzkostenfunktion und die inverse Nachfragefunktion seien gegeben durch $PGK(x) = c$ und $P(x) = a - bx$. Es gelte $a > c > 0$, $b > 0$, $d > 0$.

a) Ermitteln Sie die Angebotsmenge des Monopolisten, sowie die sozial optimale Angebotsmenge.
b) Für welche Parameterkonstellationen übersteigt das Angebot des Monopolisten die sozial optimale Angebotsmenge?
c) Es gelte $d=10$, $b=5$, $a=110$, $c=10$. Mit welchem Steuersatz t_M sollte das Gut x im Monopolfall besteuert werden? Wie hoch ist der Wohlfahrtszuwachs, der ausgehend vom nicht regulierten Monopolgleichgewicht durch die Besteuerung generiert wird?

Aufgabe 4.2.3

Ein Monopolist biete ein Gut x an. Bei der Produktion des Gutes x entstehen Emissionen, wobei pro Produktionseinheit genau eine Bruttoemissionseinheit erzeugt wird. Somit gilt $E_B = x$. Dem Monopolisten steht eine Emissionsvermeidungstechnologie zur Verfügung, mit der er die Bruttoemissionen in einem von ihm frei wählbaren Umfang $ER_v (\leq E_B)$ verringern kann. Die Nettoemissionen des Monopolisten sind somit gegeben durch $E = E_B - ER_v$.

Die Schadensfunktion laute $S(E) = 5E^2$. Die private Grenzkostenfunktion und die inverse Nachfragefunktion seien gegeben durch $PGK(x) = 10$ und $P(x) = 110 - 5x$. Die Grenzvermeidungskosten mittels Technologieeinsatz seien gegeben durch $GVK(ER_v) = 5ER_v$.

a) Wie lautet das sozial optimale Brutto- bzw. Nettoemissionsniveau E_B^{**} bzw. E^{**} und welches Emissionsniveau E^* würde unter vollständiger Konkurrenz herrschen?
b) Welches Emissionsniveau E_M resultiert im unkorrigierten monopolistischen Gleichgewicht?
c) Die Regierung will den Monopolisten zur Emission der Schadstoffmenge E^{**} veranlassen. Welchen Emissionssteuersatz t_M sollte sie festlegen? Wird durch die Besteuerung eine Wohlfahrtssteigerung gegenüber dem unkorrigierten monopolistischen Gleichgewicht erzielt?

4.3 Internalisierungsverhandlungen bei asymmetrischer Information

Kompaktkurs 4.3

Im letzten Abschnitt wurde das Verhalten eines monopolistischen Emittenten untersucht. Mit dieser Kunstfigur ließ sich das Problem der Interaktion verschiedener Gründe von Marktversagen exemplarisch darstellen. Die beiden Gründe für Marktversagen, die beim monopolistischen Emittenten zusammenspielen, sind externe Effekte und Marktmacht. Natürlich können die im umweltökonomischen Kontext fundamentalen externen Effekte auch mit anderen Gründen für Marktversagen kombiniert werden. In der Literatur spielt z. B. die Frage eine bedeutende Rolle, welche Konsequenzen sich für die ökonomische Analyse umweltpolitischer Instrumente ergibt, wenn die an den externen Effekten beteiligten Akteure über unvollständige Information verfügen. Insbesondere findet dabei die Konstruktion der *asymmetrischen Information* Interesse.

Betrachten wir Coase'sche Verhandlungen zwischen Verursacher und Geschädigten über das Niveau des externen Effekts. Im traditionellen Coase'schen Modell wird der informationellen Basis, auf welcher die Beteiligten die Verhandlungen führen, wenig Beachtung geschenkt. Es wird schlicht unterstellt, dass die Verhandelnden die für ihr Verhalten maßgebenden Grenzvermeidungskosten und Grenzschadensfunktionen kennen. Dies ist im Coase'schen Rahmen auch völlig unproblematisch, denn Coase hatte ja explizit vorausgesetzt, dass im Verhandlungsprozess keine *Transaktionskosten* entstehen. Die Kosten der Information zählen zu den Transaktionskosten. In dem von Coase ursprünglich definierten Rahmen ist daher die Analyse eines Verhandlungsprozesses bei asymmetrischer Information ein Widerspruch in sich. Aber es ist natürlich nicht verboten, von den von Coase gesetzten Rahmenbedingungen abzuweichen und zu fragen, welche Konsequenzen sich für das Coase'sche Modellergebnis aus dieser Abweichung ergeben. Die Motivation für die hier betrachtete Abweichung besteht erstens in der Einsicht, dass unvollkommene Information in der umweltpolitischen Praxis (und jeder anderen Praxis) ein bedeutendes Problem darstellen kann. Außerdem ist es für Freunde ökonomischer Modellarchitektur verlockend, Stilelemente der Theorie externer Effekte mit solchen aus der Theorie asymmetrischer Information zu kombinieren (»modelltheoretisches Crossover-Design«).

In der Literatur wird die Natur der asymmetrischen Information bei Verhandlungen über das Niveau eines externen Effekts häufig wie folgt stilisiert: Jeder an einem externen Effekt Beteiligte kennt die, seine eigene Situation abbildende Funktion, aber nicht die entsprechende Funktion der »Gegenseite«. Der Verursacher kennt also die Grenzvermeidungskostenfunktion, der Geschädigte die Grenzschadensfunktion. Hinsichtlich der zur jeweiligen Gegenseite gehörenden Funktion kennt der Entscheidungsträger alle *möglichen* Funktionsverläufe, er weiß jedoch nicht, welche dieser Alternativen sich bei seinem Gegenüber realisiert. Zur weiteren Vereinfachung wird in der Literatur häufig angenommen, es gäbe zwei Typen von Verursachern, einen Typ H mit hohen Grenzvermeidungskosten und einen Typ N mit niedrigen Grenzvermeidungskosten. Der Geschädigte weiß nicht, ob er es in den Verhandlungen mit einem Repräsentanten des H-Typs oder des N-Typs zu tun hat. Er kennt aber die Wahrscheinlichkeit, mit der er auf einen H- bzw. N-Typ trifft.

In der Literatur wird die Frage untersucht, ob in diesem Rahmen das ursprüngliche Coase'sche Ergebnis eines sozial optimalen (und vom rechtlichen Rahmen unabhängigen) Verhandlungsergebnisses erhalten bleibt. Das Problem besteht dabei im Folgenden: Unter der Laissez-faire-Regel bietet der Geschädigte den Coase'schen Spielregeln entsprechend dem Verursacher eine Ausgleichszahlung für die Reduktion des externen Effekts an. Für den Verursacher ist dieses Angebot nur attraktiv, wenn die Ausgleichszahlung über den für ihn bei der Rückführung externer Effekte anfallenden Vermeidungskosten liegt. Gehört der Verursacher der H-Gruppe an, so ist die erforderliche Kompensationszahlung höher als bei einem Mitglied der N-Gruppe. Annahmegemäß (asymmetrische Information!) weiß der Geschädigte aber nicht, ob sein Gegenüber »vom Stamme H oder vom Stamme N« ist. Stellen sich bei einem N-Verursacher keine Gewissensbisse ein, wenn er lügt (und darauf sind wir bei der ökonomischen Analyse immer gefasst), wird er womöglich in den Verhandlungen mit dem Geschädigten behaupten, dass bei ihm hohe Grenzvermeidungskosten anfallen, wie sie für die Angehörigen des Stammes H typisch sind. Akzeptiert der Geschädigte dies, so fällt beim Verursacher ein »Betrugsgewinn« an, der in der Differenz zwischen den deklarierten hohen Vermeidungskosten und den tatsächlich anfallenden niedrigen Vermeidungskosten liegt.

Dies ist alles traurig und für den lebenserfahrenen Leser auch nicht sonderlich überraschend. Bei der Würdigung dieser Konstruktion muss allerdings beachtet werden, dass hier angenommen wird, der Geschädigte nehme die Angaben des Verursachers hinsichtlich dessen »Identität« (H oder N) einfach hin und passe sich mit Blick auf die angebotene Kompensationszahlung daran an. Womöglich erkennt der (informationsökonomisch geschulte oder auch nur einfach gewitzte) Geschädigte aber die fatale Attraktivität der damit gesetzten Anreize für den Verursacher und lässt sich auf das geschilderte Arrangement überhaupt nicht ein.

Es ist in der Literatur gezeigt worden, dass der Geschädigte einen *Screening-Mechanismus* anwenden kann, der Anreize für den N-Verursacher setzt, freiwillig zu offenbaren, dass er die Emissionen mit niedrigen Kosten vermeiden kann. Auch bei asymmetrischer Information ist es möglich, durch Verhandlungen zwischen Verursacher und Geschädigtem zu einer Reduktion von externen Effekten unter der Laissez-faire-Regel zu kommen. Eine genauere Analyse zeigt jedoch, dass das Verhandlungsergebnis im Allgemeinen nicht sozial optimal ist. Das entsprechende gilt für die Verursacherregel.

Übungsaufgaben

Aufgabe 4.3.1

Angenommen, es gäbe zwei Typen von Verursachern emissionsbedingter Umweltschäden, einen Typ H mit Grenzvermeidungskosten $GVK^H(x) = 100 - x$ und einen Typ N mit Grenzvermeidungskosten $GVK^N(x) = (100 - x) / 2$. Die Wahrscheinlichkeit, dass der Geschädigte es mit einem Verursacher vom Typ H bzw. N zu tun hat, sei jeweils ½. Die Grenzschadensfunktion sei gegeben durch $GS(x) = 2x$. Es gelte die Laissez-faire-Regel.

a) Wie lauten die sozial optimalen Emissionsmengen x_H^{**} bzw. x_N^{**} für den Fall, dass es sich um einen Verursacher vom Typ H bzw. N handelt?

b) Angenommen der Geschädigte biete einem Verursacher, der sich als H- bzw. N-Typ ausgibt an, dessen (vorgegebene) Vermeidungskosten (erhöht um ε, welches nachfolgend vereinfachend weggelassen wird) zu erstatten, wenn dieser sein Emissionsniveau auf die Kompensationsgrenze x_H^{**} bzw. x_N^{**} reduziert. Zeigen Sie, dass in diesem Fall der N-Typ einen Anreiz hat, sich als H-Typ auszugeben, der Umkehrschluss jedoch nicht gilt.

c) Wie lauten die aus der Sicht des Geschädigten optimalen Kompensationsgrenzen x_H^+ bzw. x_N^+ sowie die zugehörige Ehrlichkeitsprämie P^N für Verursacher vom Typ N?

Aufgabe 4.3.2

Gegeben sei die Situation aus Aufgabe 4.3.1. Allerdings sei die Wahrscheinlichkeit, dass es sich um einen Verursacher vom Typ H handelt, nun durch α mit $0 < \alpha < 1$ gegeben. Welche Auswirkungen hat dies auf die Ergebnisse von Aufgabe 4.3.1? Bestimmen Sie die Vorzeichen von $\partial x_H^+ / \partial \alpha$ und $\partial P^N / \partial \alpha$ und erklären Sie Ihre Ergebnisse.

Aufgabe 4.3.3

Angenommen einem Emissionsverursacher mit Grenzvermeidungskosten $GVK(x)$ sei unbekannt, ob der Geschädigte vom Typ H mit Grenzschäden $GS^H(x)$ oder vom Typ N mit Grenzschäden $GS^N(x)$ ist. Dabei gelte $GS^H(x) > GS^N(x)$ für jedes Emissionsniveau x. Dem Verursacher sind lediglich die beiden möglichen Grenzschadensfunktionen bekannt, sowie die Tatsache, dass die Wahrscheinlichkeit für den Schadenstyp H bzw. N jeweils ½ beträgt. Es gelte die Verursacherregel. Ferner wird angenommen, dass der Verursacher dem Geschädigten im Falle einer erteilten Emissionsgenehmigung anbietet, dessen (vorgegebene) Schäden (plus ε) zu erstatten.

Charakterisieren Sie mit Hilfe einer grafischen Darstellung die sozial optimalen Emissionsniveaus x_H^{**} bzw. x_N^{**}, Betrugsanreize bei Wahl dieser Kompensationsgrenzen sowie die aus der Sicht des Verursachers optimalen Kompensationsgrenzen x_H^+ bzw. x_N^+.

4.4   Die »doppelte Dividende« der Ökosteuer

Kompaktkurs 4.4

Im umweltökonomischen Grundmodell ist der externe Effekt die einzige Störung in einem ansonsten idealtypischen Marktsystem. In den vorstehenden Abschnitten sind mit der Marktmacht und der unvollkommenen Information zwei Unvollkommenheiten, die in realen Marktsystemen häufig auftreten (und auch in der modelltheoretischen Literatur ausführlich behandelt werden) mit dem Problem der externen Effekte kombiniert worden. Natürlich müssen die neben den externen Effekten behandelten Störungen nicht im Marktsystem selbst begründet liegen. Sie können vielmehr auch durch staatliche Eingriffe hervorgerufen werden. So wurde in der finanzwissenschaftlichen Literatur herausgearbeitet, dass bestimmte Formen der staatlichen Steuererhebung zu sozialen Wohlfahrtsverlusten führen. Die Zusammenhänge zwischen diesen staatlich verursachten Unvollkommenheiten und externen Effekten werden in der Literatur häufig im Zusammenhang mit der *ökologischen Steuerreform* und der *doppelten Dividende der Ökobesteuerung* diskutiert. Mit dieser Diskussion wird die isolierte Betrachtung der Umweltpolitik verlassen. Stattdessen rücken die Zusammenhänge zwischen Umweltproblemen und anderen gesellschaftlichen Problemen sowie zwischen Umweltpolitik und anderen Bereichen staatlicher Einflussnahme in den Mittelpunkt der Betrachtung. Wir fassen die Diskussion kurz zusammen:

Die Inanspruchnahme regenerierbarer und erschöpflicher natürlicher Ressourcen durch den Menschen ist kein aus wirtschaftlicher Sicht peripheres Phänomen. Ebenso wenig kann der Wirtschaftssektor »Naturverbrauch« isoliert für sich betrachtet werden. Vielmehr ist die Nutzung natürlicher Ressourcen ein Faktor von erheblicher Bedeutung für alle ökonomischen und sozialen Dimensionen des menschlichen Lebens. Deshalb müssen die Auswirkungen der Umweltnutzung und Umweltpolitik auf alle anderen wirtschaftlichen und wirtschaftspolitischen Bereiche untersucht werden. Dabei ist das Verhältnis von umweltpolitischen Zielen und anderen Politikzielen von besonderer Bedeutung. Ergeben sich bei überkommenen Institutionen Zielkonflikte, so besteht die Aufgabe von Wissenschaft und Politik darin, einen institutionellen Wandel zu erforschen und herbeizuführen, mit dem diese Konflikte abgemildert oder gar in Harmonien verwandelt werden können.

Aus ökonomischer Sicht ist es besonders interessant herauszufinden, wie die Umweltpolitik volkswirtschaftliche Schlüsselgrößen, wie Beschäftigung, internationale Wettbewerbsfähigkeit, personale, regionale und sektorale Verteilung sowie den Zustand der öffentlichen Finanzen, beeinflusst. In der umweltökonomischen Literatur sind diese Fragen mit mikroökonomischen allgemeinen Gleichgewichtsmodellen und makroökonomischen Betrachtungen behandelt worden. Wir greifen aus diesem Themenbereich im Folgenden einen wichtigen Aspekt der in Wissenschaft und Gesellschaft besonders kontrovers diskutierten Frage nach den Auswirkungen der Umweltpolitik auf die Beschäftigung heraus.

Umweltzerstörung und Arbeitslosigkeit gehören zu den größten Herausforderungen moderner Gesellschaften. Ein wirtschaftspolitisches Instrument, das verspricht, simultan einen bedeutenden Beitrag zur Lösung beider Probleme zu leisten, kann höchster wissenschaftlicher und politischer Aufmerksamkeit gewiss sein. Für einige Zeit schien in der wissenschaftlichen und politischen Diskussion die gesuchte wirtschaftspolitische »Wunderwaffe« in Form der *ökologischen Steuerreform* gefunden. Die Idee besteht darin, durch Einführung eines Systems von Ökosteuern externe Effekte zu internalisieren bzw. vorgegebene Umweltstandards zu erreichen. Die damit einhergehenden, auf dem Felde der Ökologie geernteten Wohlfahrtsgewinne bilden die »erste Dividende« dieses Instruments. Das zweite Konstruktionsmerkmal der ökologischen Steuerreform besteht in ihrer aufkommensneutralen Konstruktion. Die Steuererträge sollen in die Wirtschaft zurückgegeben werden (*revenue recycling*), indem die Kosten des Produktionsfaktors Arbeit herabgesetzt werden. Dies kann z. B. dadurch geschehen, dass die Arbeitgeberbeiträge zur Sozialversicherung gesenkt werden. Der davon erwartete beschäftigungssteigernde Effekt stellt die »zweite Dividende« dar.

Die These von der *doppelten Dividende* hat vor einiger Zeit zu einer Hochkonjunktur der Idee der ökologischen Steuerreform geführt. Insbesondere in der politischen Arena hat sie große Akzeptanz erfahren, wenn auch weniger in der praktischen Politik als in der politischen Programmatik und Rhetorik. Allerdings sind in der wissenschaftlichen Diskussion Zweifel laut geworden, ob die erwähnte doppelte Dividende tatsächlich existiert. Die Double-Dividend-kritischen Studien legen den Verdacht nahe, dass die an partiellen Gleichgewichtsmodellen geschulte ökonomische Intuition uns zu voreiligen Schlussfolgerungen ge(ver-(!))führt hat. Ein wichtiger Grund für die sich aus allgemeinen Gleichgewichtsbetrachtungen ergebenden Zweifel an der Gültigkeit der Double-Dividend-Hypothese besteht darin, dass Ökosteuern die Gleichgewichtspreise der Güter erhöhen und damit die Reallöhne senken könnten. Dies würde die gleichgewichtige Aufteilung des Zeitbudgets der individuellen Entscheidungsträger zwischen Arbeitszeit und Freizeit zu Lasten der Arbeitszeit verändern und damit zu einem reduzierten Arbeitsangebot führen. Dann wäre es ungewiss, welche der beiden gegenläufigen Tendenzen der ökologischen Steuerreform in Bezug auf die Arbeit, das Anwachsen der Nachfrage nach Arbeit oder ihr abnehmendes Angebot, letztendlich dominieren würde.

Die hier angesprochene Kritik an der Double-Dividend-Hypothese und die dabei verwendete, mit den Methoden der allgemeinen Gleichgewichtstheorie gestützte Argumentation stellt eine Bereicherung der umweltökonomischen Diskussion dar. Allerdings wäre es verfrüht, damit die Double-Dividend-Hypothese totzusagen. Dies soll anhand einer kurzen Diskussion des einflussreichen 1994 im *Journal of Public Economics* erschienenen Artikels von A. L. Bovenberg und F. van der Ploeg über »Public Finance and the Labour Markt in a Second-Best World« erklärt werden: In dem hier angesprochenen Modell wird eine Ökonomie, in der *Ramsey-optimale Steuern* erhoben werden, analysiert. Diese Steuern sind in der Lage, einen gegebenen öffentlichen Haushalt zu finanzieren und dabei die mit der Besteuerung einhergehenden Wohlfahrtsverluste zu minimieren. Das zunächst bestehende Modellgleichgewicht wird dadurch gestört, dass ein Anwachsen des Umweltbewusstseins als exogene Veränderung eingeführt wird. Dann wird untersucht, wie die Gleichgewichte der relevanten Größen auf diesen

»Schock« reagieren. Es zeigt sich, dass trotz der Erhebung von Ökosteuern und der Senkung von Abgaben auf den Faktor Arbeit das Gleichgewichtsbeschäftigungsniveau sinkt. Dieser Effekt ist im Modell – ähnlich wie oben schon angesprochen – damit zu erklären, dass sich das Arbeits-Freizeit-Portfolio beim Übergang vom alten zum neuen Gleichgewicht verändert. Die betrachtete Modellökonomie trägt den gestiegenen Umweltpräferenzen dadurch Rechnung, dass weniger umweltintensive Güter produziert werden. Dadurch sinken Einkommen und Beschäftigung. Wohlfahrtsseitig wird dieser Effekt durch die höhere (und höher bewertete) Umweltqualität kompensiert.

Aus dieser Modellbetrachtung dürfen jedoch keine voreiligen Schlussfolgerungen für die Existenz einer doppelten Dividende bei einer realwirtschaftlichen Ökosteuerreform gezogen werden. Zunächst einmal ist darauf hinzuweisen, dass die Umweltbewusstseinssteigerung die Ökonomie von einem Gleichgewicht zum anderen führt. Da in keinem der beiden betrachteten Gleichgewichte unfreiwillige Arbeitslosigkeit besteht, besäße eine Zunahme der Beschäftigung im Modellkontext überhaupt keinen normativen Charakter. Das Phänomen der unfreiwilligen Arbeitslosigkeit, das das realwirtschaftliche Interesse an der Double-Dividend-Hypothese überhaupt erst begründet, ist im Modell von vornherein ausgeschlossen.

Überdies folgt das im Modell angenommene Steuersystem den Prinzipien der Theorie optimaler Besteuerung. Ein Interesse an einer ökologischen Steuerreform kann in diesem Modell erst durch die Einführung einer exogenen Veränderung des Umweltbewusstseins begründet werden. Die steuersystematischen Ausgangslagen von Modell und Realität unterscheiden sich also gravierend. Auch aus diesem Grund ist es ratsam, bei der Übertragung der Modellergebnisse auf die Realität äußerste Vorsicht walten zu lassen.

Ferner enthält das Modell eine Reihe »technischer« Annahmen, die die Bedingungen für das Auftreten einer doppelten Dividende verschlechtern, jedoch die Realität nicht besonders gut beschreiben. So wird z. B. angenommen, der Arbeitseinsatz der Volkswirtschaft sei proportional zur Produktmenge. Überdies werden Konsum und Umweltqualität als perfekte Substitute modelliert.

Die obige kurze Betrachtung legt nahe, dass die Frage nach der Existenz einer doppelten Dividende von Ökosteuern in der theoretischen Literatur noch nicht abschließend behandelt ist. Das Ergebnis dieser Diskussion wird letztlich nicht in der Aussage bestehen, die doppelte Dividende einer ökologischen Steuerreform existiere oder sie existiere nicht. Entsprechend geht es in der neueren Litertur eher darum, die Bedingungen, unter denen die doppelte Dividende existiert, zu spezifizieren. Dabei ist es auch interessant, diese Bedingungen danach zu differenzieren, inwieweit sie (kurz- oder langfristig) durch institutionellen Wandel beeinflusst werden können oder als »naturgegeben« hingenommen werden müssen. Neben theoretischen sind auch empirische Studien notwenig: Gehen von der Einführung eines Systems von Ökosteuern negative und positive Wirkungen auf die Beschäftigung aus, so muss die Frage nach dem überwiegenden Effekt letztlich empirisch beantwortet werden. Für verschiedene Formen von Ökosteuern und für verschiedene Länder sind hier durchaus unterschiedliche Ergebnisse zu erwarten.

Außerdem sollte die Diskussion um die beschäftigungspolitischen Auswirkungen der Umweltpolitik nicht den Blick dafür verstellen, dass das primäre Argument für eine ökologische Steuerreform ökologischer Natur ist. Zweifel an der Double-Dividend-Hypothese sind daher nicht hinreichend, um eine Ablehnung der ökologischen Steuerreform zu begründen. Sollen neben dem ökologischen Ziel auch andere Politikziele (hier: die Vollbeschäftigung) berücksichtigt werden, so kann eine wirtschaftspolitische Empfehlung nur aus einer komparativen Analyse verschiedener umweltpolitischer Instrumente abgeleitet werden. Dabei würde es darum gehen festzustellen, wie alternative Instrumente, die zur Erreichung desselben umweltpolitischen Ziels geeignet sind, auf die Beschäftigung wirken. Dabei wären dann absolute und relative Double-Dividend-Hypothesen zu unterscheiden.

Die Behauptung, mit Ökosteuern verbessere sich die Umweltqualität und die Beschäftigungslage, können wir als *absolute Double-Dividend-Hypothese* bezeichnen. Davon zu unterscheiden wäre eine *relative Double-Dividend-Hypothese*, nach der eine Ökosteuer bessere Beschäftigungswirkungen hervorbringt als ökologisch gleichwertig dosierte, alternative umweltpolitische Instrumente. Für die praktische Auswahl umweltpolitischer Instrumente ist die relative Double-Dividend-Hypothese von erheblicher Bedeutung.

Übungsaufgaben

Aufgabe 4.4.1

Die Nachfrage nach dem Faktor Arbeit (l) gemessen in Arbeitsstunden sei gegeben durch $N_L(l) = a - bl$. Die Arbeitsangebotsfunktion laute $A_L(l) = -c + dl$. Dabei stellen a, b, c und d positive Konstanten dar. Ferner gelte $ad > bc$.

a) Ermitteln Sie das Gleichgewicht auf dem Arbeitsmarkt.
b) Angenommen, der Staat erhebe auf jede eingesetzte Arbeitsstunde eine Steuer in Höhe von t. Es gelte $t < (ad - bc) / (bd)$. Ermitteln Sie das resultierende Gleichgewicht auf dem Arbeitsmarkt sowie die Höhe der Zusatzlast der Besteuerung.
c) Welche Wirkung hätte die Verwendung des Steueraufkommens einer Ökosteuer zur Reduzierung der Besteuerung des Faktors Arbeit auf das resultierende Gleichgewicht sowie die Höhe der Zusatzlast?

Aufgabe 4.4.2

Nehmen Sie Stellung zu folgender Aussage: Unter den beiden Dividenden der Ökosteuer versteht man in der Regel die Verbesserung der Beschäftigungssituation sowie die Verringerung der Zusatzlast der Besteuerung. Beide Effekte resultieren aus der Verwendung des Ökosteueraufkommens zur Senkung der Kosten des Produktionsfaktors Arbeit.

Aufgabe 4.4.3

Angenommen, gemäß der starken Interpretation der beschäftigungsorientierten Variante führe eine Ökosteuer zur zweiten Dividende. Folgt hieraus, dass die zweite Dividende auch gemäß der schwachen Interpretation vorliegt?

4.5   Zur umweltpolitischen Induktion des umwelttechnischen Fortschritts

Kompaktkurs 4.5

In der umweltökonomischen Literatur stand früher die statische Analyse der Internalisierungswirkungen und der Effizienzeigenschaften umweltpolitischer Instrumente konkurrenzlos im Mittelpunkt des Interesses. In jüngerer Zeit ist jedoch der Fähigkeit dieser Instrumente, umwelttechnischen Fortschritt herbeizuführen, höhere Aufmerksamkeit geschenkt worden. Dabei gilt es herauszufinden, inwieweit sich die verschiedenen Instrumente in ihrer den technischen Fortschritt betreffenden Induktionswirkung unterscheiden. Die theoretische Attraktivität und umweltpolitische Relevanz dieses Aspekts liegt auf der Hand. Eine langfristig orientierte Umweltpolitik darf sich nicht darauf beschränken, die Entscheidungsträger zum »richtigen« Einsatz einer vorgegebenen Umwelttechnik anzureizen. Sie muss zusätzlich die Rahmenbedingungen so setzen, dass sich die »richtige« Technik entwickelt. Diese Ausweitung des Erkenntnisinteresses erfordert den Übergang von statischen zu dynamischen Modellen. Natürlich geht es nicht um den einen *oder* den anderen Ansatz. Vielmehr müssen die beiden vorbezeichneten Probleme *simultan* gelöst werden, d. h. im Idealfall wird zu jedem Zeitpunkt die »richtige Technik im richtigen Ausmaß« eingesetzt.

In umweltökonomischen Lehrbüchern werden diese Zusammenhänge traditionell unter dem Stichwort »dynamische Anreizwirkung« umweltpolitischer Instrumente abgehandelt. Dabei wird vereinfachend unterstellt, dasjenige Instrument sei das aus dynamischer Sicht betrachtet beste, das die stärksten Anreize zur Einführung des umwelttechnischen Fortschritts begründet. Dieser Ansatz kann jedoch nur als erste grobe Annäherung überzeugen. Bei detaillierterer Betrachtung muss berücksichtigt werden, dass es auch ein Übermaß an Anreizen, in den technischen Fortschritt zu investieren, geben kann. Schließlich verzehrt die Herbeiführung des technischen Fortschritts knappe Ressourcen. Deren Wert muss mit dem Nutzen des technischen Fortschritts verglichen werden, um das aus gesellschaftlicher Sicht korrekte Ausmaß des technischen Fortschritts zu finden.

In der Literatur sind alle aus der statischen Analyse bekannten Internalisierungsstrategien in dynamischen Modellen unter Einschluss des induzierten technischen Fortschritts modelliert worden. Meist wird dies so gefasst, dass es in der Gegenwartsperiode möglich ist, in den technischen Fortschritt zu investieren und dafür die Emissionsvermeidungskosten in der Zukunft geringer ausfallen als bei konstanter Vermeidungstechnik. Im Modell werden dabei Nutzen und Kosten des induzierten technischen Fortschritts ebenso gegeneinander abgewogen, wie dies bei den Nutzen und Kosten der Emissionsreduktion bei gegebener Technik aus der statischen Internalisierungsliteratur bekannt ist. Es zeigt sich, dass sich die Internalisierungsstrategien der Coase'schen Verhandlungen, des Umwelthaftungsrechts und der Pigou-Steuer ohne weiteres in den dynamischen Kontext überführen lassen. Die Optimalitätseigenschaften dieser Instrumente bleiben im erweiterten Modell erhalten. Im Idealfall ist es möglich, mit allen genannten Internalisierungsinstrumenten sowohl das sozial optimale Emissionsniveau als auch den sozial optimalen technischen Fortschritt herbeizuführen. Kein Wunder – die Voraussetzungen, unter denen dies gilt, sind restriktiv. Dies ist ja schon bei den statischen Modellvarianten der Fall. Zu den bekannten statischen Erfordernissen kommen nun noch spezifische Erfordernisse des intertemporalen Kontextes hinzu. So wird die soziale Optimalität der Ergebnisse der dynamischen Modelle mit induziertem technischen Fortschritt zerstört, wenn private und soziale Zeitdiskontraten voneinander abweichen oder »Spillovers« bei der Forschung und Enwicklungstätigkeit auftreten. Der zuletzt genannte Punkt bedeutet, dass die Erträge eigener Forschungs- und Entwicklungsaufwendungen von dem investierenden Entscheidungsträger nicht vollständig privatisiert werden können. Stattdessen profitieren auch andere Firmen, die selbst nichts in den technischen Fortschritt investiert haben, von der Investition des betrachteten Entscheidungsträgers. »Spillovers« sind also auch eine Art externer Effekte.

Die Eigenschaften umweltpolitischer Instrumente im Bezug auf die Induktion des umwelttechnischen Fortschritts können nicht nur, wie oben kurz zusammengefasst, für die Internalisierungsstrategien beschrieben werden, sondern auch für die standardorientierten Instrumente. In einem Modell mit vollständiger Information zeigt sich, dass sich Auflagen, Zertifikate und Abgaben (im Sinne des Preis-Standard-Ansatzes) hinsichtlich ihrer Fähigkeit, den optimalen technischen Fortschritt zu induzieren, nicht voneinander unterscheiden. Natürlich ist vollständige Information eine extrem restriktive Annahme. Eine nähere Modellierung zeigt, dass die Fähigkeit, effizienten technischen Fortschritt zu induzieren, bei Auflagen stärker leidet als bei den marktorientierten Instrumenten, wenn asymmetrische Information in das Modell eingefügt wird. Abgaben und Zertifikate sind also in dieser Hinsicht »robuster« als Auflagen.

Übungsaufgaben

Aufgabe 4.5.1

Betrachtet werde ein Zwei-Perioden-Modell zur Induktion umwelttechnischen Fortschritts. Die Kosten für eine Sorgfaltsaktivität X zur Verringerung der Emissionen und dadurch verursachter Umweltschäden eines Unternehmens seien in Periode 0 gegeben durch $VK^{(0)}(X^{(0)}) = a(X^{(0)})^2 / 2$. Investiert das Unternehmen in Periode 0 einen Betrag von $I^{(0)}$ in technischen Fortschritt, so reduziert dies seine Sorgfaltskosten in Periode 1 auf $VK^{(1)}(X^{(1)}, I^{(0)}) = a(X^{(1)})^2 / (2e^{I^{(0)}})$. Der Erwartungswert der durch das Unternehmen verursachten Umweltschäden in Periode t, $t \in \{0,1\}$ sei gegeben durch $S^{(t)}(X^{(t)}) = c / X^{(t)}$. Es gelte $a > 0$, $c > 0$ und $ac^2 > 8$. Vereinfachend werde angenommen, dass in Periode 1 anfallende Kosten nicht auf den Entscheidungszeitpunkt (Periode 0) abgezinst werden. Das Unternehmen sei risikoneutral.

a) Ermitteln Sie die sozial optimalen Werte $X^{(0)**}$, $X^{(1)**}$ und $I^{(0)**}$. Bestimmen Sie das Vorzeichen von $X^{(1)**} - X^{(0)**}$ und erklären Sie Ihr Ergebnis.

b) Die Regierung möchte das Unternehmen zur Wahl des sozial optimalen Sorgfaltsniveaus bewegen und hierfür eine Haftungsregel einsetzen. Sollte die Regierung die Gefährdungshaftung, bei der das Unternehmen in jedem Fall für die von ihm verursachten Schäden haftet, oder die Verschuldenshaftung wählen, bei der das Unternehmen nur dann für die Schäden von Periode t aufkommt, wenn sein Sorgfaltsniveau einen vorgegebenen Standard $\overline{X}^{(t)}$ unterschreitet. Beide Sorgfaltsstandards $\overline{X}^{(0)}$ und $\overline{X}^{(1)}$ seien dem Unternehmen bereits zu Beginn von Periode 0 bekannt. Welche Sorgfaltsstandards $\overline{X}^{(t)**}$ sollte die Regierung im Fall der Verschuldenshaftung wählen?

Aufgabe 4.5.2

a) Betrachtet werde die Situation aus Aufgabe 4.5.1. Allerdings wird nun angenommen, dass sowohl die Gesellschaft als auch das Unternehmen in Periode 1 anfallende Kosten mit einer positiven Diskontrate r diskontieren. Es gelte $ac^2 > 8(1+r)^3$.
Welche Auswirkungen hat die Diskontierung auf die Ergebnisse von Aufgabe 4.5.1?

b) Angenommen die Gesellschaft und das Unternehmen verwenden unterschiedliche Diskontraten. Es gelte $r^{**} < r^*$. Dabei bezeichne r^{**} (r^*) die Diskontrate der Gesellschaft (des Unternehmens). Zeigen Sie am Beispiel der Gefährdungshaftung, dass das Unternehmen in diesem Fall nicht zur Wahl der sozial optimalen Aktivitätsniveaus veranlasst werden kann. In welche Richtung weichen die gleichgewichtigen Aktivitätsniveaus ab? Geben Sie eine intuitive Erklärung.

Aufgabe 4.5.3

Warum ist der Staat in der Lage zur Einhaltung eines vorgegebenen Emissionsstandards $\overline{E}$, den sozial optimalen Steuersatz festzulegen, wenn er lediglich die aggregierte Grenzvermeidungskostenfunktion nicht aber die firmenspezifischen Grenzvermeidungskostenfunktionen kennt? Schließlich passt sich doch jedes Unternehmen gemäß seiner individuellen Grenzvermeidungskostenfunktion an den Steuersatz mit Wahl eines individuell optimalen Emissionsniveaus an.

5 Internationale Umweltprobleme

Kompaktkurs 5.1 und 5.2

Seit Ende der 1980er Jahre tritt die Analyse internationaler, insbesondere *globaler Umweltprobleme* in den Vordergrund der ökonomischen Diskussion. Hier spiegelt sich die große Aufmerksamkeit wider, die Probleme wie der Treibhauseffekt und die Zerstörung der Ozonschicht in der öffentlichen Diskussion erfahren haben. Für die Analyse derartiger Probleme muss das herkömmliche umweltökonomische Modell in einem zentralen Punkt verändert werden. In der traditionellen Theorie spielt *der Staat* die Rolle einer übergeordneten Instanz: Er erkennt die von externen Effekten verursachte soziale Suboptimalität der Entscheidungen privater Akteure und ihrer Koordination durch den Marktmechanismus. Zur Abhilfe setzt er Instrumente der Internalisierung externer Effekte (oder Instrumente der pragmatischen Umweltpolitik) ein. Er ist dabei ausschließlich vom Ziel der Gemeinwohlmaximierung geleitet und ist willens und in der Lage, das Gemeinwohl auch gegen die Interessen einzelner Gruppen der Gesellschaft durchzusetzen. Dieses Modell hat schon im nationalstaatlichen Rahmen »seine Licht- und Schattenseiten«. Diese sind in der wirtschaftswissenschaftlichen Literatur ausführlich diskutiert worden. Bei der Analyse globaler Umweltprobleme und beim Design von Instrumenten der globalen Umweltpolitik ist es offensichtlich in besonderem Maße überfordert. Es gehört nämlich zu den Wesenselementen von Maßnahmen zum Schutz der globalen Umwelt, dass sie freiwillig zwischen souveränen Staaten vereinbart werden müssen. Hier ist es zwar häufig zweckmäßig, für den einzelnen Staat anzunehmen, dass Handeln der Regierung könnte über das Modell des zentralen Gemeinwohlmaximierers abgebildet werden. Das Pendant einer das über alle Staaten der Erde aggregierte globale Wohl maximierenden Weltregierung fehlt jedoch.

So ist es verständlich, dass in der ökonomischen Analyse globaler Umweltprobleme nicht mit einer zentralistisch konzipierten Regulierungstheorie gearbeitet wird, sondern spieltheoretische Methoden angewendet werden. Die einschlägige Problemlage und die spieltheoretischen Ansätze sind in hohem Maße affin zueinander. Globale Umweltprobleme sind durch eine hohe Interdependenz zwischen den Staaten gekennzeichnet. Die Spieltheorie untersucht traditionell (z. B. im Rahmen der Oligopoltheorie) die Interaktion von Akteuren, bildet Hypothesen, über deren Verhalten und prognostiziert mit den einschlägigen Lösungskonzepten (Gleichgewichtskonzepten) den Ausgang der Interaktion (des Spiels). Daher eignet sich die Spieltheorie besonders gut dazu, die Anreizstruktur der Akteure im Bereich globaler Umweltprobleme zu untersuchen.

Aus dieser Sicht befindet sich jeder einzelne Staat in einem *Gefangenendilemma*: Da die globale Umwelt wesentliche Eigenschaften eines reinen öffentlichen Gutes aufweist, besteht für jeden einzelnen Akteur (Staat) ein Anreiz, sich mit Blick auf die kostenträchtigen Maßnahmen, die zur Wahrung des weltweiten Gemeinwohls notwendig wären, vornehm zurückzuhalten und stattdessen eine Trittbrettfahrerposition einzunehmen. Spieltheoretisch ausgedrückt bedeutet dies, dass das *Nash-Gleichgewicht* der globalen Umweltbelastung weit über dem für die Weltgemeinschaft geltenden *Optimum* liegt.

In der wirtschaftstheoretischen Literatur sind erhebliche Anstrengungen unternommen worden, Designs für internationale Umweltpolitik zu entwickeln, die die Probleme des Gefangenendilemmas lösen oder zumindest mildern sollen. Dabei wird besonderes Gewicht darauf gelegt, dass es für den einzelnen Staat attraktiv ist, einem effektiven *Umweltabkommen* beizutreten (*individuelle Rationalität/Profitabilität* des Vertrages) und sich nach Vertragsabschluß auch an die vereinbarten Verpflichtungen zu halten (*Stabilität* des Vertrages). Gelingt es durch einen derartigen Vertrag in idealer Weise für die Vertragspartner individuelle Ziele und Gemeinwohl in Übereinstimmung zu bringen, so bezeichnet man den Vertrag als »anreizkompatibel«. Mit Blick auf das Fehlen einer Weltregierung, die ein einmal abgeschlossenes Abkommen mit Zwang durchsetzen könnte, wird in der Literatur häufig vom Erfordernis der *Selbstbindung* der Verträge gesprochen.

In der spieltheoretischen Literatur ist gezeigt worden, dass die Aussichten auf Kooperation der Staaten im internationalen Umweltschutz schon dann in einem rosigeren Licht erscheinen, wenn man von der groben Struktur des statischen Gefangenendilemmas, wie es als didaktisches Mittel in Lehrbüchern durchaus seine Existenzberechtigung hat, zu komplizierteren und realistischeren Strukturen übergeht. Ein Beispiel für die Konsequenzen von Modellvariationen auf die Kooperationswahrscheinlichkeit ist der Übergang vom statischen zum dynamischen Spiel. Greifen wir ein dynamisches Gefangenendilemma mit unendlichem Planungshorizont heraus. Hier zeigt sich, dass das kooperative Zusammenwirken der Staaten im Dienste der weltweiten Wohlfahrt eine gleichgewichtige Strategie für den einzelnen sein kann, wenn künftige Wohlfahrtseffekte der Entscheidung über die Kooperation nicht »zu stark« diskontiert werden. Dann ist es nämlich denkbar, dass die Länder eine Vereinbarung, sich stets im Sinne des weltweiten Gemeinwohls kooperativ zu verhalten, auch dann einhalten, wenn der Vertrag nicht bindend ist. Dies gilt insbesondere (aber nicht nur) dann, wenn ein vertragsbrüchiger Staat damit rechnen muss, dass die düpierten Vertragspartner auf alle Zeiten die kooperativen Beziehungen mit ihm abbrechen (*Trigger-Strategie*). Unter dieser Bedingung gilt nämlich die folgende »Nutzen-Kosten-Analyse des Vertragsbruchs«. Auf der Nutzenseite steht derjenige Überschuss an nationaler Wohlfahrt, den der Bezug der Trittbrettfahrerposition dem vertragsbrüchigen Staat in der Periode des Vertragsbruchs gegenüber der vertragstreuen (und damit im Umweltschutz kostenträchtigen) Position einbringt. Auf der Kostenseite des Vertragsbruchs steht dagegen in jeder der folgenden Perioden der Nettowohlfahrtszuwachs, der dem betrachteten Staat aus der Kooperation mit den anderen Staaten erwachsen wäre. Üblicherweise gehen wir davon aus, dass die in der Zukunft liegenden Nettowohlfahrtsströme von dem in Rede stehenden Staat (und jedem anderen Entscheidungsträger) auf den Entscheidungszeitpunkt abgezinst werden. Es ist intuitiv einleuchtend, dass die hier skizzierte Nutzen-Kosten-Analyse zugunsten der Einhaltung eines internationalen Vertrages ausfällt, wenn die bei der Abzinsung verwendete Diskontrate niedrig genug ist.

Natürlich kann mit dieser Modellkonstruktion bestenfalls die Hoffnung auf eine positive Kooperationsneigung im internationalen Umweltschutz begründet werden, keinesfalls aber »Entwarnung« gegeben werden. Es ist schließlich keineswegs gesichert, dass die von den Staaten tatsächlich verwendete Diskontrate unter der für das kooperative Verhalten kritischen Grenze liegt. Außerdem ist die oben der Einfachheit halber unterstellte Bestrafung des Vertragsbruchs durch die Anwendung einer »Trigger-Strategie« eine recht wacklige Konstruktion. Die Konzeption realistischerer Bestrafungsstrategien (insbesondere im Rahmen des Designs »neuverhandlungsstabiler« Verträge) ist wesentlich komplizierter. Schließlich ist die Annahme eines unendlichen Planungshorizonts realitätsfern. Immerhin konnte aber gezeigt werden, dass eine ähnliche Kooperationsneigung der Staaten wie im Spiel mit unendlichem Planungshorizont besteht, wenn der Horizont zwar endlich, das Ende der Planungsperiode aber nicht mit Sicherheit bekannt ist.

Angesichts des erheblichen Restrisikos, mit dem die Bemühungen um ein kooperatives Verhalten der Staaten im globalen Umweltschutz auch im dynamischen Kontext scheitern könnten, sind in der Spieltheorie eine ganze Reihe von Anreizsystemen entwickelt worden, um die Kooperationsneigung der Staaten zu verbessern. Hier ist z. B. an Transfersysteme zu denken, deren Eigenschaften zum Teil den Seitenzahlungen im Kontext des Coase-Theorems entlehnt sind und die andererseits Mechanismen der Übertragung von Sachleistungen beinhalten. Außerdem ist in der angewandten spieltheoretischen Literatur mit Erfolg darüber nachgedacht worden, wie ein Vertrag über Emissionsleistungen dadurch anreizkompatibel gestaltet werden kann, dass er mit einem anderen Vertrag verknüpft wird. Dies gelingt in idealer Weise, wenn sich die beiden Verträge *spiegelbildlich* zueinander verhalten. Dasjenige Land, das im Umweltbereich beim Übergang vom sozial optimalen Vertrag an nationaler Wohlfahrt verliert, gewinnt beim zweiten Vertragsgegenstand gerade, wenn von der suboptimalen Situation ohne diesen Vertrag zum sozial optimalen Vertrag vorangeschritten wird. Die hier angesprochenen Bemühungen werden in der Literatur unter dem Stichwort »Issue Linkage« abgehandelt. Natürlich ist es im Modell leichter, Verträge aufzuschreiben, die in diesem Sinne genau zueinander passen als in der Realität. Dort wird es besonders schwierig, wenn es sich um multilaterale Probleme handelt.

In der jüngeren Literatur wird nach einem weiteren Weg zur Verbesserung der Kooperationsergebnisse bei globalen Umweltschäden gesucht. Statt darüber nachzusinnen, wie ein globaler Vertrag gestaltet werden muss, dem möglichst viele Staaten beitreten und dann auch einhalten, hat sich eine Literaturströmung der Frage zugewandt, ob ein *System multipler Verträge* nicht insgesamt zu einem besseren Ergebnis für die globale Umweltqualität führen könnte. Hier geht es um eine Vielzahl von Abkommen, an denen jeweils eine Teilmenge von Staaten beteiligt ist, die »besonders gut zueinander passen«.

Die bei der spieltheoretischen Modellbildung gewonnenen Erkenntnisse sind gemeinsam mit den Erkenntnissen der traditionellen Umweltökonomie bei der Analyse von bestehenden internationalen Umweltverträgen und bei der Diskussion um deren Fortentwicklung angewendet worden. Das in der Literatur am stärksten beachtete internationale Umweltabkommen ist zweifellos das *Kyoto-Protokoll* zur Begrenzung der Treibhausgasemissionen.

Bei der Beurteilung des Protokolls wird aus ökonomischer Sicht besonders gewürdigt, dass mit den »flexiblen Mechanismen« (clean development mechanism, joint implementation, emissions trading) Elemente eines marktwirtschaftlichen Umweltschutzes, die sich am Modell der Emissionszertifikate orientieren, Teil der praktischen internationalen Umweltpolitik geworden sind. Außerdem ist in der Literatur positiv hervorgehoben worden, dass das Kyoto-Protokoll immerhin gewisse Sanktionsmöglichkeiten gegen Vertragsverstöße vorsieht. Damit unterscheidet es sich wohltuend von vielen anderen internationalen Umweltabkommen.

An der konkreten Ausgestaltung der Bestrafungsinstrumente des Protokolls ist jedoch detaillierte Kritik geübt worden. Außerdem haben empirisch gestützte Untersuchungen ergeben, dass das Kyoto-Protokoll unter mangelnder Anreizkompatibilität leidet. So ist es äußerst bedauerlich (und wird auch in der öffentlichen Diskussion immer wieder zu Recht bedauert), dass sich die USA dem Kyoto-Prozess nicht angeschlossen haben. Völlig unverständlich ist das Verhalten der USA aber nicht, wenn man das Kyoto-Protokoll auf seine individuelle Rationalität für die USA überprüft. Außerdem legen empirisch gestützte Analysen den Schluss nahe, dass das Kyoto-Protokoll erhebliche Stabilitätsprobleme aufweist. So betrachtet ist es nicht besonders verwunderlich, dass die vom Kyoto-Protokoll festgelegten (von vornherein eher bescheiden ausgefallenen) Ziele vermutlich nicht erreicht werden können.

5.1   Einführung

Übungsaufgaben

Aufgabe 5.1.1

Gehen Sie davon aus, dass auf einem Markt die folgende Preis-Absatz-Funktion gelte: $P = a - bX$ wobei P den Preis bezeichnet, a und b (nicht negative) Parameter sind und X die gesamte Outputmenge bezeichnet, also $X = \sum_{j=1}^{N} x_j$. Hierbei bezeichnet N die Anzahl der Firmen und der Index $i = \{1,...,N\}$ die Firma, die den Output x_i produziert. Der Gewinn einer Firma sei wie folgt definiert: $G_i = Px_i - c_i x_i^2$, wobei c_i ein Parameter der Kostenfunktion von Firma i ist. Somit steigen die Produktionskosten von Firma i ($c_i x_i^2$) mit zunehmender Produktion mit steigenden Raten. Der Umsatz von Firma i ist also Px_i.

a) Nutzen Sie dieses Beispiel, um die Interdependenz zwischen den Firmen auf diesem Markt zu illustrieren.

b) Diskutieren Sie die drei Fälle: i) es gebe nur 2 Firmen ($N=2$), ii) es gebe 10 Firmen ($N=10$) und iii) es gebe unendlich viele Firmen ($N = \infty$) auf diesem Markt hinsichtlich der Interdependenz und dem Interesse der Forschung, diesen Markt mit Hilfe der Spieltheorie zu analysieren.

c) Zeigen Sie welche Zusammenhänge zwischen dem oben skizzierten Oligopolmodell und einem globalen Emissionsmodell bestehen, wenn die Nettonutzenfunktion eines Landes durch folgende Funktion charakterisiert ist:

$$W_i = a_i(b_i E_i - E_i^2/2) - c_i\left(\sum_{j=1}^{N} E_j\right)^2,$$ wobei a_i, b_i und c_i länderspezifische Parameter sind, E_i die Emissionen des Landes $i = \{1,...,N\}$ sind und N die Zahl der Länder bezeichnet. Die Nutzenfunktion ist $a_i(b_i E_i - E_i^2/2)$. Dies bedeutet, dass der Nutzen für Land i mit zunehmenden Emissionen mit abnehmenden Raten steigt, solange $E_i \leq b$ ist, was wir nachfolgend annehmen wollen. Die Emissionen können hier als Input in die Produktion und Konsumption interpretiert werden, welcher den Bürgern in Land i einen Nutzen generiert. Die Schadensfunktion ist $c_i\left(\sum_{j=1}^{N} E_j\right)^2$. Die Schäden steigen in der Summe der Emissionen $\sum_{j=1}^{N} E_j$ mit steigenden Raten.

Aufgabe 5.1.2

Was ist das wesentliche Merkmal, welches nationale von internationalen Umweltproblemen bei der Lösung dieser Probleme unterscheidet?

5.2 Internationale Umweltvereinbarungen

Übungsaufgaben

Aufgabe 5.2.1

Die Vermeidungskosten eines globalen Schadstoffs E_i eines Landes $i = \{1,...,N\}$ seien mit $K_i(v_i)$ bezeichnet. E_i^* ist das unregulierte Emissionsniveau und $v_i = E_i^* - E_i$ das Emissionsvermeidungsniveau. Für $v_i = 0$, d. h. $E_i = E_i^*$ fallen keine Kosten ($K_i(0) = 0$) an. Zudem seien die Grenzvermeidungskosten an dieser Stelle 0 ($K_i'(0) = 0$), wobei $\partial K_i(E_i^* - E_i)/\partial v_i = K_i'(E_i^* - E_i)$ gilt. Sowohl die Vermeidungskosten als auch die Grenzvermeidungskosten steigen mit zunehmendem Vermeidungsniveau v_i. Entsprechend fallen sie mit zunehmendem Emissionsniveau E_i. Es gilt also:
$\partial K_i(E_i^* - E_i)/\partial v_i = K_i'(E_i^* - E_i) > 0$ und $\partial^2 K_i(E_i^* - E_i)/\partial v_i = K_i''(E_i^* - E_i) > 0$.

Die Schäden eines Landes i seien mit $S_i(\sum_{j=1}^{N} E_j)$ bezeichnet. Das bedeutet, die Schäden hängen von der gesamten emittierten Menge aller Staaten ab. Wir gehen davon aus, dass die Schäden mit zunehmender globaler Emissionsmenge $\sum_{j=1}^{N} E_j$ mit zunehmender Rate steigen, also $\partial S_i(\sum_{j=1}^{N} E_j)/\partial \sum_{j=1}^{N} E_j = S_i'(\sum_{j=1}^{N} E_j) > 0$ und $\partial^2 S_i(\sum_{j=1}^{N} E_j)/\partial \sum_{j=1}^{N} E_j = S_i''(\sum_{j=1}^{N} E_j) > 0$. Falls keine Emissionen ausgestoßen werden, seien die Schäden und die Grenzschäden null ($S_i(0) = 0$ und $S'_i(0) = 0$).

a) Formulieren Sie die Gleichgewichtsbedingungen eines Landes i im Nash-Gleichgewicht.
b) Formulieren Sie die Gleichgewichtsbedingungen eines Landes i im sozialen Optimum.
c) Nutzen Sie die Bedingungen aus Teil a)und b), um den Unterschied bei der Optimierung im Nash-Gleichgewicht und im sozialen Optimum zu verdeutlichen.
d) Zeichnen Sie die Grenzvermeidungskostenkurve eines Landes i, wenn Sie auf der Ordinate die Grenzvermeidungskosten und auf der Abszisse die Emissionen abtragen. Nutzen Sie diese Grafik, um die Grenzschadenskurve des Landes i zu illustrieren, wobei Sie bitte zwei Fälle berücksichtigen: Fall 1: alle anderen Länder mit Ausnahme i emittieren nicht, also $\sum_{j\neq i}^{N} E_j = 0$; Fall 2: die anderen Länder emittieren eine Menge $\sum_{j\neq i}^{N} E_j = \bar{E}_{-i}$, wobei $\bar{E}_{-i}$ ein konstantes Emissionsniveau bezeichnet mit $\bar{E}_{-i} > 0$. Nutzen Sie diese Grafik, um zu verdeutlichen, wie das optimale Emissionsniveau von Land i, E_i^{**}, bei nicht-kooperativem Verhalten von Land i von den Emissionen der anderen Länder abhängt.
e) Gehen Sie davon aus, dass eines der Länder $j \neq i$ seine Emissionen um eine Einheit erhöht, ein anderes Land $j \neq i$ seine Emissionen um eine Einheit verringert für den Fall, dass $\bar{E}_{-i} > 0$ ist. Verändert sich das optimale Emissionsniveau von Land i, E_i^{**}, in Teilaufgabe d) und falls ja, wie?

Aufgabe 5.2.2

Der Schutz globaler Umweltressourcen kann als Problem öffentlicher Güter interpretiert werden. Dieses Problem soll nachfolgend mit Hilfe eines einfachen Beispiels illustriert werden, welches zwei Länder umfasst. Die Wohlfahrtsfunktion eines Landes bestehe aus dem Nutzen des eigenen Emissionsausstoßes abzüglich der Schäden, die durch den globalen Emissionsausstoß verursacht werden. Die Emissionen von Land 1 seien mit E_1 bezeichnet, die Emissionen von Land 2 mit E_2.
Für die Nutzenfunktion von Land 1 gelte: $N_1 = 8 \cdot E_1 - E_1^2 / 2$.
Für die Nutzenfunktion von Land 2 gelte: $N_2 = 16 \cdot E_2 - E_2^2$.
Die Schadensfunktion von Land 1 ist $S_1 = 2(E_1 + E_2)$, die von Land 2 $S_2 = 4(E_1 + E_2)$.
Die Wohlfahrtsfunktion von Land 1 ist somit:

$$W_1 = N_1 - S_1 = 8 \cdot E_1 - E_1^2 / 2 - 2(E_1 + E_2)$$
und die von Land 2
$$W_2 = N_2 - S_2 = 16 \cdot E_2 - E_2^2 - 4(E_1 + E_2).$$

Die Emissionen können wie in Aufgabe 5.1.1 als Input in die Produktion und Konsumption interpretiert werden, welcher den Bürgern in Land i einen Nutzen generiert, allerdings auch Schäden sowohl in Land 1 als auch Land 2 verursacht.

a) Erklären Sie den Begriff »nicht-kooperatives Emissionsgleichgewicht« (Nash-Gleichgewicht). Formulieren Sie die allgemeine(n) Gleichgewichtsbedingung(en) in einem Nash-Gleichgewicht. Bestimmen Sie mit Hilfe der speziellen Funktionen die gleichgewichtigen Emissionen im Nash-Gleichgewicht für dieses 2-Länder-Modell.

b) Erklären Sie den Begriff »voll-kooperatives Emissionsgleichgewicht« (globales oder soziales Optimum). Formulieren Sie die allgemeine(n) Gleichgewichtsbedingung(en) im globalen Optimum. Bestimmen Sie mit Hilfe der speziellen Funktionen die gleichgewichtigen Emissionen im Optimum.

c) Illustrieren Sie die Lösungen in Teilaufgabe a) und b) grafisch, indem Sie die Grenznutzenfunktion von Land 1 und 2, die Grenzschadensfunktion von Land 1 und 2 sowie die aggregierte Grenzschadensfunktion in einer Grafik einzeichnen.

d) Bestimmen Sie die Wohlfahrt der beiden Länder sowie die globale Wohlfahrt im Nash-Gleichgewicht und im globalen Optimum. Ist das globale Optimum individuell und global rational? (Mit individuell rational ist hier gemeint, dass ein Staat eine höhere Wohlfahrt als im Nash-Gleichgewicht erhält. Mit global rational ist hier gemeint, dass die aggregierte Wohlfahrt aller Staaten höher als im Nash-Gleichgewicht ist.) Gilt Ihre Aussage immer oder nur für dieses spezielle Beispiel?

e) Erklären Sie kurz mit Hilfe der Begriffe »individuelle Rationalität« und »Freifahreranreiz« das Problem internationaler Kooperation im globalen Umweltschutz. (Hinweis: Fragen Sie sich, ob individuelle Rationalität eine notwendige oder hinreichende Bedingung für Kooperation ist.)

f) Nehmen Sie an, die beiden Länder hätten sich darauf verständigt, dass jedes Land nur die global optimale Emissionsmenge ausstößt. Welches Emissionsniveau würde jedes Land wählen, wenn es »optimal freifahren« würde und davon ausginge, dass sich das andere Land an die Vereinbarung hält? Mit welchem Freifahrergewinn können die Länder jeweils rechnen?

g) Nehmen Sie an, die Länder verhandeln über proportionale Emissionsreduktionen (Quotenregime). Zwei Versionen sind im Gespräch. Version 1: Beide Länder müssen ihre Emissionen um denselben Prozentsatz gegenüber ihren Nash-gleichgewichtigen Emissionen reduzieren. Version 2: Beide Länder müssen ihre Emissionen um denselben absoluten Betrag gegenüber ihren Nash-gleichgewichtigen Emissionen reduzieren. Welches Regime präferiert Land 1, welches Land 2?

h) Nehmen Sie an, die Länder verhandelten über proportionale Emissionsreduktionen entsprechend Version 2. Welche Emissionsreduktion wäre aus Sicht von Land 1 optimal, welche aus Sicht von Land 2?

Aufgabe 5.2.3

Nachfolgend werden einfache Spiele in Normalform betrachtet. Es gibt zwei Länder 1 und 2, die nur zwei Strategien zur Auswahl haben: Kooperation (K) und Defektion (D). Diese Strategien werden mit einem Index i versehen, $i \in \{1,2\}$, abhängig davon, welches Land diese Strategie wählt. In den nachfolgenden Beispielen bezeichnet der obere Eintrag die Wohlfahrt einer Strategiekombination für Land 1, der untere Eintrag die Wohlfahrt von Land 2. Gehen Sie davon aus, dass alle Spiele statisch sind.

a)   Spiel 1

	K_2	D_2
K_1	3,2 3,2	1,4 4,4
D_1	4,4 1,4	2 2

Zeigen Sie, dass in Spiel 1 vollständige Kooperation global rational ist. Bestimmen Sie in diesem Spiel das Nash-Gleichgewicht und erklären Sie Ihre Lösung.

b)   Spiel 2

	K_2	D_2
K_1	4,6 4,6	2,2 5,2
D_1	5,2 2,2	2 2

Zeigen Sie, dass in Spiel 2 die vollständige Kooperation global rational ist. Bestimmen Sie in diesem Spiel das (die) Nash-Gleichgewicht(e) und erklären Sie Ihre Lösung.

c) Zeigen Sie an Hand von Spiel 1, wie in einem dynamischen unendlich wiederholten Spiel Kooperation durch eine Triggerstrategie zustande kommen könnte.

Aufgabe 5.2.4

Betrachten Sie nachfolgendes Spiel, wobei sinngemäß dieselben Interpretationen wie in Aufgabe 5.2.3 gelten.

                       Spiel 3

	K_2	D_2
K_1	4 -1	-1 2
D_1	5 -3	0 0

a) Gehen Sie davon aus, dass Spiel 3 einmalig gespielt wird, also eine statische Spiel-situation vorliegt. Bestimmen Sie das Nash-Gleichgewicht in diesem asymmetri-schen Gefangenendilemma.

b) Begründen Sie, warum in diesem Spiel vollständige Kooperation global, aber nicht individuell rational ist.

c) Es wurde behauptet, dass in diesem Spiel das Dilemma gelöst werden könnte (Koo-peration ein Gleichgewicht sein kann), wenn Land 1 die Wahl seiner kooperativen Strategie mit einer Kompensationszahlung an Land 2 verknüpft. Diese Transferzah-lung wollen wir mit T bezeichnen. Zeigen Sie, dass diese Behauptung falsch ist.

d) Machen Sie deutlich, wie in einem dynamischen unendlich wiederholten Spiel Trans-fers zur Etablierung von Kooperation in diesem Spiel genutzt werden könnten, falls eine Triggerstrategie als Bestrafung zur Durchsetzung von Kooperation genutzt wird.

Aufgabe 5.2.5

Konstruieren Sie zu Spiel 3 in Aufgabe 5.2.4 ein spiegelsymmetrisches asymmetrisches Gefangenendilemma und illustrieren Sie die Idee von Issue-Linkage. Machen Sie deut-lich, dass Issue-Linkage nur in einem dynamischen Spiel aus dem Gefangenendilemma herausführen kann.

Aufgabe 5.2.6

Gehen Sie von folgender Wohlfahrtsfunktion eines Landes $i \in \{1,..,N\}$ aus:

$$W_i = 10 \cdot \left(5 \cdot E_i - \frac{1}{4} \cdot E_i^2 \right) - \sum_{j=1}^{N} E_j, \text{ wobei } E_i \text{ das Emissionsniveau bezeichnet und } N \text{ die}$$

Anzahl der Länder. Gehen Sie von $N = 10$ Ländern aus.

Bestimmen Sie die gleichgewichtige Anzahl an Koalitionären in einer intern und extern stabilen Koalition. Wie hoch ist die Anzahl an Freifahrern im Gleichgewicht? Wie hoch ist das aggregierte Emissionsniveau im Koalitionsgleichgewicht? Vergleichen Sie dieses Emissionsniveau mit dem Nash-Gleichgewicht und dem globalen Optimum. Vergleichen Sie auch die aggregierte Wohlfahrt im Koalitionsgleichgewicht mit der im Nash-Gleichgewicht und im globalen Optimum. Erklären Sie, warum in diesem Modell die Nicht-Koalitionäre eine höhere Wohlfahrt als die Koalitionäre im Koalitionsgleich-gewicht haben.

Gehen Sie bei Ihren Berechnungen davon aus, dass die Koalitionäre ihr Emissions-niveau so wählen, dass sie die aggregierte Wohlfahrt aller Koalitionäre maximieren. Nicht-Koalitionäre wählen ihr Emissionsniveau so, dass sie ihre eigene Wohlfahrt maxi-mieren.

Aufgabe 5.2.7

Das in Aufgabe 5.2.6 betrachtete Modell der Koalitionsbildung geht u. a. von zwei Annahmen aus: 1) Die Interessen eines Landes werden durch die Wohlfahrtsfunktion dieses Landes repräsentiert. 2) Wenn sich Staaten zum Beitritt eines Umweltabkommens entschieden haben, dann wählen alle Koalitionäre ihr Emissionsniveau so, dass es die aggregierte Wohlfahrt über alle Koalitionäre maximiert. Diskutieren Sie diese beiden Annahmen. Finden Sie diese Annahmen »realistisch« bzw. restriktiv?

Aufgabe 5.2.8

Gehen Sie in Aufgabe 5.2.6 davon aus, dass ein Land neben dem rein materiellen Nutzen W_i einen nicht materiellen Nutzen $B_i > 0$ erhält, falls es an einem Abkommen teilnimmt. Dieser nicht materielle Nutzen könnte aus einem Reputations- oder Ansehensgewinn bestehen, zur Gruppe der »good guys« zu gehören. Dies würde in diesem Koalitions-modell (mit symmetrischen Spielern) bedeuten, dass ein Koalitionär nicht $W^K(n)$, sondern $W^K(n) + B$ erhält, bzw. falls $n+1$ Länder kooperieren, $W^K(n+1) + B$. Diese Annahme impliziert, dass der nicht materielle Nutzen ein konstanter Betrag ist.

a) Erklären Sie intuitiv, wie diese Annahme die gleichgewichtige Anzahl an Koalitionären verändert, indem Sie die Bedingungen der internen und externen Stabilität nutzen. Sind Sie über dieses Ergebnis erstaunt oder erscheint es Ihnen »offensichtlich« (trivial)?

b) Nehmen Sie an, B sei 5. Wie groß ist die stabile Koalition in dem Beispiel aus Aufgabe 5.2.6?

Aufgabe 5.2.9

Erklären Sie die flexiblen Instrumente des Kyoto-Protokolls und begründen Sie, was Flexibilität für die Effizienz der internationalen Klimapolitik bedeutet.

Aufgabe 5.2.10

Das Emissionsziel im Kyoto-Protokoll wurde in CO_2-Äquivalenten formuliert. Erklären Sie, was der Begriff »CO_2-Äquivalent« bedeutet und was er für die Effizienz der Reduktion von Treibhausgasen bedeutet.

Aufgabe 5.2.11

Diskutieren Sie die Vor- und Nachteile eines eingeschränkten Emissionshandels im Rahmen des Kyoto-Protokolls. Gehen Sie auch auf die Auswirkungen ein, dass nicht alle Emissionsreduktionen über den Clean Development Mechanism erfolgen können.

Aufgabe 5.2.12

Was ist mit »Hot Air« gemeint?

Aufgabe 5.2.13

Das Kyoto-Protokoll sieht vor, dass das Protokoll erst in Kraft tritt, wenn es 55 Länder ratifiziert haben und wenn die ratifizierten Länder zusammen mindestens 55 % der Treibhausgasemissionen der im Annex B genannten Länder auf sich vereinigen. Diskutieren Sie diese Mindestanforderungen vor dem Hintergrund einer spieltheoretischen Analyse.

Aufgabe 5.2.14

Erklären Sie die beiden Sanktionsmechanismen des Kyoto-Protokolls und evaluieren Sie diese vor dem Hintergrund der Notwendigkeit, dass Bestrafungen glaubwürdig sein müssen, damit sie ihre Abschreckungsfunktion entfalten können.

5.3 Instrumente der internationalen Umweltpolitik – Das Beispiel des EU-Emissionshandels

Kompaktkurs 5.3

Das Kyoto-Protokoll liefert den übergeordneten Rahmen für das europäische Emissionshandelssystem. Das Protokoll definiert die Senkung der Treibhausgasemissionen in der EU um insgesamt 8 % ausgehend vom Stand im Basisjahr 1990 im Zeitraum 2008–2012 als ökologisches Ziel. Wie dieses Ziel zu erreichen ist, darf von den Vertragsstaaten autonom entschieden werden. Die Mitgliedsstaaten der EU haben sich dazu entschlossen, im Energiesektor und in Teilen des industriellen Sektors ein System des Handels von Emissionsrechten anzuwenden, das dem in der Umweltökonomie seit langem diskutierten Instrument der Emissionszertifikate entlehnt ist. Mit der »Richtlinie des europäischen Parlamentes und Rates über ein System für den Handel mit Treibhausgasemissionsberechtigungen in der Gemeinschaft« vom 27.11.2002, die im Juli 2003 mit kleineren Änderungen verabschiedet wurde, wurden die Weichen für das Erfüllen der Kyoto-Pflichten im Rahmen einer EU-weit koordinierten Handelsstrategie gestellt. Der Handel hat mit dem 01.01.2005 begonnen.

Natürlich haben sich die Umweltökonomen in hellen Scharen auf die Vorschriften zum EU-Emissionshandel gestürzt, um zu prüfen, was denn nun aus der hehren Idee der Emissionszertifikate in der rauen Realität geworden ist. Erkenntnisleitend für die Beurteilung der Effizienz des Systems ist dabei die Frage gewesen, inwieweit das System die Rahmenbedingungen so setzt, dass die Grenzvermeidungskosten verschiedener Verursacher im Gleichgewicht einander angeglichen werden. Bekanntlich ist dies die Bedingung für eine kostenminimale Emissionsvermeidung. Die Analyse förderte eine Reihe von Schwachstellen zutage, unter denen das System in dieser Hinsicht leidet. Erstens geht es dabei darum, dass das EU-System zunächst auf den Handel mit CO_2 verengt ist. Es ist aber offensichtlich, dass es kostengünstiger sein kann, ein bestimmtes CO_2-Äquivalent durch die Rückführung eines anderen Gases zu vermeiden, als durch CO_2 selbst. Die Integration der anderen Gase ist jedoch erst für einen späteren Zeitpunkt vorgesehen und für die einzelnen Mitgliedsstaaten optional. Ein geschlossenes Konzept, das für eine Kostenminimierung nötig ist, fehlt. Außerdem steht einer Kostenminimierung entgegen, dass nicht vollständig geklärt ist, inwieweit Emissionsrechte von Mitgliedsstaaten, die diese im Rahmen von projektbezogenen Mechanismen des Kyoto-Protokolls (joint implementation und insbesondere clean development mechanism) außerhalb der EU generiert haben, in den Handel einbezogen werden dürfen. Wird die Nutzung von projektbezogenen Emissionsrechten im Rahmen des Emissionshandels beschränkt, so kann die Kostenminimierung nur unter einer zusätzlichen Restriktion durchgeführt werden und der Ausgleich der Grenzvermeidungskosten wird eingeschränkt. Innerhalb der EU könnte es zu einer der Effizienz abträglichen Binnendifferenzierung der Grenzvermeidungskosten in verschiedenen Mitgliedsstaaten kommen, wenn diese unterschiedliche Regelungen hinsichtlich der Möglichkeiten finden, projektbezogen generierte Emissionsrechte in den Emissionshandel einzubeziehen. Schließlich führt die Aufteilung der Volkswirtschaften in einen Sektor, in dem der Emissionshandel Anwendung findet (Energiewirtschaft und Teile der Industrie) und einen »non trade«-Sektor dazu, dass die Grenzvermeidungskosten zwischen diesen beiden Blöcken der Volkswirtschaft nicht angeglichen werden können. Das Problem wird dadurch verschärft, dass die Aufteilung der insgesamt von einer nationalen Volkswirtschaft nach dem Kyoto-Protokoll (und nach den das Protokoll auf EU-Ebene begleitenden Vereinbarungen) zu tragenden Vermeidungslast zwischen trade und non trade-Sektor nicht nach Effizienzgesichtspunkten vorgenommen wird. Vielmehr fällt die Entscheidung im Spiel der Interessengruppen. Die Integration der verschiedenen in den verschiedenen Sektoren angewandten umweltpolitischen Instrumente zur Reduktion von Treibhausgasemissionen zu einem Gesamtkonzept, dessen wesentliche Eigenschaft seine Effizienz wäre, ist bisher nicht zu erkennen.

Trotz dieser grundsätzlichen Kritik (und mancher weiteren Kritik im Detail) wird in der umweltökonomischen Diskussion überwiegend gewürdigt, dass das EU-System dazu geeignet ist, die Treibhausgasemissionen zu geringeren Kosten zu senken, als dies bei vielen Alternativen umweltpolitischen Systemen der Fall gewesen wäre. Empirische Studien legen nahe, dass das EU-System zu erheblichen Effizienzgewinnen gegenüber einem zieläquivalenten Auflagensystem führt. So ist denn die umweltökonomische Kritik auch nicht als Ablehnung des EU-Systems zu sehen, sondern als konstruktiver Diskussionsbeitrag. Der Vergleich des tatsächlichen Systems mit dem aus der Umweltökonomie bekannten »Idealsystem« hat die Funktion, im politischen Prozess Orientierung für die künftige Entwicklung der praktischen Politik zu geben.

Übungsaufgaben

Aufgabe 5.3.1

Warum könnte man den Europäischen Emissionshandel als »Pilotprojekt« des »Emissiontrading« (ET) innerhalb des Kyoto-Protokolls bezeichnen?

Aufgabe 5.3.2

Warum ist die ökologische Treffsicherheit des Europäischen Emissionshandels eingeschränkt?

Aufgabe 5.3.3

Warum ist die Effizienz des Europäischen Emissionshandels eingeschränkt?

6 Natürliche Ressourcen und Nachhaltige Entwicklung

Kompaktkurs 6.1 und 6.2

Menschliches Leben und Wirtschaften ist ohne die Entnahme von Ressourcen aus der Natur nicht möglich. Die Ökonomie natürlicher Ressourcen behandelt die Frage, welchen Gesetzmäßigkeiten der Prozess der Ressourcenentnahme in Marktsystemen unterliegt und welche Grundsätze dabei im »gesellschaftlichen Interesse« beachtet werden sollten.

Wir unterteilen die natürlichen Ressourcen in erschöpfliche und regenerierbare (erneuerbare) Ressourcen. Zur ersten Gruppe gehören z. B. traditionelle Energieträger (wie Öl, Kohle oder Erdgas) sowie mineralische Rohstoffe (wie Eisen oder Nickel). Zu den regenerierbaren Ressourcen zählen z. B. Wald- und Fischbestände.

Die *erschöpflichen Ressourcen* sind dadurch charakterisiert, dass ihr von der Erde »bereitgestellter« Gesamtbestand (in dem für menschliche Planungen relevanten Zeitraum) konstant ist. Eine in der Gegenwart abgebaute Einheit einer erschöpflichen Ressource mindert also den künftig verfügbaren Bestand um genau eine Einheit. Gegenwart und Zukunft rivalisieren hier vollständig um die Ressourcen.

Erneuerbare Ressourcen können sich dagegen im für die menschliche Planung relevanten Zeitraum vermehren. Die Wachstumsrate des Bestandes hängt von vielerlei Einflussfaktoren ab, insbesondere von der Größe des Anfangsbestandes. Der Zusammenhang zwischen gegenwärtiger Nutzung und zukünftiger Nutzungsmöglichkeit ist also bei erneuerbaren Ressourcen komplexer als bei erschöpflichen.

Natürlich darf die in der Literatur übliche terminologische Unterscheidung nicht zu dem Schluss verleiten, regenerierbare Ressourcen könnten nicht erschöpft werden. Die Geschichte der Erde liefert (bei einem Blick auf den Rückgang der Artenvielfalt) reichlich Beispiele für die Erschöpfung erneuerbarer Ressourcen. In letzter Zeit hat der Mensch hierzu durch Übernutzung und Verschlechterung der Regenerationsbedingungen (insbesondere als Folge von Umweltverschmutzung) kräftig beigetragen. Trotz des hier angesprochenen fließenden Übergangs ist die Unterscheidung zwischen erneuerbaren und erschöpflichen Ressourcen systematisch sinnvoll: Erschöpfliche und regenerierbare Ressourcen unterscheiden sich in ihrer Fähigkeit endogen zu wachsen. In der Literatur zur Ökonomie natürlicher Ressourcen wird deutlich, dass dieser Unterschied sowohl für die Betrachtung von Marktprozessen als auch für die Betrachtung des »gesellschaftlichen Interesses« folgenreich ist.

Die erschöpflichen Ressourcen waren eines der großen gesellschaftspolitischen Themen der 1970er Jahre. Die Diskussion wurde von pessimistischen Prognosen über den vom Versiegen der Rohstoffquellen verursachten Zusammenbruch der Weltwirtschaft bestimmt. Die diesbezüglichen Befürchtungen sind heute von anderen Ängsten in die zweite Reihe verdrängt worden, könnten jedoch jederzeit wieder nach vorn rücken.

Heute spielt die Sorge um die regenerierbaren Ressourcen der Erde eine zentrale Rolle in der gesellschaftspolitischen Diskussion. So werden die Abholzung tropischer Regenwälder, die Überfischung der Meere und (übergreifend) die befürchtete Verödung unseres Planeten durch eine Reduktion der Artenvielfalt in der Öffentlichkeit als besonders bedrückend empfunden.

In der gesellschaftspolitischen Diskussion um die natürlichen Ressourcen werden häufig sehr extreme Positionen vertreten. Einerseits wird nach dem Muster »Das Ende ist nahe!« die Auffassung vertreten, das infolge der Endlichkeit der natürlichen Ressourcen ohnehin unabwendbare Ende des Lebens auf der Erde werde durch den gedankenlosen Raubbau der Marktwirtschaft beschleunigt herbeigeführt. Andererseits wird nach dem Motto »Der Markt wird's schon richten!« bestritten, dass überhaupt Anlass zur Sorge bestehe. Es ist nicht erstaunlich (aber dennoch erläuterungsbedürftig), dass in der Ökonomie natürlicher Ressourcen eine differenziertere Position vertreten wird.

An den Untergangsprophetien stört den Ressourcenökonomen insbesondere, dass sie häufig auf der Annahme fixer Koeffizienten für den Ressourcenverbrauch pro Sozialprodukteinheit beruht haben und generell dem Marktmechanismus Zukunftsblindheit unterstellen. Die Ressourcenökonomie traut dem Marktmechanismus dagegen zu, einen gewichtigen Beitrag zur Entschärfung des Ressourcenproblems zu leisten. Wird z. B. eine erschöpfliche Ressource knapp, so wird über ihren steigenden Preis ihre Substitution durch andere Ressourcen angeregt. Steigende Preise für knapper werdende Ressourcen regen Explorationsaktivitäten und (soweit technisch möglich) Recycling-Prozesse an. Autonomer und preisinduzierter technischer Fortschritt senken die Abbaukosten und erhöhen die Nutzungseffektivität von Ressourcen. Überdies wird die Ausbeutung vormals unrentabler Vorkommen durch Preissteigerung und technischen Fortschritt attraktiv. Der Markt starrt also nicht wie das viel zitierte Kaninchen auf die Schlange. Es wäre angesichts seines Problemlösungspotenzials daher fahrlässig, ihn wegen seiner angeblichen Unfähigkeit zur Zukunftsvorsorge aus seiner Allokationstätigkeit zu entlassen.

Im ökonomischen Grundmodell des Abbaus erschöpflicher Ressourcen ist sogar gezeigt worden, dass der Marktmechanismus unter bestimmten Bedingungen zu einer wohlfahrtsoptimalen Lösung des intertemporalen Problems der Ressourcenbewirtschaftung führt. Um dies zu untersuchen, hat die wirtschaftstheoretische Analyse zunächst das Leitbild einer sozial optimalen Aufteilung eines gegebenen Ressourcenbestandes auf verschiedene Perioden entwickelt und operationalisiert. Es zeigt sich, dass der sozial optimale Zeitpfad dadurch charakterisiert ist, dass der Nettogrenznutzen aus der Ressource im Laufe der Zeit mit einer Rate wächst, die der sozialen Diskontrate gleichkommt (normative Version der *Hotelling-Regel*). Unter bestimmten Umständen folgt der marktliche Abbau der Ressource demselben intertemporalen Bewegungsgesetz (positive Version der *Hotelling-Regel*) Hierzu müssen allerdings eine Reihe von äußerst restriktiven Voraussetzungen erfüllt sein, z. B. vollständige Konkurrenz, Existenz eines vollständigen Systems von Zukunftsmärkten, Abwesenheit von externen Effekten, Übereinstimmung von sozialer Diskontrate und Marktzinssatz.

Unter weniger restriktiven Modellbedingungen (und in der Realität) weicht der marktliche Abbaupfad vom sozial optimalen Pfad dagegen ab. Um Möglichkeiten staatlicher Korrekturen auszuleuchten, hat die Ressourcenökonomie eine Reihe von ressourcenpolitischen Instrumenten analysiert. Dazu gehören z. B. mengen-, zins-, steuer-, eigentums- und informationspolitische Maßnahmen.

Der oben angesprochenen Frage nach dem sozial optimalen und dem gleichgewichtigen Abbaupfad in der Ökonomie erschöpflicher Ressourcen entspricht in der Ökonomie erneuerbarer Ressourcen die Frage nach dem sozial optimalen und dem gleichgewichtigen Erntepfad. Im Vordergrund der Betrachtung stehen hierbei bioökonomische Gleichgewichte, bei denen in jedem Zeitpunkt eine dem Regenerationszuwachs des Bestandes entsprechende Menge geerntet wird. Bei dieser Lösung bleibt der Ressourcenbestand auf Dauer unangetastet.

Analog zu der oben für den Fall erschöpflicher Ressourcen kurz erläuterten Modellierung lässt sich auch bei den erneuerbaren Ressourcen zeigen, dass ein Marktsystem im Gleichgewicht unter bestimmten Bedingungen zu einer sozial optimalen Bewirtschaftung in der Lage ist. Auch hier sind jedoch die Bedingungen für dieses Ergebnis äußerst restriktiv. Insbesondere erfordert die effiziente marktliche Bewirtschaftung ein perfektes System von Eigentumsrechten. In der Realität fehlt dieses System gerade bei regenerierbaren Ressourcen häufig völlig und die betreffende Ressource gehört demjenigen, der sich ihrer als erstes bemächtigt. Die völlig fehlenden Eigentumsrechte als Extremfall der defekten Eigentumrechtszuweisung bezeichnet man in der Literatur als *open access regime* (Selbstbedienungsregime). Werden Fische auf hoher See nach dem Prinzip »wer zuerst kommt mahlt zuerst« bewirtschaftet, ist es natürlich für den einzelnen Fischer unattraktiv, sich beim Fischfang mit dem Ziel zurückzuhalten, einen Teil des Bestandes um der künftigen Nutzungsmöglichkeit und um seines künftigen Beitrages zum Wachstum dieses Bestandes willen in dem Gewässer zu belassen. Im Selbstbedienungsregime wird er nämlich außer Stande sein, sich den Ertrag seiner gegenwärtigen Zurückhaltung später anzueignen. Er muss damit rechnen, dass andere Fischer heute oder morgen von seiner Selbstbeschränkung profitieren. Er hätte dann lediglich einen positiven externen Effekt zugunsten seiner Kollegen unter Aufwendung von privaten Opportunitätskosten produziert. Damit sind die Weichen für eine gleichgewichtige Übernutzung des Fischbestandes (womöglich bis zu seiner Ausrottung) gestellt. Ganz analog zu den oben kurz angesprochenen Instrumenten, mit denen das Marktversagen bei erschöpflichen Ressourcen korrigiert werden soll, werden in der Literatur zu den erneuerbaren Ressourcen Korrekturmöglichkeiten behandelt. Insbesondere geht es um die Frage, mit welchen Instrumenten Open Access-Regime und ihre gleichgewichten Fehlallokationen korrigiert werden sollen. In diesem Kontext spielten (insbesondere in der rechtswissenschaftlichen Diskussion) ordnungsrechtliche Eingriffe eine hervorragende Rolle. Hiermit sind z. B. Beschränkungen der Zeiträume, in denen die Ernte der betreffenden natürlichen Ressource erlaubt ist, angesprochen (»Fishery Seasons«). Außerdem gibt es vielfältige Beschränkungen, mit denen die Fangkapazität und/oder die Fangtechnik oder die Erntemasse reguliert wird. Aus ökonomischer Sicht wird bemängelt, dass derartige (zur Auflagenpolitik bei der Bekämpfung von Umwertverschmutzungen analoge) »Command and Control«-Strategien ineffizient und in ihrer

Wirkung zweifelhaft sind. Stattdessen werden Abgaben auf den Fang oder transferierbare Fangrechte favorisiert. Die Diskussion entspricht im Grunde derjenigen um die Effizienz umweltpolitischer Instrumente, wie sie das Herzstück der traditionellen Umweltökonomie bildet.

6.1 Ressourcenerschöpfung – Das Ende der Menschheit?

Übungsaufgaben

Aufgabe 6.1.1

Erläutern Sie das klassische »Cake-eating«-Problem, dem eine Gesellschaft bei der Nutzung erschöpflicher natürlicher Ressourcen gegenübersteht.

Aufgabe 6.1.2

Was versteht man unter der Reichweite eines Ressourcenbestands?

Aufgabe 6.1.3

Erläutern Sie unter dem Aspekt der Zukunftsorientierung die Vorteile des realen Ressourcenpreises als Verknappungsindikator erschöpflicher Ressourcen.

Aufgabe 6.1.4

Nennen Sie die Eigenschaften des optimalen Zeitpfades der Nutzung einer erschöpfbaren Ressource (Grundlage: utilitaristisches Wohlfahrtskonzept).

Aufgabe 6.1.5

Einer Volkswirtschaft steht zur Energieerzeugung ein nichterneuerbarer Ressourcenbestand von $R = 20.000$ Einheiten für zwei Perioden t $(t = 0,1)$ zur Verfügung. Die marginale Zahlungsbereitschaft ist in jeder Periode t gegeben durch: $MZB(x_t) = 10 - x_t /$ 2000, die Kosten der Bereitstellung einer Ressourceneinheit, x_t, sind konstant: $AGK(x_t) = 1$. Die soziale Diskontrate beträgt 10 % $(r = 0,1)$. Ermitteln Sie den optimalen Preis- und Abbaupfad der erschöpfbaren Ressource.

Aufgabe 6.1.6

Unter welchen Bedingungen ist ein marktgleichgewichtiger Ressourcenabbau auch sozial optimal?

Aufgabe 6.1.7

Wie wirkt sich ein komparativ-statischer Anstieg des Ressourcenbestands auf den optimalen Zeitpfad des Ressourcenpreises und -abbaus aus?

Aufgabe 6.1.8

Gehen Sie von der Modellwirtschaft in Aufgabe 6.1.5 aus und nehmen Sie an, dass beim Ressourcenverbrauch Umweltschäden (externe Effekte) entstehen. Die zeitinvariante Grenzschadenskurve der Volkswirtschaft sei durch $GS(x_t) = x_t/4000$ beschrieben. Ermitteln Sie unter Berücksichtigung der Umweltschäden den optimalen Extraktions- und Preispfad der Ressource sowie die optimalen Pigou-Steuersätze zur Internalisierung der durch den Ressourcenverbrauch entstehenden externen Effekte in den Perioden 0 und 1.

6.2   Regenerierbare Ressourcen

Übungsaufgaben

Aufgabe 6.2.1

Warum sind »Reichweiten«, anders als bei erschöpfbaren Ressourcen, kein geeigneter Indikator für die Verfügbarkeit erneuerbarer Ressourcen?

Aufgabe 6.2.2

Wie lässt sich der Bestandsverlauf einer erneuerbaren Ressource darstellen? Was ändert sich bei menschlicher Nutzung der Ressource?

Aufgabe 6.2.3

Was versteht man unter der *maximal erzielbaren nachhaltigen Erntemenge* (MSY) einer erneuerbaren Ressource?

Aufgabe 6.2.4

Das Wachstum einer erneuerbaren Ressource werde durch die Funktion
$w(X_t) = \frac{1}{2} X_t(1 - \frac{X_t}{10000})$ beschrieben, wobei X_t den Bestand in kg in Periode t bezeichnet. Berechnen Sie die maximal erzielbare nachhaltige Erntemenge (MSY).

Aufgabe 6.2.5

Warum ist es aus ökonomischer Sicht *nicht* empfehlenswert, das Konzept der maximal erzielbaren nachhaltigen Ernte anzuwenden?

Aufgabe 6.2.6

Was versteht man unter einem *Open Access Regime* bei der Nutzung einer erneuerbaren Ressource?

Aufgabe 6.2.7

Erläutern Sie die Eigenschaften des Konkurrenzmarktgleichgewichts bei einem Open Access Regime.

Aufgabe 6.2.8

Wie aussichtsreich sind die Möglichkeiten des Staates, die Nutzungskosten einer erneuerbaren Ressource zu internalisieren?

Aufgabe 6.2.9

Eine Regierung beabsichtigt, die freie Nutzung eines Wildbestands einzuschränken. Folgende Daten stehen zur Verfügung: Die Wachstumsfunktion des Wildbestands ist
$w(X_t) = \frac{1}{5} X_t(1 - \frac{X_t}{10000}) = 0,2X_t - 0,00002X_t^2$, wobei X_t den Bestand in kg in Periode t bezeichnet. Der Preis pro kg Wild beträgt 12,– Euro ($P_t = 12$). Die aggregierten Fangkosten der »Wilderer« hängen vom Bestand X_t und von der Fangmenge y_t ab: $C(y_t, X_t) = 30000y_t / X_t$. Die Diskontrate ist 0.

a) Skizzieren Sie den Bestandsverlauf des Wildes bei durch den Menschen ungestörter Entwicklung.
b) Berechnen Sie die maximal erzielbare nachhaltige Erntemenge (MSY) für den Wildbestand.
c) Berechnen Sie die gegenwärtig gleichgewichtige Größe des Wildbestands und die jährliche Fangmenge. Gehen Sie von vollständiger Konkurrenz aus und beachten Sie, dass der Zugang zum Bestand frei ist.

d) Ermitteln Sie anhand obiger Daten den sozial optimalen Wildbestand und die optimale Erntemenge.

e) Die Regierung überlegt, eine Abgabe auf das gefangene Wild zu erheben. Berechnen Sie den optimalen Abgabesatz. Ist es sinnvoll, den optimalen Abgabesatz sofort zu erheben?

6.3   Nachhaltige Entwicklung

Kompaktkurs 6.3

In der umwelt- und ressourcenökonomischen Literatur dominiert traditionell das Leitbild der sozialen Wohlfahrtsmaximierung. Hier wird unterstellt, die Wohlfahrt der einzelnen Individuen lasse sich (empirisch oder wenigstens konzeptionell) bestimmen und durch Aggregation zu einer Wohlfahrt der Gesellschaft zusammenfassen. Angestrebt wird eine Allokation der Ressourcen, bei der die Summe der individuellen Wohlfahrten maximal ist. Werden Ressourcenverwendungen im Zeitverlauf betrachtet, so ist der Barwert des über die Zeit zu erwartenden Wohlfahrtsstromes für die optimale Ressourcenallokation das entscheidende Kriterium. Üblicherweise werden dabei in der Zukunft anfallende Wohlfahrtseffekte mit der »sozialen Diskontrate« auf den Gegenwartszeitpunkt abgezinst. Das Leitbild der sozialen Wohlfahrtsmaximierung hat insbesondere aus zwei Gründen Unbehagen bereitet:

Bei der Maximierung der Gesamtwohlfahrt bleibt die *Verteilung* auf einzelne Individuen außer Betracht. Natürlich könnte man argumentieren, bei maximierter Gesamtwohlfahrt sei das Verteilungspotenzial ebenfalls maximal und somit kein Widerspruch zwischen Allokations- und Distributionsziel erkennbar. Bei dieser Argumentation bleiben jedoch Zusammenhänge zwischen Verteilung und Allokationsergebnis außer Betracht. Außerdem lässt sich nicht leugnen, dass das Ziel der sozialen Wohlfahrtsmaximierung nicht impliziert, dass die dadurch geschaffenen Verteilungsspielräume tatsächlich genutzt werden.

Infolge der *Diskontierung* werden die Interessen zukünftiger Generationen geringer gewichtet als das Interesse der Gegenwartsgeneration. Dies kann im Extremfall durchaus dazu führen, dass Bestände regenerierbarer natürlicher Ressourcen auch bei wohlfahrtsoptimaler Entwicklung vernichtet werden. Hier ergibt sich das (womöglich kontraintuitive) Phänomen der »optimalen Ausrottung« natürlicher Ressourcen.

Die oben skizzierten Einwände machen deutlich, dass eine sozial optimale Allokation sowohl in statischer als auch in dynamischer Sicht Eigenschaften aufweisen kann, die als *ungerecht* empfunden werden. Diese Überlegungen führen in Richtung eines Leitbildes, das in der jüngeren Vergangenheit eine immer bedeutendere Rolle in der Umwelt-

und Ressourcenökonomie und weit über diese hinaus gespielt hat: die *Nachhaltige Entwicklung* (Sustainable Development).

Dieses Konzept wurde durch den im Jahre 1987 vorgelegten Bericht »Our Common Future« der *World Commission on Environment and Development* der Vereinten Nationen (»Brundtland-Kommission«) in die öffentliche Diskussion eingeführt. Ohne die Verdienste der Kommission herabwürdigen zu wollen, muss darauf hingewiesen werden, dass es sich hier um einen alten Grundsatz aus der Forstökonomie handelt (»Schlage im Wald nie mehr Holz als nachwächst!«) und dass der Nachhaltigkeitsgedanke in der ökonomischen Theorie schon in den 1970er Jahren eine große Rolle spielte. Bei dieser Diskussion wurden Gesichtspunkte der (intragenerativen und insbesondere intergenerativen) Verteilungsgerechtigkeit stark betont. Es geht darum, einen Pfad der wirtschaftlichen Entwicklung zu finden, der die Wohlfahrt nachfolgender Generationen nicht beeinträchtigt. Es handelt sich also um eine Frage der intertemporalen Allokation, bei deren Beantwortung sich Umwelt- und Ressourcenökonomie mit der Wachstumstheorie verbinden.

Eine zentrale Forschungsaufgabe der Wirtschaftswissenschaft liegt darin, einen Beitrag dazu zu leisten, dass aus der Idee der nachhaltigen Entwicklung ein operables wissenschaftliches und politisches Konzept wird. Eine wesentliche Voraussetzung für eine im Zeitverlauf nicht abnehmende Wohlfahrt besteht darin, dass die (jeweilige) Gegenwartsgeneration den zukünftigen Generationen einen unangetasteten Kapitalbestand als Quelle der Wohlfahrt hinterlässt. Dabei ist nicht der physische Kapitalbestand gemeint, sondern der Wert des von Menschen geschaffenen und des natürlichen Vermögens. In der Literatur sind eine Reihe von volkswirtschaftlichen »Managementregeln« entwickelt worden, deren Einhaltung dazu beitragen soll, dass das von Generation zu Generation vererbte Vermögen der Menschheit konstant bleibt.

Die Aussichten für eine Realisierung einer nachhaltigen Entwicklung sind nicht ohne weiteres günstig einzuschätzen. Weicht der nachhaltige Entwicklungspfad der Wirtschaft vom bei gegebenen Präferenzen der Gegenwartsgeneration wohlfahrtsoptimalen Pfad ab, so kann eine nachhaltige Entwicklung nur realisiert werden, wenn die Gegenwartsgeneration um der zukünftigen Generation willen bereit ist, Nutzenverzichte hinzunehmen. (Erklären wir die tatsächliche Wirtschaftsentwicklung statt mit dem Konzept der Wohlfahrtsmaximierung mit dem Ansatz der Neuen Politischen Ökonomie, so würde eine nachhaltige Entwicklung entsprechende Verzichte von den dominierenden Interessengruppen verlangen.) In einem demokratischen System lautet die entscheidende Frage, ob die Bevölkerung bereit ist, die Bedürfnisse zukünftiger Generationen als Restriktionen bei ihrer eigenen Nutzenmaximierung zu respektieren. (Im undemokratischen System fragt es sich natürlich, warum die Herrschenden ausgerechnet die Bedürfnisse der künftigen Generation zur Maxime ihres Handels erheben sollten.)

Die Vorstellung eines im Zeitverlauf nicht sinkenden Wohlfahrtsniveaus impliziert letztlich eine egalitäre Gerechtigkeitsvorstellung. Wenn die Neigung der Industriestaaten, eine egalitäre Gerechtigkeitsvorstellung bei der *intragenerativen* Verteilung der Ressourcen der Welt herbeizuführen, als Indikator für ihren Willen zu einer *intergenerativ* egalitären Verteilung dienen kann, so stehen die Chancen für eine nachhaltige Entwicklung schlecht.

Befürworter des Konzepts der nachhaltigen Entwicklung mögen dennoch die Hoffnung nicht aufgeben: Viele natürliche Ressourcen weisen Eigenschaften öffentlicher Güter auf. Selbst wenn wir lediglich die Präferenzen der Gegenwartsgeneration als Maßstab für Optimalität anerkennen, stellt der Markt keine optimale Versorgung mit diesen Gütern sicher. Wir können davon ausgehen, dass die staatliche Umweltpolitik im nationalen und insbesondere im internationalen Bereich diese marktliche Unterversorgung mit Umweltqualität bisher nicht zu kompensieren vermocht hat. Es ist daher zu hoffen, dass die Gegenwartsgeneration sich auch ohne Blick auf zukünftige Generationen zu weiteren Schritten der Ressourcenschonung entschließt. Diese Ressourcenschonung käme dann als »positiver externer Effekt« auch künftigen Generationen zugute.

Naturgemäß ist das Bild von einer optimalen wirtschaftlichen Entwicklung im Sinne einer wohlfahrtsmaximierenden Gegenwartsgeneration von den Präferenzen dieser Generation abhängig. Je umweltbewusster diese Generation ist, desto besser sind die Aussichten dafür, dass eine wohlfahrtsoptimale Entwicklung aus Sicht dieser Generation »nebenbei« die Restriktionen einhält, die um der Existenz künftiger Generationen willen respektiert werden müssen. Dieser Aspekt wird in der ökonomischen Literatur bisher zu wenig beachtet. Traditionsgemäß erklären Ökonomen Verhaltensänderungen eher als Effekte sich ändernder Handlungsrestriktionen bei gegebenen Präferenzen. Im Zusammenhang mit den Problemen einer nachhaltigen Entwicklung könnten jedoch das Phänomen des »Wertewandels« und seine Induktion von erheblicher Bedeutung sein.

Da trifft es sich gut, dass in den Wirtschafts- und Sozialwissenschaften die Relevanz der Denkfigur des *Homo Oeconomicus* (die den oben kurz zusammengefassten Überlegungen zu Grunde liegt) durchaus umstritten ist. In der Literatur wimmelt es mittlerweile geradezu von Verhaltenstypen, die vom Homo Oeconomicus abweichen. Dabei werden auch Hybride modelliert, die in unterschiedlichen Lebensbereichen verschiedene Präferenzordnungen »verwenden«. So könnte man z. B. im Nachhaltigkeitskontext (normativ oder positiv?) davon ausgehen, dass die Individuen verschiedene Präferenzordnungen mit verschiedenen Diskontraten aufweisen: Da wäre zum einen die Präferenzordnung, die sich auf Gegenwartsentscheidungen oder den engen persönlichen Bereich betreffende Zukunftsentscheidungen bezieht. Zum anderen steht eine Präferenzordnung zur Verfügung, die bei Angelegenheiten übergeordneten gesellschaftlichen Interesses und der fernen Zukunft maßgebend ist. Zu den Problemen dieser Konstruktion einer »nachhaltigkeitsfreundlichen Schizophrenie« gehört der Umstand, dass sich Entscheidungen häufig nicht eindeutig einem der beiden genannten Bereiche zuordnen lassen. Dann muss gesagt werden, wie bei Konflikten zwischen den Elementen der dychotomen Präferenzordnung (»Zwei Herzen wohnen, ach, in meiner Brust!«) verfahren werden soll. Zudem ist die Frage offen, ob eine der in der Literatur angebotenen Denkfiguren tatsächlich besser geeignet ist, den Prototyp des menschlichen Entscheidungsträgers zu repräsentieren, als die Denkfigur des Homo Oeconomicus. Außerdem darf nicht ohne weitere Ausarbeitung einfach unterstellt werden, das Problem der mangelnden Nachhaltigkeit der wirtschaftlichen und gesellschaftlichen Entwicklung sei automatisch gelöst, wenn die Entscheidungsträger der Gegenwart stärker zukunftsaltruistisch wären.

Betrachten wir zur Erläuterung des zuletzt genannten Punktes einen Entscheidungsträger, der um das Wohl seiner Kinder und Kindeskinder besorgt ist – also durchaus eine zu Hoffnung Anlass gebende und dabei auch realistische gedankliche Konstruktion.

Wenn dieser Entscheidungsträger sich dazu entschließt, weniger Energie zu verbrauchen, dann schont er die Energieressourcen der Menschheit (wenn natürlich auch nur marginal, aber das sei hier ignoriert). Er kann jedoch keineswegs sicher sein, dass diese von ihm unter Einbußen erwirtschaftete Ersparnis seiner »Zielgruppe«, den eigenen Kindern und Kindeskindern, zu Gute kommt. Er muss vielmehr damit rechnen, dass die von ihm verschonten Ressourcen schon von seinen eigenen Zeitgenossen aufgezehrt werden. Der Bruchteil der Ersparnis des Entscheidungsträgers, der tatsächlich seinen eigenen Nachkommen zu Gute kommt, ist auf jeden Fall vernachlässigbar gering. Daher ist der Anreiz, sich aus dem genannten Grund energiesparend zu verhalten, selbst für den hier angenommenen *selektiv altruistischen* Entscheidungsträger gering. Das Anreizproblem ist genau dasselbe wie das (im Kompaktkurs 6.1 und 6.2 behandelte Problem) der individuellen Zurückhaltung bei der Ausbeutung von frei zugänglichen natürlichen Ressourcen (»Selbstbedienungsressourcen«). Der Appell an den einzelnen Fischer, er möge bei seiner Arbeit bedenken, dass er auch morgen noch fischen will, verhallt ungehört – vor allem aber unbefolgt: Der Entscheidungsträger weiß, dass seine Zurückhaltung eher dem Gegenwartskonsum anderer zugute kommen würde, als der eigenen Zukunftsvorsorge. So ergibt sich das bekannte Resultat des individuell rationalen, kollektiv aber völlig unvernünftigen Raubbaus an frei zugänglichen Fischbeständen.

Leider sind die Anreize für ein zukunftsaltruistisches Verhalten der gesamten Gesellschaft nicht günstiger als für das einzelne Individuum: Nehmen wir einmal an, die Gegenwartsgeneration überlege, ob sie erhebliche Härten um einer nachhaltigen über Generationen reichenden Entwicklung willen auf sich nehmen wolle. Das Dumme dabei ist, dass sie nie sicher sein kann, ob ihre durch Selbstbeschränkung beim Verbrauch natürlicher Ressourcen gebildeten Ersparnisse tatsächlich für die Aufrechterhaltung einer dauerhaften Entwicklung genutzt werden. Schon für die nächste Generation besteht nämlich die fatale Versuchung, den Verzicht der Gegenwartsgeneration auszubeuten und die Ressourcen für sich zu verprassen. Da die Generationen naturgemäß nicht frei in der Zeit beweglich sind, gibt es nichts, womit Generation 1 ihre zukunftsaltruistische Opfergabe gegen die Schändung durch die Generation 2 schützen könnte. Diese konstitutionelle Ungeschütztheit der generationsübergreifenden Investition in die Zukunft ist ein wesentliches Hindernis dafür, die Investition überhaupt vorzunehmen. Die Anreizstruktur ist ähnlich deprimierend wie die, der ein Investor bei der Überlegung ausgesetzt ist, sich in einem Land mit unsicheren politischen Verhältnissen zu engagieren. Da er nicht sicher sein kann, wie lange es ihm unter den instabilen Rahmenbedingungen möglich sein wird, sich die Erträge der Investition anzueignen, investiert er gar nicht oder allenfalls in Projekte, die sich schon sehr kurzfristig rechnen.

Eine Durchsicht der Literatur zur nachhaltigen Entwicklung ergibt, dass die Wirtschaftswissenschaft schwerwiegende Probleme aufgezeigt hat, die der Operationalisierung und Umsetzung des Konzepts der nachhaltigen Entwicklung entgegenstehen. Dies geschah nicht in der Absicht, die Horizonte zu verdunkeln, sondern in dem erkennbaren Bemühen, mit einer ungeschminkten Darstellung der Probleme die Voraussetzung für ihre Lösung zu verbessern. (Allerdings: In der Welt der Wissenschaft ist die Erkenntnis der Probleme zwar eine notwendige, nicht aber eine hinreichende Bedingung.)

Ein (wenn auch sicher nur gedämpfter) Optimismus könnte aus folgender Überlegung abgeleitet werden: Wenn es der Menschheit gelingt, durch die Mobilisierung von Marktkräften und politische Prozesse zu einer ressourcenschonenden »Effizienzrevolution« sowie zu besseren nationalen und internationalen Institutionen zu kommen, so würden die Opportunitätskosten sinken, die der Gegenwartsgeneration dadurch entstehen, dass sie für zukünftige Generationen sorgt. Je geringer jedoch die Kosten des moralischen Handelns sind, desto wahrscheinlicher ist, dass die Menschen tatsächlich Ziele verfolgen, die vom Eigennutzprinzip abweichen. Das gleichgewichtige Ausmaß der generationenübergreifenden Zukunftsvorsorge steigt mit abnehmenden Vorsorgekosten.

Angesichts der zahlreichen und bedeutenden Unwägbarkeiten ist die nachhaltige Entwicklung aus ökonomischer Sicht zugleich eine Angelegenheit des Bangens und eine Angelegenheit des Hoffens. Die Wirtschaftswissenschaft (für sich allein und im Konzert mit anderen Wissenschaften) ist aufgerufen, der Hoffnung ein Fundament zu geben.

Übungsaufgaben

Aufgabe 6.3.1

Was ist unter dem Begriff einer *nachhaltigen Entwicklung* zu verstehen?

Aufgabe 6.3.2

Worin unterscheiden sich das traditionelle Nettosozialprodukt und das »grüne« Nettosozialprodukt (Ökosozialprodukt)?

Aufgabe 6.3.3

Nennen und erläutern Sie kurz drei Ihnen bekannte Nachhaltigkeitskonzepte.

Aufgabe 6.3.4

Betrachtet sei eine Modellökonomie über einen Zeitraum von $T+1$ Perioden. Über diesen Zeithorizont maximiere ein zentraler Planer die gesamtgesellschaftliche Wohlfahrtsfunktion: $W = \sum_{t=0}^{T}(1+r)^{-t}\ln(c_t)$, wobei c_t den aggregierten Konsum in Periode t ($t = 0,...,T$) und r die soziale Diskontrate bezeichnen. In jeder Periode werde ein homogenes Gut y_t unter Einsatz eines homogenen Kapitalgüterbestands K_t und einer nichterneuerbaren Ressource x_t, die einem endlichen Bestand R ohne Extraktionskosten entnommen wird, produziert. Die Produktionsfunktion sei: $y_t = f(K_t, x_t) = K_t^{\alpha} x_t^{\beta}$ mit $\alpha + \beta = 1$. Der Output y_t kann in nichtdauerhaften Konsum c_t und in Investitionen I_t zum Ausbau des Kapitalgüterbestands aufgeteilt werden. Abschreibungen auf den Kapitalgüterbestand werden vernachlässigt.

a) Leiten Sie die Ramsey-Bedingung für optimales Wirtschaftswachstum und die Solow-Stiglitz-Bedingung für eine optimale intertemporale Allokation der nichterneuerbaren Ressource her und interpretieren Sie diese ökonomisch.

b) Ist die nichterneuerbare Ressource bei der angenommenen Produktionstechnologie essentiell?

c) Kann in diesem Modell dauerhaft ein positives Wirtschaftswachstum und damit eine nachhaltige Entwicklung aufrecht erhalten werden?

Aufgabe 6.3.5

Was versteht man unter *Anthropozentrik* und *Ökozentrik*?

Aufgabe 6.3.6

Betrachtet sei eine erneuerbare Ressource unter einem Open Access Regime. Der marktgleichgewichtige Bestand ist X_0, X^{opt} bezeichnet den sozial optimalen Bestand und $\underline{X}$ den kritischen Mindestbestand, bei dessen Unterschreitung die Regenerationsfähigkeit der Ressource gefährdet ist. Gehen Sie vom kritischen Nachhaltigkeitskonzept aus und untersuchen Sie die folgenden Fälle dahingehend, ob das Nachhaltigkeitsziel über das Ziel der Wohlfahrtsmaximierung hinaus politische Maßnahmen erfordert.

a) $\underline{X} < X_0$,

b) $X_0 < \underline{X} < X^{opt}$,

c) $X^{opt} < \underline{X}$.

Aufgabe 6.3.7

Nennen Sie drei der Ihnen aus der Literatur bekannten Managementregeln für eine nachhaltige Nutzung der natürlichen Umwelt.

Aufgabe 6.3.8

Häufig wird argumentiert, dass die Ressourcenprobleme, die einer nachhaltigen Entwicklung entgegenstehen, langfristig nur gelöst werden können, wenn zu weniger ressourcenintensiven Produktionsverfahren übergegangen wird. Gilt dies auch für erneuerbare Ressourcen?

Lösungsteil

Lösungshinweise zu den Aufgaben zu Teil 1

1.1

Aufgabe der positiven Analyse ist es, das marktliche Allokationsergebnis zu prognostizieren, welches sich unter gegebenen Rahmenbedingungen (z. B. Technologie, Rechtsordnung) als Resultat dezentraler Entscheidungen zahlreicher individueller Akteure einstellen wird. Die normative Analyse vergleicht diese Prognose (das Marktgleichgewicht oder »Gleichgewicht«) anhand eines gesellschaftlichen Optimalitätskriteriums mit einem erwünschtem Zustand, dem Optimum. Abweichungen zwischen Marktgleichgewicht und Optimum werden regelmäßig zum Anlass genommen, modelltheoretisch korrigierend in den Marktmechanismus einzugreifen, d. h. durch Maßnahmen staatlicher Instanzen einen optimalen Zustand herzustellen. Die positive Analysetechnik ermöglicht es dann wiederum unterschiedliche Korrekturmechanismen dahingehend zu testen, inwieweit sie Gleichgewicht und Optimum zur Deckung bringen können.

1.2

Die positive Analyse des Marktgeschehens führt im Falle vollständiger Konkurrenz zu der Erkenntnis, dass sich ein Gleichgewichtszustand dadurch auszeichnet, dass der Gleichgewichtspreis des betreffenden Produktes den Grenzkosten jedes einzelnen Produzenten und darüber hinaus der marginalen Zahlungsbereitschaft jedes einzelnen Konsumenten entspricht. Das Marktgleichgewicht lässt sich daher als Schnittpunkt der aggregierten Angebots- und Nachfragekurven dieses Marktes beschreiben. Bewertet man diesen Zustand anhand der Norm der sozialen Optimalität, so wird deutlich, dass gerade in diesem Schnittpunkt die Differenz aus gesellschaftlichen Nutzen und Kosten – also der gesellschaftliche Nettonutzen der Produktion des betreffenden Gutes – maximal ist. Bei dieser Betrachtung wird die aggregierte Zahlungsbereitschaft als Näherungsgröße für den gesellschaftlichen Nutzen verwendet. Somit stellt im idealtypischen Grundmodell der vollständigen Konkurrenz der Marktmechanismus im Gleichgewicht die gesellschaftlich optimale Menge des betrachteten Gutes zur Verfügung.

1.3

a) Das unkorrigierte Marktgleichgewicht liegt beim Schnittpunkt der Angebots- mit der Nachfragekurve: $A(x) = x/30 = 20 - x/30 = N(x)$. Auflösen nach x ergibt die

gleichgewichtige Angebotsmenge von $x = 300$. Der gleichgewichtige Marktpreis beträgt $N(300) = A(300) = 10$.
Grafische Darstellung:

Abbildung 1.2

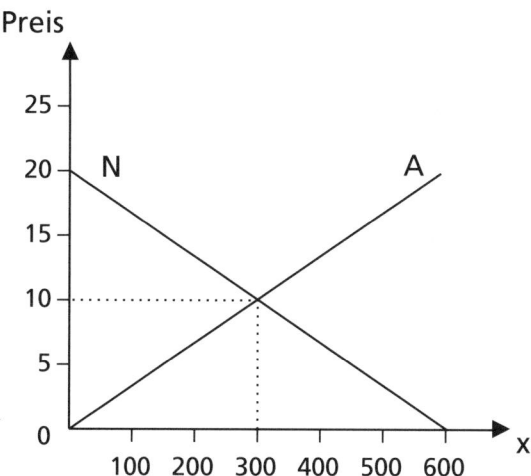

b) Die Nachfragekurve für das Gut x entspricht dem Bruttogrenznutzen, die Angebotskurve den Grenzkosten der Produktion. Die Differenz der beiden Kurven, $N - A$, gibt den Nettogrenznutzen der Produktion von x an (wobei die Umweltschäden durch die Emissionen nicht berücksichtigt sind). Betrachtet man eine Reduktion der Produktion von x, dann kann der Saldo $N - A$ auch als marginaler Nettonutzenverzicht bzw. als Opportunitätsgrenzkosten der Reduktion von x interpretiert werden. Da im vorliegenden Fall eine Outputreduktion mit einer proportionalen Emissionsvermeidung einhergeht, repräsentiert die Kurve $N - A$ die gesellschaftlichen Grenzvermeidungskosten der Emissionen.
Damit lautet die Grenzvermeidungskostenfunktion:
$GVK(x) = N(x)-A(x) = 20-x/30-x/30 = 20-x/15$.

c) Im unkorrigierten Marktgleichgewicht berücksichtigen die Produzenten nur die privaten Grenzkosten, so dass der Output von x relativ zum Optimum zu hoch ist. Die gesellschaftlichen Grenzkosten der Produktion von x ergeben sich aus der Summe der privaten Grenzkosten und der (externen) Grenzschäden: $SGK(x) = A(x) + GS(x) = x/30 + x/60 = x/20$. Im sozialen Optimum müssen die gesellschaftlichen Grenzkosten der Produktion gleich der marginalen Zahlungsbereitschaft für das Gut sein, d. h. es muss gelten: $SGK(x) = N(x)$. Einsetzen $x/20 = 20-x/30$ und auflösen nach

x ergibt die sozial optimale Produktionsmenge von $x^{opt} = 240$ bei einem Preis von $N(240) = 12$. Die externen Grenzkosten betragen im Optimum: $GS(240) = 4$.

Eine alternative Bedingung für soziale Optimalität ist die Gleichheit von Grenzvermeidungskosten und Grenzschäden: $GVK(x) = GS(x)$, woraus die optimale Produktionsmenge $x^{opt} = 240$ und externe Grenzkosten von 4 folgen.

1.4

Im Marktmodell bei vollständiger Konkurrenz wird unterstellt, dass von der Produktion des betrachteten Gutes ausschließlich die Produzenten und die Nachfrager eben dieses Gutes betroffen sind. Die Nutzen aus dem Konsum des Gutes fallen ausschließlich bei den Konsumenten dieses Gutes, die Kosten der Produktion ausschließlich bei den Produzenten dieses Gutes an. Über die Zahlung bzw. Erzielung des (gleichgewichtigen) Marktpreises – also über eine reine Marktbeziehung – werden deren private Grenznutzen und Grenzkosten aneinander angeglichen. Ursache zahlreicher Umweltprobleme ist die Tatsache, dass die Produktion oder der Konsum eines Gutes bei Dritten Kosten (externe Effekte) verursacht, die nicht in diese Marktbeziehung involviert sind und daher nicht über die Zahlung des Gleichgewichtspreises kompensiert werden. Damit entspricht der Gleichgewichtspreis nicht den gesellschaftlichen Grenzkosten der Produktion des betrachteten Gutes, was aber gerade die Bedingung für die soziale Optimalität des Marktgleichgewichts ist.

1.5

a) Die aggregierte Grenzvermeidungskostenkurve GVK erhält man durch horizontale Addition der individuellen Grenzvermeidungskosten. Umstellen der Grenzvermeidungskostenfunktionen der Firmen nach x_1 bzw. x_2 ergibt: $x_1 = 50 - GVK/2$ und $x_2 = 150 - 3GVK/2$. Aus der Addition: $x = x_1 + x_2 = 200 - 2GVK$ folgt schließlich die aggregierte Grenzvermeidungskostenfunktion: $GVK(x) = 100 - x/2$.

b) Im sozialen Optimum müssen die aggregierten Grenzvermeidungskosten gleich den aggregierten Grenzschäden sein: $GVK(x) = GS(x)$. Einsetzen der Funktionen $GVK(x) = 100 - x/2$ (s. Teilaufgabe a)) und $GS(x) = 40 + x$ und auflösen nach x ergibt die sozial optimale Emissionsmenge $x^{opt} = 40$. Diese ist dann optimal (effizient) auf die Firmen aufgeteilt, wenn die Grenzvermeidungskosten gerade übereinstimmen: $GVK(40) = GVK_1(x_1) = GVK_2(x_2)$. Für Firma 1 folgt aus der Bedingung $GVK_1(x_1) = 100 - 2x_1 = 80$ die (individuell) optimale Emissionsmenge von $x_1^{opt} = 10$, für Firma 2 ergibt sich aus $GVK_2(x_2) = 100 - 2x_2/3 = 80$ das (individuell) optimale Emissionsniveau von $x_2^{opt} = 30$.

c) Die gesamten Vermeidungskosten der Firmen entsprechen grafisch jeweils der Fläche unterhalb der individuellen Grenzvermeidungskostenkurve in den Grenzen von x_1^{opt} bis x_1^{max}, wobei x_1^{max} das maximale Emissionsniveau der Firma i bezeichnet ($GVK_i(x_i^{max}) = 0$). Rechnerisch erhält man die Vermeidungskosten somit durch Integration der firmenindividuellen Grenzvermeidungskostensfunktionen in den Grenzen von x_i^{opt} bis x_i^{max}. Die Vermeidungskosten der Firmen sind:

Firma 1: $VK_1 = \int_{10}^{50} (100 - 2x_1)dx_1 = \left[100x_1 - x_1^2\right]_{x_1=10}^{50} = (5000 - 2500) - (1000 - 100) = 1600,$

Firma 2: $VK_2 = \int_{30}^{150} (100 - \frac{2}{3}x_2)dx_2 = \left[100x_2 - \frac{1}{3}x_2^2\right]_{x_2=30}^{150} = 7500 - 4800 = 4800.$

Die gesamten sozialen Kosten der Emissionsvermeidung betragen:
$VK = 1600 + 4800 = 6400.$

1.6

Die Reduktion eines negativen externen Effekts führt zwar bei den in ihrer Nutzen- bzw. Gewinnsituation beinträchtigten, über den Marktmechanismus jedoch nicht entschädigten Dritten zu einer Nutzen- bzw. Gewinnsteigerung. Sie verursacht allerdings auch Vermeidungskosten, die in den Nutzen- bzw. Gewinneinbußen der am Marktgeschehen Beteiligten bestehen. Der Ausgleich dieser divergierenden Interessen impliziert ein optimales, i.d.R. positives Niveau des externen Effekts, welches durch den Ausgleich von Grenznutzen und Grenzkosten der Vermeidung charakterisiert ist. Eine vollständige Vermeidung externer Effekte wäre daher (in den meisten Fällen) suboptimal.

1.7

Die Ermittlung des optimalen Niveaus eines externen Effekts setzt die Möglichkeit voraus, die Nutzenzuwächse bzw. -einbußen verschiedener Individuen vergleichend zu bewerten. In der ökonomischen Theorie wird hingegen bewusst auf ein kardinales Nutzenkonzept verzichtet. Hinzu tritt das Problem der Aggregation individueller Wertschätzungen, die streng genommen nicht als gegeben betrachtet werden dürften sondern vielmehr einem Prozess der Veränderung unterliegen, zu einer gesellschaftlichen Bewertung. Schließlich kann sich die Lage des Optimums mit jeder Änderung der Rahmenbedingungen, z. B. dem Stand der Technik, verändern. Das optimale Niveau eines externen Effekts ist daher keineswegs eine für die Umweltpolitik exogene Größe sondern vielmehr ein »bewegliches Ziel«.

1.8

Die Schadenskostenfunktion gibt den funktionalen Zusammenhang zwischen dem Niveau einer umweltbelastenden Aktivität (z. B. dem Emissionsniveau) und den in Geldgrößen ausgedrückten Schäden, die dadurch verursacht werden, an. Die Ermittlung dieses Zusammenhangs ist ein mehrstufiger Prozess, der von der Ermittlung des genauen Aktivitätsniveaus (welche und wieviele Schadstoffe werden emittiert?) über die Identifizierung möglicher schädlicher Auswirkungen bis zu deren Quantifizierung und Monetarisierung reicht. Ausgehend von den Emissionen muss die räumliche und zeitliche Verteilung der Schadstoffe in den einzelnen Umweltmedien nachvollzogen werden. Auch die mögliche Reaktion mit anderen Stoffen und die Bildung neuer Schadstoffe muss berücksichtigt werden. Das ist der Schritt von den Emissionen zu den Immissionen und Depositionen. Die Reaktion der Lebewesen und/oder Materialien auf die Schadstoffbelastung kann im Idealfall durch Dosis-Wirkungsbeziehungen angegeben werden. Als Ergebnis dieses Schrittes liegen Schäden in physischen Einheiten vor. Diese Schäden müssen nun unter dem Blickwinkel, welche Nutzeneinbußen sie für den Menschen darstellen, in Geldgrößen umgerechnet werden.

1.9

Es ist auf den ersten Blick nicht klar, ob eine stärkere Gewichtung der Zahlungsbereitschaft niedriger Einkommensgruppen und eine geringere Berücksichtigung der Zahlungsbereitschaft reicher Bevölkerungsschichten das optimale Umweltqualitätsniveau erhöht oder aber reduziert. Tendenziell scheint eine Erhöhung des Umweltqualitätsniveaus wahrscheinlich.

Unabhängig von diesem Problem lässt sich aber gegen eine Vermengung von staatlicher Güterbereitstellung (hier: die Bereitstellung von Umweltqualität) und Verteilungszielen vorbringen, dass die Haushalte grundsätzlich durch eine Transferzahlung besser gestellt werden als durch den (erzwungenen) Konsum einer bestimmten Menge des Gutes. Das liegt daran, dass die Realisierung eines Konsumoptimums (ein Tangentialpunkt zwischen Indifferenzkurve und Budgetgerade) im letzten Fall nicht gesichert ist.

Es kommt hinzu, dass die Bereitstellung des Gutes Umweltqualität nicht unentgeltlich erfolgt. Wird durch die Aufwertung der Zahlungsbereitschaften ein höheres Umweltqualitätsniveau angestrebt, kostet das auch mehr. Die niedrigen Einkommensschichten dürfen aber maximal bis zu ihrer unkorrigierten Zahlungsbereitschaft belastet werden, sonst erreicht die Umverteilung ihren Zweck, eine absolute und relative Besserstellung niedriger Einkommensgruppen nicht.

Lösungshinweise zu den Aufgaben zu Teil 2

2.1.1

Aus der traditionellen Mikroökonomie ist bekannt, dass mit der Anfangsausstattung der Akteure sich auch die im Gleichgewicht realisierte Allokation der verfügbaren Ressourcen ändert. Das Coase-Theorem hingegen betont die allokative Irrelevanz der vom Staat gewählten eigentumsrechtlichen Zuweisung (bzw. Anfangsausstattung von Verursacher und Geschädigtem). Diese zunächst überraschende Erkenntnis wird allerdings nur ermöglicht durch die (implizite) Beschränkung auf den Spezialfall, in dem es sich bei der Umweltqualität um ein »neutrales« (d. h. sowohl inferiores als auch superiores) Gut handelt. Mit anderen Worten: Einkommenseffekte, die aus unterschiedlichen Anfangsausstattungen resultieren, spielen keine Rolle.

2.1.2

Im Gegensatz zum konkurrenzwirtschaftlichen Marktmodell eröffnet der Verhandlungs-ansatz Spielräume für Verhandlungen zwischen Verursacher und Geschädigtem auch über den *Preis* (für die Tolerierung der Emission bzw. für deren Einschränkung). Strategische Verhaltensweisen der Verhandlungspartner werden daher bedeutsam. Bei welcher Partei die größeren Erfolgsaussichten liegen, wird wesentlich von der staatlicherseits gewählten Eigentumsregel abhängen. Die Internalisierungsstrategie nach Coase trägt somit das Potential einer Entfaltung von Marktmacht in sich, die dem Modell vollkommener Konkurrenz fremd ist.

2.1.3

Bedingt durch die häufig sehr große Zahl der Geschädigten ist der Beitrag, den jeder einzelne Geschädigte zum öffentlichen Gut »Emissionsreduktion« leisten kann, verschwindend gering. Die Geschädigtengruppe befindet sich daher in der Situation eines Gefangenen-Dilemmas und scheitert deshalb zwangsläufig bei dem Versuch, die erforderliche Kompensationssumme durch »Sammlungen« aufzubringen. Darüber hinaus steigen mit der Größe der Geschädigtengruppe die Transaktionskosten möglicherweise auf ein Niveau, welches den insgesamt erzielbaren Verhandlungsgewinn übersteigt.

2.1.4

Wenn der Staat vollständig darauf verzichtet, Eigentumsrechte an der Ressource zuzuteilen, besteht kein Unterschied zur Laissez-faire-Regelung. In beiden Fällen ist es für das Zustandekommen einer Verhandlungslösung lediglich erforderlich, dass der Staat für die Erfüllung von Verträgen sorgt. Unter dieser Voraussetzung können auch bei Fehlen jeglicher Art von Eigentumsrechten Verträge über die Nutzung der Ressource zwischen den Nutzern abgeschlossen werden. Sofern die Anzahl der Beteiligten nicht so groß ist, dass die Verhandlungskosten den Verhandlungsgewinn übersteigen (vgl. Aufgabe 2.1.3), kommt es zur gleichen Verhandlungslösung wie unter der Laissez-faire-Regelung.

2.1.5

a)   Gewinnmaximierung des Fabrikanten führt zur Bedingung erster Ordnung $ba - bE = 0$, woraus $E^* = a = 10$ folgt.

Das sozial optimale Emissionsniveau maximiert die Summe $G_O + G_U$. Die zugehörige Bedingung erster Ordnung lautet $ba - (b+c)E = 0$, woraus $E^{**} = ab/(b+c) = 5$ folgt.

b.i)   Das unkorrigierte Emissionsgleichgewicht unter der Laissez-faire-Regel lautet $E^* = a = 10$. Die maximale Ausgleichszahlung, die der Fischer zu zahlen bereit wäre beträgt

$$Z_{max}^{LR} = G_U(E^{**}) - G_U(E^*) = \left(d - \frac{c}{2}(E^{**})^2\right) - \left(d - \frac{c}{2}(E^*)^2\right)$$

$$= \frac{c}{2}(a)^2 - \frac{c}{2}(\frac{ab}{b+c})^2 = 100 - 25 = 75.$$

Die minimal geforderte Ausgleichzahlung der Fabrik beträgt

$$Z_{min}^{LR} = G_O(E^*) - G_O(E^{**}) = \left(b\left(aE^* - \frac{1}{2}(E^*)^2\right)\right) - \left(b\left(aE^{**} - \frac{1}{2}(E^{**})^2\right)\right)$$

$$= \left(b\left(a \cdot a - \frac{1}{2}(a)^2\right)\right) - \left(b\left(a\frac{ab}{b+c} - \frac{1}{2}(\frac{ab}{b+c})^2\right)\right) = \frac{1}{2}a^2b - b\left(a\frac{ab}{b+c} - \frac{1}{2}(\frac{ab}{b+c})^2\right)$$

$$= 100 - (100 - 25) = 25.$$

b.ii) Das unkorrigierte Emissionsgleichgewicht unter der Verursacherregel lautet
$E^0 = 0$.

Die maximale Ausgleichzahlung, die die Fabrik zu zahlen bereit wäre, beträgt

$$Z_{max}^{VR} = G_O(E^{**}) - G_O(0) = \left(b\left(aE^{**} - \frac{1}{2}(E^{**})^2\right)\right) - 0$$

$$= b\left(a\frac{ab}{b+c} - \frac{1}{2}(\frac{ab}{b+c})^2\right) = 75.$$

Die minimal geforderte Ausgleichzahlung des Fischers beträgt

$$Z_{min}^{VR} = G_U(0) - G_U(E^{**}) = \left(d - \frac{c}{2}(0)^2\right) - \left(d - \frac{c}{2}(E^{**})^2\right)$$

$$= d - \left(d - \frac{c}{2}(\frac{ab}{b+c})^2\right) = \frac{c}{2}(\frac{ab}{b+c})^2 = 25.$$

2.1.6

a) $N_I = 21 \cdot Q - \frac{1}{2}Q^2 \Rightarrow N_I' = \frac{\partial N_I}{\partial Q} = 21 - Q$ und $K_E = Q^2 \Rightarrow K_E' = \frac{\partial K_E}{\partial Q} = 2 \cdot Q$ folgt

aus der Differenzierung der Nutzen- bzw. Kostenfunktion nach Q.

b)   Die global optimale Fläche ergibt sich aus folgendem Maximierungsproblem:
$\max_Q W = N_I - K_E \Rightarrow N_I' - K_E' = 0 \Rightarrow N_I' = K_E'$. Die global optimale Fläche Q^{**} ist
somit durch den Ausgleich von Grenznutzen und Grenzkosten determiniert. Es
ergibt sich $Q^{**} = 7$.

c.i) Die Opportunitätskosten ergeben sich durch Einsetzen von $Q^{**} = 7$ in die Kostenfunktion $K_E = Q^2$. Also: $K_E = 7^2 = 49$.

c.ii) Der Nutzen ergibt sich durch Einsetzen von $Q^{**} = 7$ in die Nutzenfunktion
$N_I = 21 \cdot Q - Q^2/2$. Also: $N_I = 21 \cdot 7 - 7^2/2 = 122,5$.

c.iii) Der Überschuss ergibt sich aus $N_I - K_E =$ für $Q^{**} = 7$. Also: $122,5 - 49 = 73,5$.
Durch die Verhandlungen kann die ursprüngliche Situation $Q = 0$ mit $N_I = 0$ und

$K_E = 0$, also $W = 0$, verbessert werden. Die Opportunitätskosten des Entwicklungslandes steigen mit einer geringeren Rate als der Nutzen des Industrielandes bei einer Ausdehnung von Q, solange die global optimale Menge an Regenwald nicht erreicht ist. Bei $Q^{**} = 7$ ist der Überschuss $W = N_I - K_E$ maximal und nähme bei einer Ausdehnung über $Q^{**} = 7$ hinaus ab. Der Überschuss kann zwischen den Verhandlungspartnern verteilt werden, so dass jeder von den Verhandlungen profitiert. Somit steigern Verhandlungen das globale Wohlfahrtsniveau und bei entsprechender Verteilung des Überschusses profitiert jeder davon.

c.iv) Der Nutzen für das Industrieland beträgt 122,5 Einheiten. Es entschädigt das Entwicklungsland für seine Opportunitätskosten. Diese betragen 49 Einheiten. Es verbleibt für das Industrieland ein Überschuss von 73,5 Einheiten, welchen es mit dem Entwicklungsland zur Hälfte teilt. Damit erzielen sowohl das Entwicklungsland als auch das Industrieland einen Nettonutzen von 36,75 Einheiten.

d) Werden Einkommenseffekte berücksichtigt, so kann davon ausgegangen werden, dass die Änderung der Eigentumsrechte die Zahlungsbereitschaft des Entwicklungslandes schwächt, bzw. die des Industrielandes stärkt. Werden also dem Industrieland die Rechte an der Ressource Umwelt zugesprochen, dann wird die global optimale Menge an Regenwald höher sein, als wenn die Eigentumsrechte beim Entwicklungsland liegen. Graphisch könnte die neue Situation durch eine Verschiebung der Grenzopportunitätskostenkurve nach rechts unten abgebildet werden, bzw. durch eine Verschiebung der Grenznutzenkurve nach oben veranschaulicht werden, wenn in einem Schaubild die Menge an Regenwald auf der Abszisse und auf der Ordinate der Grenznutzen und die Grenzopportunitätskosten abgetragen werden.

e) Das Angebotsmonopol bedeutet, dass auf der Nachfrageseite für den Erhalt von Regenwald mehrere Nachfrager auftreten. Somit besteht auf der Seite der Industrieländer ein Freifahrerproblem. Die Nachfrage nach dem Erhalt des Regenwaldes wird hierdurch geschwächt. Daher wird das Verhandlungsergebnis geringer als $Q^{**} = 7$ sein.

2.2.1

Generell lassen eigentumsrechtliche Regelungen den Beteiligten mehr Freiheitsgrade als haftungsrechtliche Rahmenbedingungen (wobei erst eine differenzierte Betrachtung Aufschluss darüber geben kann, welches Maß an Freiheit unter ökonomischen Gesichtspunkten wünschenswert ist). Darüber hinaus ermöglicht jeder der beiden Ansätze Arrangements, die sich dem jeweils anderen verschließen. Während das Haftungsrecht einen Kompensationsanspruch des Verursachers unter keinen Umständen anerkennt (wie es unter der Laissez-faire-Regel des eigentumsrechtlichen Ansatzes der Fall ist), fehlt dem eigentumsrechtlichen Ansatz die in der Verschuldenshaftung angelegte Möglichkeit, dass (bei hinreichender Sorgfalt des Verursachers) ohne jeglichen Transfer zwischen den Beteiligten eine Reduzierung des externen Effektes erreicht wird.

2.2.2

Überschreiten die Emissionen ein rechtlich fixiertes Niveau nicht, so trägt der Emittent *ausschließlich* die Kosten der Vermeidung von Emissionen. Sobald dieses Niveau überschritten wird, trägt der Emittent darüber hinaus *sämtliche* Schäden, die durch die Emissionen bei Dritten entstehen (und zwar nun auch diejenigen, die durch Emissionen *unterhalb* des rechtlich fixierten Niveaus verursacht werden!). Somit kann der Emittent – ausgehend von einem Emissionsniveau von Null – durch eine Ausweitung der schädigenden Aktivität einerseits seine Vermeidungskosten (und damit zunächst seine Gesamtkosten) senken. Andererseits steigen mit marginaler Überschreitung des vorgegebenen Niveaus die Gesamtkosten *sprunghaft* um die nun entstehenden Schadensersatzverpflichtungen an.

2.2.3

Unter der Gefährdungshaftung muss der Verursacher mit dem Emissionsniveau steigende Schadensersatzleistungen einkalkulieren, sobald seine Emissionen das Niveau Null überschreiten. Da gleichzeitig mit steigenden Emissionen die Vermeidungskosten sinken, ist das individuelle Optimum durch den Ausgleich von Grenzschäden und Grenzvermeidungskosten charakterisiert und daher gesellschaftlich optimal. Unter der Verschuldenshaftung wird dagegen das sozial optimale Emissionsniveau deshalb realisiert, weil die durch die Emissionen verursachten Schäden erst bei einer (marginalen) Überschreitung des sozial optimalen Niveaus entscheidungsrelevant werden, dann aber in voller Höhe. Die Verschuldenshaftung führt allerdings im Grundmodell nur unter der Voraussetzung zum gleichen Ergebnis wie die Gefährdungshaftung, dass die Legislative das sozial optimale Emissionsniveau genau kennt und im Gesetz fixiert – zweifellos eine heroische Annahme. Wäre beispielsweise die im Verkehr erforderliche Sorgfalt bei der Verschuldenshaftung oberhalb des sozial optimalen Emissionsniveaus definiert, so bestünde für den Verursacher ein Anreiz, mehr als im sozialen Optimum zu emittieren, da er auch in diesem Fall nicht schadensersatzpflichtig wäre. Die Äquivalenz von Verschuldens- und Gefährdungshaftung im Grundmodell beruht daher auf offensichtlich unrealistischen idealtypischen Annahmen über die Informationsbasis staatlicher Instanzen.

2.2.4

a) i) Unter der Gefährdungshaftung muss der Fabrikant für den Teil des Gewinns, der dem Fischer aufgrund der Emissionen der Fabrik entgeht, aufkommen. Seine zu maximierende Gewinnfunktion lautet daher

$$G^{GH} = G_O(E) - (G_U(0) - G_U(E)) = G_O(E) + G_U(E) - G_U(0).$$

Die Bedingung erster Ordnung ist somit gegeben durch $G_O{'}(E) + G_U{'}(E) = 0$ und damit identisch mit der Bedingung erster Ordnung zur Bestimmung des sozial optimalen Emissionsniveaus. Der Fabrikant wird somit das sozial optimale Emissionsniveau $E^{**} = ab/(b+c) = 5$ wählen.

ii) Unter der Verschuldenshaftung mit Sorgfaltsstandard E^{**} lautet die Gewinnfunktion des Fabrikanten

$$G^{VH} = \begin{cases} G_O(E) & \text{falls} \quad E \le E^{**} \\ G_O(E) - (G_U(0) - G_U(E)) & \text{falls} \quad E > E^{**} \end{cases}$$

Da die Gewinnfunktion des Fabrikanten im Bereich $E \le E^{**}$ in E monoton steigend ist, bei $E = E^{**}$ eine Sprungstelle nach unten aufweist und im Bereich $E > E^{**}$ in E monoton fällt, wird der Fabrikant auch unter der Verschuldenshaftung das sozial optimale Emissionsniveau $E^{**} = ab/(b+c) = 5$ wählen.

b) Für die gegebenen Parameterwerte lauten die Zielfunktionen

$$G^{GH} = 2(10E - E^2/2) - (200 - (200 - E^2)) = 20E - 2E^2$$

unter der Gefährdungshaftung und

$$G^{VH} = \begin{cases} 20E - E^2 & \text{falls} \quad E \le 5 \\ 20E - 2E^2 & \text{falls} \quad E > 5 \end{cases}$$

unter der Verschuldenshaftung.

Abbildung 2.1

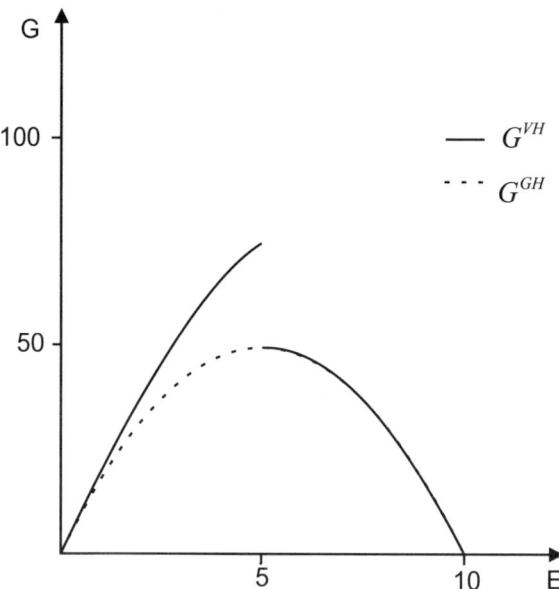

2.2.5

a) Die sozial optimalen Emissionsniveaus erhält man aus der Minimierung der Gesamt-kostenfunktion

$$VK_1(10-E_1)+VK_2(10-E_2)+S(E_1,E_2)$$
$$=50(10-E_1)^2+100(10-E_2)^2+50(E_1+E_2)^2$$

Differenzieren nach E_1 und E_2 ergibt die Bedingungen erster Ordnung

$$-100(10-E_1)+100(E_1+E_2)=0 \text{ und}$$

$$-200(10-E_2)+100(E_1+E_2)=0.$$

Auflösen des Gleichungssystems nach E_1 und E_2 ergibt: $E_1^{**}=2$ und $E_2^{**}=6$ und somit $E^{**}=8$.

b) Die zu berücksichtigenden Kostenfunktionen für $i \in \{1,2\}$ lauten:

$$K_1^G=VK_1(10-E_1)+S(E_1,E_2)/2=50(10-E_1)^2+25(E_1+E_2)^2,$$

$$K_2^G=VK_2(10-E_2)+S(E_1,E_2)/2=100(10-E_2)^2+25(E_1+E_2)^2.$$

Hieraus ergeben sich die Bedingungen erster Ordnung

$$\partial K_1^G/\partial E_1=-100(10-E_1)+50(E_1+E_2)=0 \text{ und}$$
$$\partial K_2^G/\partial E_2=-200(10-E_2)+50(E_1+E_2)=0.$$

Auflösen des Gleichungssystems nach E_1 und E_2 ergibt $E_1^*=30/7>E_1^{**}$ und $E_2^*=50/7>E_2^{**}$.

Beide Emissionsniveaus sind somit zu hoch, da die Firmen jeweils nur den halben (Grenz-) Schaden der von ihnen verursachten Emissionen berücksichtigen.

c) Da für die sozial optimalen Emissionsniveaus gilt, dass die Grenzvermeidungskosten einer Firma, gerade den vermiedenen Grenzschäden entsprechen, wählen die Firmen dann die optimalen Emissionsniveaus, wenn sie jeweils für den vollen Schaden auf-kommen müssen. In diesem Fall lauten die Kostenfunktionen der Firmen:

$$K_1^G=VK_1(10-E_1)+S(E_1,E_2)=50(10-E_1)^2+50(E_1+E_2)^2,$$

$$K_2^G=VK_2(10-E_2)+S(E_1,E_2)=100(10-E_2)^2+50(E_1+E_2)^2.$$

Hieraus ergeben sich die Bedingungen erster Ordnung

$$\partial K_1^G/\partial E_1=-100(10-E_1)+100(E_1+E_2)=0 \text{ und}$$

$$\partial K_2^G/\partial E_2=-200(10-E_2)+100(E_1+E_2)=0.$$

Auflösen des Gleichungssystems nach E_1 und E_2 ergibt $E_1^*=2=E_1^{**}$ und $E_2^*=6=E_2^{**}$.

Man beachte, dass bei dieser Variante der Gefährdungshaftung allerdings eine Über-kompensation der Geschädigten erfolgt.

2.2.6

a) Sorgfaltsaktivitäten $(x > 0)$ verursachen positive Sorgfaltskosten. Diese steigen mit zunehmendem Sorgfaltsaktivitätsniveau an, wobei die Grenzkosten konstant sind oder steigen. Falls sie steigen, bedeutet dies, dass eine weitere Sorgfaltsaktivitätseinheit umso teurer ist, je höher das Ausgangssorgfaltssniveau ist.

Die erwarteten Umweltschäden sinken mit zunehmendem Sorgfaltsaktivitätsniveau, wobei die Grenzschäden konstant sind oder steigen. Falls sie steigen, bedeutet dies, dass die durch eine weitere Sorgfaltsaktivitätseinheit verursachte Senkung der erwarteten Umweltschäden umso geringer ausfällt, je höher das Ausgangssorgfaltssniveau ist.

b) Damit der Staat den Sorgfaltsstandard auf dem sozial optimalen Niveau festsetzen kann, sind extrem hohe Informationsvoraussetzungen erforderlich:
  - Das Ausmaß und die Eintrittswahrscheinlichkeit möglicher Schäden müssen dem Staat bekannt sein.
  - Alle Schäden müssen monetär bewertet werden können.
  - Die Kosten schadenssenkender Maßnahmen müssen bekannt sein.

Diese Informationen können in der Realität nicht vorliegen. Ein weiterer Grund für einen suboptimalen Standard könnte darin begründet sein, dass die Regierung nicht die soziale Wohlfahrt maximiert, sondern andere Interessen (z. B. Wiederwahl) verfolgt.

c) Ein Standard $x^S \leq x^{**}$ (wobei x^S den durch die Regierung festgelegten Standard und x^{**} das sozial optimale Sorgfaltsniveau bezeichnet) wird stets eingehalten. Falls $x^S < x^{**}$ gilt, ist dies nicht sozial optimal. Ein Standard $x^S > x^{**}$ wird eingehalten, falls
$$K_A(x^S) \leq K_A(x^{**}) + ES(x^{**}).$$
Einen solchen Standard bezeichnet man auch als moderat ineffizient. Falls
$$K_A(x^S) > K_A(x^{**}) + ES(x^{**})$$
wird der Standard nicht eingehalten. Stattdessen wird das Sorgfaltsniveau x^{**} gewählt. Einen derart überhöhten Standard bezeichnet man auch als exzessiv ineffizient.

d) Mögliche Gründe:
  - Kausalitätsproblem (Ist die Produktion allein für den Schadenseintritt verantwortlich, oder spielen beispielsweise auch Umwelteinflüsse eine Rolle?)
  - Zeitliche oder räumliche Distanz zwischen Schadensursache und Schadenseintritt
  - Mangelnde personelle Zurechenbarkeit

e) Der Standard wird nur eingehalten, falls $K_A(x^{**}) \leq \min[K_A(x) + a \cdot ES(x)]$, wobei $a < 1$ den Faktor darstellt, mit dem der Schadensverursacher die erwarteten Schäden diskontiert. Anderenfalls wird die Minimalstelle $\tilde{x}$ der Funktion $K_A(x) + a \cdot ES(x)$ gewählt. Dabei gilt $\tilde{x} < x^{**}$.

f) Das sozial optimale Sorgfaltsniveau x^{**} minimiert die Gesamtkostenfunktion
$$K^G(x) = K_A(x) + ES(x) = 2x + 8/x.$$
Die Bedingung erster Ordnung lautet $\partial K^G / \partial x = 2 - 8/x^2 = 0$. Hieraus folgt $x^{**} = 2$. Falls A den Standard einhält, entstehen ihm Kosten in Höhe von $K_A(x^S) = 7$. Falls A den Standard verletzt und das sozial optimale Sorgfaltsniveau $x^{**} = 2$ wählt, entstehen

ihm erwartete Gesamtkosten in Höhe von $K_A(x^{**}) + ES(x^{**}) = 4 + 4 = 8$. A wird somit den Standard einhalten.

g) Falls A den Standard einhält, entstehen ihm weiterhin Kosten in Höhe von $K_A(x^S) = 7$.

Falls A den Standard verletzt, wählt er x so, dass $K_A(x) + (9/16) \cdot ES(x)$ minimiert wird. Hieraus folgt $\tilde{x} = 3/2$ und $K_A(\tilde{x}) + (9/16) \cdot ES(\tilde{x}) = 3 + 3 = 6$. A wird den Standard somit verletzen und $\tilde{x} = 3/2$ wählen.

h) Im sozialen Optimum ergeben sich Gesamtkosten in Höhe von

$$K_A(x^{**}) + ES(x^{**}) = 4 + 4 = 8.$$

Die sozialen Gesamtkosten in f) lauten $K_A(x^S) + ES(x^S) = 7 + 16/7 \approx 9,29$.

Die sozialen Gesamtkosten in g) lauten $K_A(\tilde{x}) + ES(\tilde{x}) = 3 + 16/3 \approx 8,33$.

Sowohl in f) als auch in g) sind die sozialen Kosten höher als im sozialen Optimum, da in beiden Fällen ein suboptimales Sorgfaltsniveau gewählt wird. Die Gesamtkosten in g) sind allerdings niedriger als in f). Ein zu hohes Sorgfaltsniveau, wird gegen ein zu niedriges aber insgesamt besseres ausgetauscht. Die Kopplung mehrerer Wirkungsbrüche (in diesem Fall das gleichzeitige Vorliegen einer Schadensdiskontierung und eines suboptimalen Sorgfaltsstandards) führt demnach nicht notwendig zu einer Verschlechterung. Im günstigen Fall kann sie sogar zu einer Verringerung der sozialen Kosten führen.

2.3.1

Wird der Verursacher für jede emittierte Schadstoffeinheit mit einer Steuer belastet, so entstehen ihm *zusätzliche* (private) Kosten. Übersteigen diese die Grenzkosten der Emissionsvermeidung, so liegt eine Reduktion des Schadstoffausstoßes im Interesse des Emittenten. Diese Anpassung führt im privaten Optimum zu einer Angleichung der Grenzvermeidungskosten an den Steuersatz. Gelingt es dem Staat, den Steuersatz auf dem Niveau der externen Grenzkosten zu fixieren, die in der sozial optimalen Situation entstehen, so entspricht das private dem sozialen Optimum.

2.3.2

In der Praxis ist das Konzept der Pigou-Steuer aufgrund der hohen Informationsanforderungen, die es von der steuersetzenden Institution verlangt, in seiner idealtypischen Version nicht realisierbar. Der »Staat« müsste (im gesamtwirtschaftlichen Kontext) sowohl die Vermeidungskostenverläufe *sämtlicher* Emittenten als auch die Schadensverläufe *sämtlicher* Betroffenen kennen, um eine Aggregation vornehmen zu können. Dies scheint nicht allein angesichts der großen Zahl der Beteiligten, sondern insbesondere auch aufgrund der Probleme, die einer einheitlichen Bewertung subjektiver individueller Wertschätzungen entgegenstehen, illusorisch. Dies beschränkt die umweltpolitische Bedeutung des Pigou-Konzeptes auf die Rolle eines idealtypischen Leitbildes für politiknähere Varianten einer Besteuerung externer Effekte, bei denen von vornherein auf das Ziel ihrer vollständigen Internalisierung verzichtet wird.

2.3.3

Sieht man von der Verwendung des Steueraufkommens ab, so bürdet die Pigou-Steuer die Kosten einer Emissionsreduktion allein dem Verursacher auf, während Nutzenzuwächse ausschließlich beim Geschädigten entstehen. Die Verhandlungslösung eröffnet demgegenüber die Möglichkeit beide Parteien am insgesamt erzielbaren Nettonutzenzuwachs zu beteiligen.

2.3.4

a) Im Marktgleichgewicht gilt: Angebot=Nachfrage. Somit ergibt sich die Lösung für x^* aus $3 + 2x^* = 39 - x^*$. Die Lösung ist $x^* = 12$. Setzt man $x^* = 12$ entweder in die Nachfrage- oder die Angebotskurve ein, dann erhält man den Preis $p^* = 27$.

b) Die soziale Grenzkostenkurve $SGK(x)$ ergibt sich aus der Addition der Angebotskurve (=Grenzkostenkurve der Produktion) und der externen Grenzkostenkurve. Also: $SGK(x) = 3 + 2x + x = 3 + 3x$. Das korrigierte Gleichgewicht ergibt sich aus dem Schnittpunkt der Kurven $SGK(x)$ und $N(x)$. Somit lösen wir die Gleichung: $3 + 3x^{**} = 39 - x^{**}$. Es ergibt sich $x^{**} = 9$. Setzt man $x^{**} = 9$ entweder in die Nachfrage- oder die soziale Grenzkostenkurve ein, dann erhält man $p^{**} = 30$. Die Pigou-Steuer kann anschließend auf zwei Wegen ermittelt werden. Entweder berechnet man die Differenz der sozialen Grenzkosten und der privaten Grenzkosten der Produktion (=Angebotskurve) im Optimum $x^{**} = 9$
$(SGK(x^{**}) - A(x^{**}) = 30 - 21 = 9 \Rightarrow t^{**} = 9)$
oder man löst die Gleichung $A(x^{**}) + t^{**} = N(x^{**})$ nach x^{**} auf
$(3 + 2 \cdot 9 + t^{**} = 39 - 9 \Rightarrow t^{**} = 9)$.

c) Die Steuereinnahmen ergeben sich aus $t^{**} x^{**} = 9 \cdot 9 = 81$.

d) Die externen Kosten sind das Integral unter der externen Grenzkostenkurve in den Grenzen 0 und x. Vor der Einführung ($x^* = 12$) ergaben sich somit externe Kosten von 72 und nach Einführung ($x^{**} = 9$) von 40,5 Einheiten.

e) Die Konsumentenrente ist das Integral unter der Nachfragekurve in den Grenzen 0 und x (=Zahlungsbereitschaft) abzüglich der Ausgaben $p \cdot x$. Vor Einführung der Pigou-Steuer ($x^* = 12$ und $p^* = 27$) beläuft sich die Konsumentenrente auf 72 Einheiten, danach ($x^{**} = 9$ und $p^{**} = 30$) beträgt sie 40,5 Einheiten.

f) Die Produzentenrente berechnet sich aus den Einnahmen aus dem Verkauf des Produktes ($x \cdot p$; identisch zu den Ausgaben der Konsumenten) abzüglich der Kosten für die Produktion von x, welche das Integral unter der Angebotskurve (=Grenzkostenkurve der Produktion) in den Grenzen 0 und x ist. Vor Einführung der Pigou-Steuer ($x^* = 12$ und $p^* = 27$) beläuft sich die Produzentenrente auf 144 Einheiten, danach ($x^{**} = 9$ und $p^{**} = 30$) beträgt sie 81 Einheiten. Man beachte, dass vor Einführung der Pigou-Steuer die Angebotskurve $A(x) = 3 + 2x$ relevant ist und nach Einführung der Pigou-Steuer die Angebotskurve $A(x) + t^{**} = 3 + 2x + 9$.
Alternativ könnte man die Produzentenrente auch wie folgt berechnen. Da der Produzent von dem Preis p^{**} 9 Einheiten an den Staat abführen muss, erhält er de facto nur den Preis $p^{**} - t^{**} = 30 - 9 = 21$. Somit berechnet sich die Produzentenrente aus

den Einnahmen $(p^{**} - t^{**})x^{**} = 189$ abzüglich der Produktionskosten (=Integral unter der Angebotskurve $A(x) = 3 + 2x$), die sich auf 108 Einheiten belaufen. Die Produzentenrente beträgt somit 81 Einheiten.

g) Vor Einführung der Pigou-Steuer berechnet sich die Wohlfahrt aus Produzentenrente (144 Einheiten) plus Konsumentenrente (72 Einheiten) abzüglich externer Kosten (72 Einheiten). Es ergibt sich eine Wohlfahrt von 144 Einheiten. Nach Einführung der Pigou-Steuer berechnet sich die Wohlfahrt aus Produzentenrente (81 Einheiten) plus Konsumentenrente (40,5 Einheiten) abzüglich externer Kosten (40,5 Einheiten) plus Steuereinnahmen (81 Einheiten). Es ergibt sich eine Wohlfahrt von 162 Einheiten. Somit beträgt der aggregierte Wohlfahrtsgewinn 18 Einheiten.

h) Die obige Wohlfahrtsanalyse gewichtet alle Gruppen der Gesellschaft gleich. Durch die Einführung der Pigou-Steuer werden die Konsumenten (72 – 40,5 = 31,5 Einheiten) und die Produzenten (144 – 81 = 63 Einheiten) schlechter gestellt, der Staat (81 Einheiten) und die Betroffenen der Externalität (72 – 40,5 = 31,5 Einheiten) stellen sich jedoch besser. Wenn die Regierung zum Beispiel aufgrund politischer Überlegungen (Interesse an einer Wiederwahl etc.) den Konsumenten oder Produzenten ein höheres Gewicht als anderen Gruppen der Gesellschaft beimisst, dann kann es für eine Regierung rational sein, eine Pigou-Steuer trotz aggregiertem Wohlfahrtsgewinn abzulehnen.

i) Entstehen Verwaltungskosten oder auch andere Transaktionskosten, die den aggregierten Wolfahrtsgewinn der Pigou-Steuer übersteigen, dann wäre die Einführung einer Pigou-Steuer aus volkswirtschaftlicher Sicht nicht mehr sinnvoll. In der Aufgabe ist dies der Fall.

2.3.5

a) $VK(v) = 50v^2 \Rightarrow GVK = 100v = 100(6 - x) = 600 - 100x.$
   $S(x) = 25x^2 \Rightarrow GS = 50x.$

Abbildung 2.2

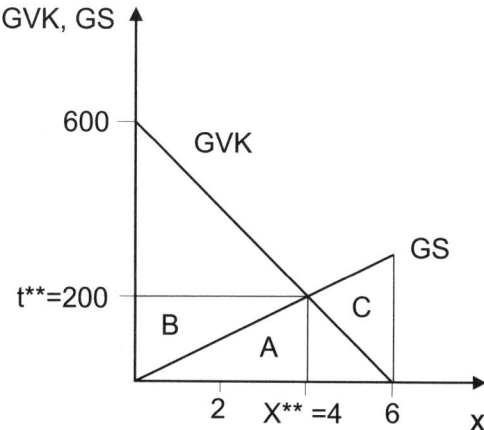

b) Die optimale Emissionsmenge x^{**} ist die Menge, bei der die Grenzvermeidungskos-ten GVK gleich den sozialen Grenzschäden GS sind:

$GVK = GS \Leftrightarrow 600 - 100x = 50x$. Hieraus folgt $x^{**} = 4$.

Der zugehörige erwartete Schaden beträgt $S(x^{**}) = 25 \cdot 4^2 = 400$.

c) Der optimale Steuersatz t^{**} ist gleich den Grenzschäden im sozialen Optimum: $GS(x^{**}) = t^{**}$. Zusammen mit der Optimalitätsbedingung $GVK = GS$ gilt außerdem: $GVK(x^{**}) = t^{**}$. Einsetzen der optimalen Emissionsmenge $x^{**} = 4$ ergibt: $GVK(4) = GS(4) = 200 = t^{**}$. Der optimale Steuersatz je Emissionseinheit beträgt somit $t^{**} = 200$.

Die Steuerlast bei 4 Emissionseinheiten beträgt $4 \cdot 200 = 800$.

d) Unter der Gefährdungshaftung setzt sich die Kostenfunktion der Firma zusammen aus Emissionsvermeidungskosten und Schadenskosten. Somit wird folgende Funktion minimiert:

$$K^G(x) = VK(6-x) + S(x) = 50 \cdot (6-x)^2 + 25x^2.$$

Aus der Bedingung erster Ordnung $K^{G'}(x) = -100 \cdot (6-x) + 50x = 0$ folgt $x = x^{**} = 4$.

Unter der Verschuldenshaftung lautet die relevante Kostenfunktion der Firma:

$$K^V(x) = \begin{cases} 50 \cdot (6-x)^2 + 25x^2 & \text{falls} \quad x > x^{**} = 4 \\ 50 \cdot (6-x)^2 & \text{falls} \quad x \le 4. \end{cases}$$

Diese Funktion ist im Bereich $x \in [0, 4]$ monoton fallend. (Je größer x, desto niedriger sind die Vermeidungskosten.) Bei $x = 4$ weist sie eine Sprungstelle nach oben auf (da für $x > 4$ der erwartete Schaden mit berücksichtigt werden muss) und steigt im Bereich $x > 4$ weiter an. (In diesem Bereich gilt die Kostenfunktion $K^V(x) = K^G(x)$, welche bei $x = 4$ ihr Minimum erreicht.) Das Minimum der Gesamtfunktion wird somit bei $x = 4$ erreicht mit $K^V(4) = 200$.

e) i) Informationsanforderung seitens der Regierung: Um die sozial optimale Emissi-
     onssteuer oder die sozial optimale Emissionsnorm bei der Verschuldenshaftung
     festlegen zu können, muss die Regierung sowohl die Grenzvermeidungskosten als
     auch die Grenzschadenskostenkurven kennen. Bei der Gefährdungshaftung sind
     hingegen keine Informationsvoraussetzungen seitens der Regierung notwendig.

  ii) Planungssicherheit für die Firma: Bei der Emissionssteuer und der Verschulden-
     shaftung (bei der nach d) die Emissionsnorm eingehalten wird), sind die relevanten
     Kosten der Firma unabhängig von den tatsächlich eintretenden Emissionsschäden
     und somit ex ante eindeutig festgelegt. Bei der Gefährdungshaftung lässt sich hin-
     gegen lediglich der Erwartungswert der Kosten bestimmen, sofern ein Emissions-
     niveau unterschiedliche Schadensereignisse, welche jeweils mit Wahrscheinlich-
     keiten $0 < p < 1$ auftreten, zur Folge haben kann. Diese Planungsunsicherheit
     könnte lediglich durch den Abschluss einer Versicherung ausgeräumt werden.
     (Man beachte, dass hier davon ausgegangen wird, dass die Regierung den sozial
     optimalen Steuersatz bzw. Sorgfaltsstandard unter der Verschuldenshaftung kennt
     und entsprechend festlegt. Planungsunsicherheiten, die aus einem möglichen Trial
     and Error-Prozess resultieren, bei dem die Regierung versucht, sich dem Optimum
     schrittweise anzunähern, werden hier somit nicht berücksichtigt.)

  iii) Distributive Wirkung: Während unter der Gefährdungshaftung die Firma die durch
     ihre Emissionen verursachten Schäden trägt, verbleiben diese Kosten unter der
     Verschuldenshaftung bei den Geschädigten bzw. beim Staat, sofern dieser die
     Opfer für die Schäden kompensiert. Bei der Emissionssteuer übersteigt die Steu-
     erlast der Firma (in der Abbildung 2.2 die Flächen A und B) die von ihr verur-
     sachten Schäden (Fläche A), d. h. selbst wenn der Staat die Schadensopfer voll-
     ständig entschädig, behält er einen Überschuss, der anderweitig verwendet werden
     kann.

f) Unter allen drei Instrumenten ist der gesellschaftliche Wohlfahrtsgewinn gegeben
   durch $S(x^*) - \left[S(x^{**}) + VK(6 - x^{**}) \right] = 25 \cdot 36 - [25 \cdot 16 + 50 \cdot 4] = 300$. In der Abbildung 2.2 entspricht dies der Fläche C.

Lösungshinweise zu den Aufgaben zu Teil 3

3.1.1

Internalisierungsstrategien haben zum Ziel, den Schadstoffausstoß auf das sozial optimale Niveau zurückzuführen. Dieses Niveau ist durch den Ausgleich von aggregierten
Grenzvermeidungskosten und Grenzschäden definiert. Bei den standardorientierten
Instrumenten wird das zu erreichende Emissionsniveau politisch vorgegeben und muss
nicht notwendigerweise sozial optimal sein.

3.1.2

Zwar ist es richtig, dass Konsumenten durch ihr Kaufverhalten einen Beitrag zum Umweltschutz leisten können, allerdings ist davon auszugehen, dass dieser Beitrag nur marginal ist. Aus individueller Sicht eines jeden einzelnen Konsumenten bedeutet seine Konsumeinschränkung die Bereitstellung eines öffentlichen Gutes, welche unter dem bekannten Trittbrettfahrerproblem leidet. Die Opportunitätskosten eines einzelnen Konsumenten durch Konsumeinschränkung sind in der Regel wesentlich höher als der Nutzen, den ihm sein eigener Beitrag stiftet. Darüber hinaus setzt ein bewusstes Konsumentenverhalten Informationen über die umweltschädigende Wirkung von Produkten voraus. Diese Informationsbeschaffung ist für den einzelnen Konsumenten mit hohen Informationsbeschaffungskosten verbunden.

3.1.3

Beim schwachen Verursacherprinzip entstehen dem Emittenten nur Vermeidungskosten, sofern er das politisch vorgegebene Emissionsziel einhält. Beim starken Verursacherprinzip muss er zusätzlich auch noch für die Kosten der verbliebenen Restemissionen aufkommen.

3.1.4

Effizienz: Erreichung eines Emissionszielwertes mit minimalen Vermeidungskosten.
Dynamische Anreizwirkung: Anreiz eines Instruments, umwelttechnischen Fortschritt zu induzieren.
Ökologische Treffsicherheit: Fähigkeit eines Instruments, einen vorgegebenen Emissionszielwert genau einzuhalten.

3.2.1

Unter einer Auflage wird eine Politik verstanden, die jedem einzelnen Verursacher eines bestimmten Schadstoffes in der betreffenden Region eine absolute Emissionshöchstgrenze pro Zeiteinheit vorschreibt. Der angestrebte regionale Emissionshöchstwert entspricht der Summe aller individuellen Emissionshöchstgrenzen. Unter einer Abgabe wird hingegen eine Politik verstanden, die jedem einzelnen Verursacher eines bestimmten Schadstoffes in der betreffenden Region einen konstanten und für alle Verursacher gleichen Abgabesatz (=Abgabe pro Emissionseinheit) auferlegt. Der Abgabesatz ist so zu bemessen, dass über die Anpassungsreaktion der einzelnen Verursacher der regionale Emissionshöchstwert pro Zeiteinheit eingehalten wird. Unter Zertifikaten versteht man schließlich eine Politik, bei der eine Gesamtmenge von Emissionserlaubnisscheinen (=Zertifikate), deren Nennwerte sich auf die angestrebte regionale Emissionshöchstgrenze addieren, den Verursachern eines bestimmten Schadstoffes in der betreffenden Region zugeteilt wird.

3.2.2

Ein Beispiel für die Auflagenpolitik ist die deutsche Luftreinhaltepolitik mit dem Bundesimmissionsschutzgesetz. Hiernach sind alle potenziellen Verursacher verpflichtet, schädliche Umwelteinwirkungen zu vermeiden, Vorsorgemaßnahmen gegen schädliche Umwelteinwirkungen zu treffen und Reststoffe möglichst zu verwerten. Diese gesetzlichen Bestimmungen sind z. B. durch die »Großfeuerungsanlagen-Verordnung« und durch die »Technische Anleitung zur Reinhaltung der Luft« präzisiert worden. Elemente der Abgabenlösung beinhaltet das Abwasserabgabengesetz, nach dem bestimmte Wasserverschmutzer bestimmte Abgabesätze für jeden von ihnen verursachten Schaden entrichten müssen. Die Schadeinheiten sind anhand der Gefährlichkeit unterschiedlicher Schadstoffe definiert. Elemente der Zertifikatidee finden sich in der US-amerikanischen Luftreinhaltepolitik mit dem »kontrollierten Emissionshandel«, dem »Bleihandel« sowie dem »Acid Rain Program«.

3.2.3

Im Gegensatz zur Auflagen- und Zertifikatpolitik ermöglicht die Abgabenpolitik keine direkte Fixierung und Umsetzung einer Emissionshöchstgrenze. Die Ursache liegt darin, dass die Reaktion der Verursacher auf die (Höhe der) Abgabe nicht exakt prognostizierbar ist.

3.2.4

Abgaben und Zertifikate verteuern die Emissionen und zwingen die Verursacher somit, mit dem Faktor Umwelt ökonomisch umzugehen. Der Abgabesatz bzw. der Zertifikatpreis muss mit den Kosten der Emissionsvermeidung verglichen werden. Auf diese Weise wird dafür gesorgt, dass der knappe Faktor Umwelt gerade in die Verwendung geleitet wird, in der er am dringendsten benötigt wird.

3.2.5

Da das Ziel ist, die gesamten Emissionen einer Firma zu begrenzen, sollte die Auflage auch hinsichtlich dieses Merkmals formuliert sein. Dies erlaubt es der Firma, flexibel auf die Auflage zu reagieren. Dabei kann die Firma jedes Merkmal auf der rechten Seite der Gleichung nutzen, um die Auflage zu erfüllen. Diese Flexibilität ist der Effizienz und der dynamischen Anreizwirkung zuträglich. Da das ökologische Ziel in einem Emissionsgrenzwert besteht, ist die ökologische Treffsicherheit auf Firmenebene auch gegeben. Hingegen könnte zum Beispiel bei einer Inputauflage der Emissionsgrenzwert verfehlt werden, wenn die Firma ihre Produktionsmenge im Zeitablauf verändert.

3.2.6

Bei dem Instrument der Abgabe wird ein Preis exogen für eine Emissionseinheit durch den Staat vorgegeben, um einen bestimmten Emissionsstandard zu erreichen. Der Emissionsstandard ergibt sich endogen aus dem Vermeidungskostenminimierungskalkül der Firmen. Bei Zertifikaten wird der Emissionsstandard exogen durch die Gesamtmenge an Zertifikaten vorgegeben. Der Preis für Zertifikate ergibt sich endogen aus dem Vermeidungskostenminimierungskalkül der Firmen.

3.2.7

Die Idee von Coase zur Internalisierung externer Effekte besteht in der Zuordnung von Eigentumsrechten, so dass das nicht marktfähige Gut »Umwelt« marktfähig wird. Ähnlich verhält es sich mit Zertifikaten, welche das Recht auf Emissionen verbriefen, welches gehandelt werden kann. Allerdings gibt es u.a. folgende Unterschiede: Erstens führen Zertifikate nicht automatisch zur Internalisierung externer Effekte, sofern der Staat nicht die Gesamtemissionsmenge, welche die Zertifikate verbriefen, exakt auf die sozial optimale Menge festlegt. Zweitens gibt es bei Zertifikaten kein Pendant zur Verursacherregel wie beim Coase-Theorem. Üblicherweise versteigert der Staat Zertifikate oder vergibt sie kostenlos an die Firmen. Allerdings könnte man sich theoretisch vorstellen, dass der Staat Zertifikate an die von Emissionen negativ betroffenen Bürger vergibt und Firmen diese für ihre Produktion käuflich erwerben müssen, sofern dabei Emissionen entstehen. Eine andere Möglichkeit, die Verursacherregel zur Geltung zu bringen, könnte darin bestehen, dass der Staat die Einnahmen aus der Versteigerung von Zertifikaten für die Kompensation von Bürgern verwendet. Allerdings ist damit die Souveränität des Bürgers eingeschränkt, da die Kompensationsleistungen in der Regel nicht mit den Präferenzen der Bürger für Umweltschutz übereinstimmen werden. Bei Verhandlungen im Coase´schen Sinne gehen die (offenbarten) Präferenzen unmittelbar in die Verhandlungen mit ein.

3.2.8

Die Gültigkeit von Zertifikaten kann zeitlich befristet werden. Ebenfalls ist eine Abwertung oder Aufwertung von Zertifikaten durch den Staat möglich. Darüber hinaus kann der Staat durch eine Offenmarktpolitik Zertifikate erwerben oder verkaufen.

3.2.9

Grandfathering bevorzugt existierende Produzenten gegenüber potenziellen »Newcomern«, die Zertifikate erst erwerben müssen, wenn sie die Produktion aufnehmen wollen. Dies kann die dynamische Anreizwirkung negativ beeinflussen, wenn man z. B. davon ausgeht, dass »Newcomer« moderne Produktionsprozesse verwenden, die auch meistens mit geringeren Emissionen verbunden sind. Darüber hinaus induziert Grandfathering strategisches Verhalten, da ein Anreiz für etablierte Firmen besteht, ihre Emissionen nicht zu senken, um so in den Genuss von möglichst vielen Zertifikaten zu kommen.

3.2.10

Eine Emissionssteuer hat den Vorteil, dass der Preis für den Ausstoß einer Emissionseinheit fixiert ist (sofern der Staat keine Änderungen vornimmt), hingegen kann der Zertifikatpreis schwanken. Wächst zum Beispiel eine Wirtschaft, wird sowohl die Nachfrage nach Zertifikaten als auch der Preis für diese steigen. Selbstverständlich ist auch der andere Fall denkbar, dass der Preis für Zertifikate im Zeitablauf fällt. Allerdings könnte man argumentieren, dass diese Unsicherheit auf einem funktionierenden Zertifikatmarkt bereits in die Zertifikatpreise »eingepreist« ist und dass ähnlich wie auf Finanzmärkten Instrumente zur Verfügung stehen, die eine Minimierung des individuellen Risikos erlauben.

3.3.1

Abgaben und Zertifikate verteuern die Emissionen und zwingen die Verursacher somit, mit dem Faktor Umwelt ökonomisch umzugehen. Der Abgabesatz bzw. der Zertifikatpreis muss mit den Kosten der Emissionsvermeidung verglichen werden. Auf diese Weise wird dafür gesorgt, dass der knappe Faktor Umwelt gerade in die Verwendung geleitet wird, in der er am dringendsten benötigt wird.

3.3.2

Sowohl Auflagen- als auch Abgaben- und Zertifikatpolitik veranlassen den individuellen Verursacher, die kostengünstigste Methode der geforderten Emissionsreduktion aufzufinden. Bei der Auflage gilt dies selbstverständlich nur, wenn sie »idealtypisch« als Emissionshöchstgrenze definiert ist.

3.3.3

Anders als bei einer auf den individuellen Verursacher zugeschnittenen Politik sind bei einer die Gesamtheit aller Verursacher betreffenden Maßnahme grundsätzlich beliebig viele Möglichkeiten denkbar, das gesamte Emissionsvermeidungsvolumen auf die einzelnen Verursacher aufzuteilen. Dies ist deshalb bedeutsam, da die Vermeidungskosten der verschiedenen Verursacher in der Regel nicht identisch sein werden. Daher kann, im Vergleich zu einer Situation identischer individueller Reduktionsleistungen, eine Wohlfahrtssteigerung (d. h., eine Senkung der gesamten Vermeidungskosten) erzielt werden, wenn kostengünstiger vermeidende Verursacher einen höheren Reduktionsbeitrag leisten. Effizient ist derjenige Aufteilungsschlüssel, welcher die Gesamtkosten der Emissionsreduktion minimiert.

3.3.4

Mit einer pauschalen Auflagenpolitik ist der Emissionsstandard in der Regel nicht effizient realisierbar, wenn die Grenzvermeidungskostenkurven der Verursacher unterschiedlich verlaufen. Angenommen, sämtliche Verursacher müssten ihre Emissionen um einen identischen Prozentsatz reduzieren, um die aggregierten Emissionen um eben diesen Prozentsatz zu senken. Es entstünden insgesamt höhere Vermeidungskosten als in einer Situation, in der (bei unveränderter Gesamtreduktion) teurer reduzierende Verursacher einen geringeren Anteil ihrer Emissionen vermieden, als günstiger reduzierende Verursacher.

3.3.5

Eine Staffelung der Auflagen, die einem einzelnen Verursacher einen umso größeren (prozentualen) Reduktionsbeitrag abverlangt, je flacher seine Grenzvermeidungskostenkurve verläuft, ermöglicht grundsätzlich eine effiziente (d. h., kostenminimale) Realisierung des Emissionsstandards. Voraussetzung wäre allerdings, dass die auflagensetzende Instanz die Vermeidungskostenfunktionen (bzw. Grenzvermeidungskostenfunktionen) sämtlicher Verursacher exakt kennt. Ist dies nicht der Fall, so muss über bestimmte beobachtbare Indikatoren (z. B. Firmengröße) indirekt auf die Vermeidungskosten (bzw. Grenzvermeidungskosten) geschlossen werden. Solche Indikatoren sind jedoch oft unzuverlässig. Zudem ist eine möglichst differenzierte Behandlung individueller Verursacher mit hohem behördlichem Aufwand verbunden. Diese praktischen Probleme begründen Skepsis auch hinsichtlich der Effizienz einer gestaffelten Auflagenpolitik.

3.3.6

Da der Abgabesatz bzw. der Zertifikatpreis für alle Verursacher identisch ist, führen Unterschiede in der Vermeidungskostenstruktur zu unterschiedlichen Reduktionsanstrengungen. Tendenziell reagieren günstiger vermeidende Verursacher stärker als teurer vermeidende. Daher wird der Emissionsstandard zu geringeren Gesamtkosten realisiert, als bei (prozentual) identischen Reduktionsbeiträgen aller Verursacher.

3.3.7

Da bei der Abgaben- und Zertifikatpolitik nicht die individuellen Emissionsmengen (bzw. Reduktionsmengen) vorgegeben werden, sondern der »Preis« der Emissionen (Abgabesatz bzw. Zertifikatpreis) gesetzt wird bzw. sich im Marktgeschehen einstellt, bleiben die individuellen Emissionsmengen dem Kalkül der einzelnen Verursacher überlassen. Das hierauf zurückzuführende Etikett der »Marktwirtschaftlichkeit« dieser beiden Instrumente trifft allerdings nur eingeschränkt zu, da die aggregierte Emissions- bzw. Reduktionsmenge exogen fixiert wird und sich keinesfalls »endogen« im marktwirtschaftlichen Prozess bestimmt.

3.3.8

Der Emissionsstandard wird genau dann effizient (kostenminimal) realisiert, wenn beide Verursacher diejenige Menge emittieren, welche die individuellen Grenzvermeidungskosten einander angleichen. Jede Situation bei unterschiedlichen Grenzvermeidungskosten ist deshalb ineffizient, weil eine für die Gesamtemissionsmenge relevante Umschichtung einer Emissionseinheit zwischen den beiden Verursachern bei dem Verursacher mit den ursprünglich höheren Grenzvermeidungskosten einen kostensenkenden Effekt hat, der größer ist, als die entsprechenden Kostensteigerungen bei dem Verursacher mit den ursprünglich geringeren Grenzvermeidungskosten. Die Umschichtung führt daher zur Senkung der insgesamt zur Realisierung des Emissionsstandards aufzuwendenden Kosten, engt aber gleichzeitig das Potential der durch weitere Umschichtungen realisierbaren Ersparnisse ein. Der Prozess der Umschichtung kann so lange kostensenkend fortgesetzt werden, bis sich die Grenzvermeidungskosten der beiden Verursacher einander angeglichen haben. Die Umschichtung einer weiteren Emissionseinheit hätte dann einen kostensenkenden Effekt bei dem jeweils zusätzlich entlasteten Verursacher, dem eine identische Kostensteigerung bei dem anderen Verursacher gegenüberstünde.

3.3.9

Im Falle einer Abgabenpolitik (Zertifikatpolitik) wird jeder der beiden Verursacher seine Emissionen soweit reduzieren, bis die individuellen Grenzvermeidungskosten dem Steuersatz t (Zertifikatpreis z) entsprechen. Die Gleichgewichtsbedingung lautet daher: $GVK_1 = GVK_2 = t$ $(GVK_1 = GVK_2 = z)$.

3.3.10

Werden den Verursachern individuelle Emissionshöchstgrenzen vorgeschrieben, so haben diese einen Anreiz, nach verbesserten Methoden der Emissionsvermeidung zu suchen, welche die Erfüllung der Auflagen zu geringeren Kosten ermöglichen als bisher. Der Nachteil der Auflagenpolitik besteht unter dem Aspekt der dynamischen Anreizwirkung darin, dass keinerlei Anlass zur Entwicklung von Verfahren besteht, die eine Übererfüllung der staatlichen Norm ermöglichen würden.

3.3.11

Die Verursacher müssen davon ausgehen, dass die Auflagen umso restriktiver ausfallen, je fortgeschrittener die als Stand der Technik anerkannten Methoden der Emissionsvermeidung sind. Sie haben daher keinerlei Anreiz, umwelttechnischen Fortschritt zu fördern, sondern werden sich vielmehr dagegen sträuben (Nichtrealisierung für den Außenstehenden schwer erkennbarer Verbesserungsmöglichkeiten, selbst wenn diese betriebswirtschaftlich rentabel scheinen; umwelttechnische »Stagnationskartelle«). Anreizökonomische Überlegungen sprechen also dagegen, dass das Konzept des »Standes der Technik« geeignet ist, die Dynamik der Auflagenpolitik zu fördern. Zudem ist aus verschiedenen Gründen zu erwarten, dass der tatsächlich in Vorschriften umsetzbare weit hinter demjenigen Stand der Technik hinterherhinkt, unter dem umgangssprachlich häufig das jeweils bestmögliche Vermeidungsverfahren verstanden wird.

3.3.12

Von einer Emissionsabgabe geht ein Anreiz zur Durchführung umwelttechnischer Innovationen aus, der unabhängig ist von der Erreichung eines bestimmten Niveaus der Emissionsreduktion. Die Abgabe verursacht einen permanenten Druck zur Senkung der Vermeidungskosten im Wege technischer Neuerungen, da jede vermiedene Emissionseinheit dem Verursacher die Zahlung der Abgabe erspart. Daher wird ein konstanter Abgabesatz zu einer ständigen Verringerung der Emissionen im Zeitablauf führen.

3.3.13

Von einer Zertifikatpolitik gehen grundsätzlich ebenfalls Anreize zur permanenten Suche nach kostengünstigeren Vermeidungstechniken aus. Allerdings führt eine Verbesserung der Vermeidungstechnik langfristig zu einer rückläufigen Nachfrage nach Zertifikaten und daher zu einem Verfall des Zertifikatpreises. Daher reduziert sich die dynamische Anreizwirkung einer Zertifikatpolitik im Zeitverlauf, wenn nicht eine Verknappung der Zertifikate durch zusätzliche staatliche Eingriffe angestrebt wird (Offenmarktkäufe, Abwertung).

3.3.14

Da beim »Prototypen« einer Auflagenpolitik das aggregierte Emissionsniveau Ziel und Angriffspunkt staatlicher Politik zugleich ist, lässt sich grundsätzlich jeder beliebige Emissionsstandard mit hoher Zielgenauigkeit erreichen. Probleme ergeben sich (wie allerdings bei sämtlichen alternativen Instrumenten auch) im Bereich der Messung und der Kontrolle der Emissionen, welche mit hohem Aufwand verbunden sein können. Auch eine Zertifikatpolitik zeichnet sich grundsätzlich durch eine hohe ökologische Treffsicherheit aus, da die Summe der Nennwerte der ausgegebenen Emissionserlaubnisscheine auf den Emissionsstandard begrenzt ist. Im Gegensatz hierzu ist einer Abgabenpolitik eine geringe ökologische Treffsicherheit zuzuschreiben, da bei der Fixierung des Abgabesatzes i.d.R. keine vollständige Information hinsichtlich der Grenzvermeidungskosten bzw. der Anpassungsreaktion der einzelnen Verursacher besteht. Der angestrebte Emissionsstandard ist daher nur in einem zeitaufwendigen Prozess von »Versuch und Irrtum« bezüglich der ökologisch zielgenauen Höhe des Abgabesatzes realisierbar.

3.3.15

a) Kosteneffizienz bedeutet, ein aggregiertes Emissionsniveau mit minimalen Vermeidungskosten zu erreichen. Dies bedeutet im Beispiel, die Vermeidungskosten zu minimieren unter der Restriktion, dass die aggregierten Emissionen $\overline{X}_1^* + \overline{X}_2^*$ nicht überschreiten. Im Optimum wird daher gelten: $VK_1'(X_1^*) = VK_2'(X_2^*)$ mit $X_1^* + X_2^* = \overline{X}_1^* + \overline{X}_2^*$. Im Beispiel ist $X_1^* = \hat{X}_1^*$ und $X_2^* = \hat{X}_2^*$. Das bedeutet, im Optimum sind die Grenzvermeidungskosten von Firma 1 und 2 identisch. Durch eine Reallokation der Vermeidungsaktivitäten ist es nicht mehr möglich, die aggregierten Vermeidungskosten zu senken, gegeben die Gesamtemissionen überschreiten nicht $\overline{X}_1^* + \overline{X}_2^*$. Da offensichtlich $\overline{X}_1^* \neq \hat{X}_1^*$ und $\overline{X}_2^* \neq \hat{X}_2^*$ in diesem Beispiel, ist der einheitliche Emissionsstandard nicht kosteneffizient.

Alternativ kann auch wie folgt argumentiert werden: Nehmen wir an, Firma 1 würde ihre Emissionen statt auf $\overline{X}_1^*$ auf $\hat{X}_1^*$ reduzieren, also zusätzliche Vermeidungsanstrengungen unternehmen. Die damit verbundenen zusätzlichen Kosten für Firma 1 belaufen sich auf die Fläche c in der Grafik. Wenn Firma 2 ihre Emissionen um denselben Betrag erhöht, also die Emissionen von $\overline{X}_2^*$ auf $\hat{X}_2^*$ erhöht, dann reduzieren sich ihre Kosten um die Fläche a+b+c. Obwohl also die gesamte Emissionsmenge unverändert bleibt, sind die aggregierten Kosten um den Betrag a+b gefallen. Eine weitere Senkung der Emissionen durch Firma 1 bei gleichzeitiger Erhöhung der Emissionen von Firma 2 ist nun aber mit dem Ziel weiterer Kostensenkungen nicht möglich. Die eingesparten Kosten von Firma 2 wären geringer als die zusätzlichen Kosten, die von Firma 1 getragen werden müssten. Daher gilt, solange die Grenzvermeidungskosten der beiden Firmen für ein gegebenes aggregiertes Emissionsniveau unterschiedlich sind, können die aggregierten Kosten durch eine Reallokation der Emissionen verringert werden. Im Optimum kann eine Reallokation die aggregierten Kosten nicht mehr senken bzw. würde diese erhöhen.

b) Da wie unter a) ausgeführt die kosteneffizienten Emissionsniveaus $\hat{X}_1^*$ und $\hat{X}_2^*$ sind, müssten diese Emissionsniveaus als Standards festgesetzt werden. Dies bedeutet also einen differenzierten und keinen einheitlichen Emissionsstandard.

c) Die Regierung müsste die Grenzvermeidungskostenfunktionen beider Firmen kennen, denn nur so kann sie optimale differenzierte Emissionsstandards festlegen.

d) Wenn beide Firmen identische Grenzkostenverläufe hätten, wäre ein einheitlicher Emissionsstandard kosteneffizient. Als Spezialfall würde es auch genügen, wenn die Grenzkosten an der Stelle $\overline{X}_1^* = \overline{X}_2^*$ identisch wären, d. h. $GVK_1(\overline{X}_1^*) = GVK_2(\overline{X}_2^*)$.

e) Zertifikate würden gehandelt, da die Grenzvermeidungskosten für $\overline{X}_1^*$ und $\overline{X}_2^*$ unterschiedlich sind. Da Firma 1 geringere Grenzvermeidungskosten bei $\overline{X}_1^*$ als Firma 2 bei $\overline{X}_2^*$ hat, wird Firma 1 Zertifikate verkaufen und Firma 2 Zertifikate kaufen. Für Firma 1 ist dies lukrativ, solange der Zertifikatpreis nicht unter ihren Grenzvermeidungskosten liegt und für Firma 2 ist dies lukrativ, solange der Preis nicht oberhalb ihrer Grenzvermeidungskosten liegt. Somit besteht ein Spielraum für Verhandlungen, der im Interesse beider Firmen genutzt werden kann.

f) Der Preis wird sich in Höhe der horizontalen Linie ergeben, welche die beiden Grenzkostenverläufe an der Stelle $\hat{X}_1^*$ und $\hat{X}_2^*$ schneidet. Wäre der Preis oberhalb dieser

Linie, würden mehr Zertifikate angeboten als nachgefragt; wäre der Preis unterhalb dieser Linie, würden mehr Zertifikate nachgefragt als angeboten. Somit ist der gleichgewichtige Preis dort zu finden, wo Angebot und Nachfrage im Einklang sind.

g) Wenn Firma 1 Zertifikate im Umfang $\hat{X}_1^* - \overline{X}_1^*$ anbietet, entstehen Firma 1 dadurch zusätzliche Vermeidungskosten in Höhe der Fläche c. Die Einnahmen aus dem Zertifikatverkauf belaufen sich auf die Fläche b+c. Somit ist der Handelsgewinn die Fläche b. Wenn Firma 2 Zertifikate im Umfang $\hat{X}_1^* - \overline{X}_1^* = \overline{X}_2^* - \hat{X}_2^*$ nachfragt, reduzieren sich die Vermeidungskosten von Firma 2 dadurch um die Fläche a+b+c. Die Ausgaben aus dem Zertifikatkauf belaufen sich auf die Fläche b+c. Somit ist der Handelsgewinn die Fläche a.

3.3.16

a) Eine 45-prozentige Emissionsreduktion bedeutet, dass jedes Land seine Emissionen auf 5,5 Einheiten begrenzen muss. Die Vermeidungskosten beider Länder ergeben sich als Integral unter der Grenzvermeidungskostenkurve in den Grenzen 5,5 und 10. Für Land 1 ergeben sich Vermeidungskosten von 20,25 Einheiten und für Land 2 von 10,125 Einheiten. Somit ergeben sich Vermeidungskosten von 30,375 Einheiten auf weltwirtschaftlicher Ebene. Aufgrund des linearen Verlaufs der Grenzvermeidungskostenkurve können die Integrale sehr einfach ermittelt werden: Jedes Land muss seine Emissionen um 4,5 Einheiten reduzieren. Die Grenzvermeidungskosten von Land 1 betragen an dieser Stelle 9 Einheiten und jene von Land 2 4,5 Einheiten. Somit können die Vermeidungskosten von Land 1 wie folgt berechnet werden: $4,5 \cdot 9 \cdot 0,5$ $= 20,25$. Für Land 2 gilt: $4,5 \cdot 4,5 \cdot 0,5 = 10,125$.

b) Im Gleichgewicht gilt: $GVK_1 = GVK_2 \Rightarrow 20 - 2 \cdot E_1 = 10 - E_2$. Für die Emissionen gilt: $E_1 + E_2 = 11$. Für die Lösung dieses Problems stehen also zwei Gleichungen mit zwei Unbekannten zur Verfügung. Durch entsprechende Umwandlung ergibt sich: $E_1 = 7$ und $E_2 = 4$. Werden diese Emissionen in die Grenzvermeidungskosten eingesetzt, ergibt sich ein Zertifikatpreis von 6 Einheiten ($GVK_1 = GVK_2 = P^*$, wobei P^* den gleichgewichtigen Zertifikatpreis bezeichnet).

c) Da jedes Land 5,5 Zertifikate erhält, bedeutet dies, dass Land 1 Zertifikate im Umfang von 1,5 Emissionseinheiten von Land 2 kauft. Land 1 tritt somit als Käufer und Land 2 als Verkäufer von Zertifikaten auf.

d) Die Transaktion zwischen Land 1 und 2 ist für die Berechnung der aggregierten Vermeidungskosten unerheblich. Die Vermeidungskosten von Land 1 ergeben sich als das Integral unter der Grenzvermeidungskostenkurve in den Grenzen 7 und 10. Für Land 1 ergeben sich somit Vermeidungskosten von 9 Einheiten. Die Vermeidungskosten von Land 2 ergeben sich als das Integral unter der Grenzvermeidungskostenkurve in den Grenzen 4 und 10. Für Land 2 ergeben sich daher Vermeidungskosten von 18 Einheiten. Somit ergeben sich Vermeidungskosten von 27 Einheiten auf weltwirtschaftlicher Ebene. Wie unter Punkt a) erwähnt, kann auch hier die vereinfachte Methode zur Berechnung der Vermeidungskosten angewandt werden.

e) Während unter dem Auflagenregime die aggregierten Vermeidungskosten 30,375 Einheiten betragen, belaufen sie sich unter dem Zertifikatregime auf nur 27 Einheiten. Der Effizienzgewinn beträgt also 3,375 Einheiten.

f) Die Kosten von Land 1 unter dem Zertifikatregime setzen sich aus den Vermeidungskosten und den Ausgaben für den Kauf von Zertifikaten zusammen. Die Vermeidungskosten betragen 9 Einheiten, die Ausgaben belaufen sich auf 9 Einheiten (1, 5 · 6). Somit ergeben sich Kosten von 18 Einheiten. Die Kosten von Land 2 setzen sich aus den Vermeidungskosten und den Einnahmen aus dem Verkauf von Zertifikaten zusammen. Die Vermeidungskosten betragen 18 Einheiten, die Einnahmen belaufen sich auf 9 Einheiten (1, 5 · 6). Somit ergeben sich Kosten von 9 Einheiten. Daraus folgt, dass Land 1 einen Effizienzgewinn von 2,25 Einheiten erzielt, während Land 2 einen Effizienzgewinn von 1,125 Einheiten zu verzeichnen hat.

Grundsätzlich gilt: Wenn Zertifikate frei zugeteilt werden und in der Ausgangssituation jedes Land Zertifikate entsprechend dem Quotenregime erhält, kann sich kein Land durch den Zertifikathandel gegenüber dem Quotenregime schlechter stellen. Der Grund ist einfach: Der Handel mit Zertifikaten erfolgt freiwillig. Somit stellt der Zertifikathandel für alle Beteiligten eine »Win-Win-Situation« gegenüber dem Quotenregime dar. Ein Land, das als Käufer von Zertifikaten auftritt, kauft nur Zertifikate, wenn die Ausgaben für den Kauf die eingesparten Vermeidungskosten nicht übersteigen. Ein Land, das als Verkäufer von Zertifikaten auftritt, verkauft nur Zertifikate, wenn die Einnahmen aus dem Verkauf die zusätzlichen Vermeidungskosten übersteigen.

g) Da die Ausgangsverteilung von Zertifikaten sowie das Vergabeverfahren nur distributive, jedoch keine allokativen Auswirkungen hat, bleibt die Effizienzbedingung hiervon unberührt.

h) Da die Ermittlung des Effizienzverlusts bzw. -gewinns eines Regimes 1 gegenüber einem Regime 2 mit Hilfe eines Vergleichs der weltwirtschaftlichen Vermeidungskosten durchgeführt wird, gelten dieselben Argumente wie unter Teilaufgabe g).

i) Bei einer Versteigerung kauft jedes Land so viele Zertifikate, so dass gilt: $GVK_i = P^*$, $i \in \{1, 2\}$. Somit gilt auch hier: $GVK_1 = GVK_2 = P^*$. Das bedeutet, allokativ liegt dieselbe Situation wie bei der freien Vergabe von Zertifikaten vor. Distributiv ergeben sich jedoch große Unterschiede. Land 1 kauft Zertifikate in Höhe von 7 Emissionseinheiten und bezahlt hierfür 7 · 6 = 42 Einheiten. Die Reduktion der Emissionen von ursprünglich 10 auf 7 Einheiten ist mit Vermeidungskosten von 9 Einheiten verbunden. Somit ergeben sich insgesamt Kosten für Land 1 von 51 Einheiten. Land 2 kauft Zertifikate in Höhe von 4 Emissionseinheiten und bezahlt hierfür 4 · 6 = 24 Einheiten. Die Reduktion der Emissionen von ursprünglich 10 auf nun 4 Einheiten ist mit Vermeidungskosten von 18 Einheiten verbunden. Somit ergeben sich insgesamt Kosten für Land 2 von 42 Einheiten. Da die Kosten bei der freien Vergabe 18 Einheiten für Land 1 und 9 Einheiten für Land 2 betragen, bedeutet dies, dass die Kosten für Land 1 und 2 bei der Versteigerung um jeweils 33 Einheiten höher liegen.

j) Die Kosten unter dem Quotenregime betragen 20,25 Einheiten für Land 1 und 10,125 Einheiten für Land 2. Bei der Versteigerung der Zertifikate betragen die Kosten 51 Einheiten für Land 1 und 42 Einheiten für Land 2. Somit sind die Kosten von Land

1 um 30,75 Einheiten und von Land 2 um 31,875 Einheiten bei der Versteigerung von Zertifikaten höher als unter dem Quotenregime.

k) Die Anfangsverteilung impliziert für Land 1 Emissionen von 5,5 Einheiten und für Land 2 7,5 Einheiten. Die gesamten Emissionen betragen also 13 Einheiten. Geht man wie in Teilaufgabe b) vor, dann ergibt sich im Zertifikatgleichgewicht ein Zertifikatpreis von 14/3. Dies bedeutet, dass der Preis fällt, aufgrund des größeren Angebots an Zertifikaten (Lockerung des ökologischen Ziels). Die Gleichgewichtsmengen nach Durchführung des Zertifikathandels sind 23/3 Emissionseinheiten in Land 1 und 16/3 Emissionseinheiten in Land 2. Dies impliziert, dass Land 1 2,16 Emissionseinheiten von Land 2 kauft. Dies bedeutet, dass Land 1 10,1 Einheiten für den Kauf von Zertifikaten ausgibt und Land 2 10,1 Einheiten für den Verkauf von Zertifikaten erhält. Die Vermeidungskosten von Land 1 betragen 5,4 Einheiten, und somit hat Land 1 insgesamt Kosten von 15,5 Einheiten. Land 2 hat Vermeidungskosten von 10,8 Einheiten. Ingesamt fallen also nur Kosten von 0,7 Einheiten an. Somit hat sich die Wohlfahrtssituation aufgrund der Lockerung des ökologischen Ziels für beide Länder verbessert, wenn man Schadenskosten nicht berücksichtigt, da die Vermeidungskosten gefallen sind.

3.3.17

a) Die Vermeidungskosten berechnen sich als Integral unter der Grenzvermeidungskostenkurve in den Grenzen 10 und 15. Somit gilt:

$$\int_{10}^{15} (15 - E)\, dE = \left[15E - \tfrac{1}{2}E^2 \right]_{E=10}^{15} = 12,5.$$

b) Die Firma reduziert ihre Emissionen, bis die Grenzvermeidungskosten gleich dem Steuersatz sind. Somit muss die Gleichung $15 - E = \bar{t}$ mit $E = 10$ für $\bar{t}$ aufgelöst werden, was $\bar{t} = 5$ ergibt.

c) Die Vermeidungskosten ergeben sich wie bei der Auflage mit 12,5 Einheiten. Zusätzlich muss auf die restlichen 10 Emissionseinheiten eine Steuer von $\bar{t} = 5$ bezahlt werden. Somit ergibt sich die Steuerlast mit 50 Einheiten und es ergeben sich insgesamt Kosten von 62,5 Einheiten unter dem Steuerregime.

d) Für die neue Grenzvermeidungskostenkurve ergeben sich unter der Auflage Vermeidungskosten von $\int_{10}^{15} (10 - \tfrac{2}{3} E)\, dE = \left[10E - \tfrac{1}{3}E^2 \right]_{E=10}^{15} = 8,\overline{3}$.

Unter dem Steuerregime wird die Firma ihre Emissionen über $E^{**} = 10$ hinaus reduzieren. Entsprechend ihrem Kalkül $GVK(E) = t$ ergibt sich in diesem Beispiel: $10 - \tfrac{2}{3} E = 5$, was für $E = 7,5$ erfüllt ist. Für $E^{***} = 7,5$ ergeben sich Vermeidungskosten von $\int_{7,5}^{15} (10 - \tfrac{2}{3} E)\, dE = \left[10E - \tfrac{1}{3}E^2 \right]_{E=7,5}^{15} = 18,75$. Für die Emissionen von $E^{***} = 7,5$ müssen zusätzlich noch Steuern von 37,5 Einheiten an den Staat entrichtet werden, so dass sich insgesamt Kosten von 56,25 Einheiten ergeben.

e) Unter der Auflage fallen die Kosten durch die Innovation von 12,5 auf $8,\overline{3}$, was einer Differenz von $\tfrac{25}{6} = 4,167$ entspricht. Unter dem Steuerregime fallen die gesamten Kosten von 62,5 auf 56,25 Einheiten, was einer Differenz von 6,25 Einheiten entspricht. Entsprechend der Definition der Messung der dynamischen Anreizwirkung wie in der Aufgabe beschrieben, ist es klar, dass die dynamische Anreizwirkung unter der Steuer größer als unter der Auflage ist.

f) Da die Steuer per Annahme konstant bleibt, passt sich die Firma an die neuen und gefallenen Grenzvermeidungskosten so an, dass sie ihre Emissionen (in der Aufgabe auf $E^{***} = 7,5$) weiter reduziert. Dies folgt aus $GVK\ (E) = t$. Unter der Auflage hingegen besteht kein Anreiz, über die vorgeschriebene Emissionshöhe (in der Aufgabe $E^{**} = 10$) weitere Emissionen zu reduzieren, da dies nur mit höheren Vermeidungskosten für die Firma, jedoch mit keinem Nutzen verbunden wäre. Somit leisten technische Innovationen unter einem Steuerregime sozusagen automatisch auch einen Beitrag zur Verbesserung der ökologischen Situation, ohne dass der Staat eingreifen müsste. Dies ist bei der Auflage nicht der Fall.

g) Bei einem Zertifikatpreis von $z = 5$ und Zertifikaten, die $E^{**} = 10$ verbriefen, befindet sich die Firma bereits im Gleichgewicht. Es lohnt sich weder Zertifikate auf dem Markt zu kaufen noch Zertifikate zu verkaufen. Somit fallen also lediglich Vermeidungskosten von 12,5 Einheiten an. Falls nun die Grenzvermeidungskosten durch technische Innovation fallen, dann hat die Firma einen Anreiz, ihre Emissionen auf $E^{***} = 7,5$ zu begrenzen, da ähnlich wie unter der Steuer $GVK\ (E) = z$ im Gleichgewicht gelten muss. Somit können 2,5 Einheiten an Zertifikaten zu einem Preis von 5 Einheiten auf dem Markt verkauft werden. Die Einnahmen betragen dafür 12,5 Einheiten. Die Vermeidungskosten betragen (wie bereits oben berechnet) für $E^{***} = 7,5$ 18,75 Einheiten. Somit beträgt der Innovationsanreiz $12,5 - (18,75 - 12,5) = 6,25$ Einheiten. Dies bedeutet, der Innovationsanreiz ist identisch mit dem unter dem Steuerregime. Allerdings muss davon ausgegangen werden, dass wenn technologischer Fortschritt nicht nur von einer Firma genutzt wird, die Grenzvermeidungskosten der gesamten Industrie fallen werden und somit der Zertifikatpreis ebenfalls fallen wird. Somit reduziert sich der Innovationsanreiz eines Zertifikatsystems im Zeitablauf unter ceteris paribus Bedingungen, wenn der Staat nicht interveniert.

h) Sänke der Steuersatz von $\bar{t} = 5$ auf $\bar{\bar{t}} < \bar{t}$ ab, so wäre die Kostenersparnis durch die Innovation zunächst höher und damit die dynamische Anreizwirkung größer. Aus der Sicht der repräsentativen Firma ist daher eine Absenkung des Steuersatzes attraktiv. Allerdings sänke bei einer dynamischen Betrachtung der Innovationsanreiz in späteren Perioden. Dies ist aus volkswirtschaftlicher Sicht nicht wünschenswert.

i) Es müssen drei Bereiche unterschieden werden, wobei wir davon ausgehen wollen, dass $E^{***} < E^{**} < E^{*}$ gilt.

Bereich 1: $E^{**} \leq \hat{E} \leq E^{*}$: Hier wäre die dynamische Anreizwirkung der Steuer geringer als bei der Auflage bzw. identisch für $E^{**} = \hat{E}$.

Bereich 2: $E^{***} \leq \hat{E} < E^{**}$: Hier wäre die dynamische Anreizwirkung der Steuer höher als bei der Auflage, jedoch wäre die dynamische Anreizwirkung der Steuer geringer als ohne Freibetrag.

Bereich 3: $\hat{E} < E^{***}$: Hier wäre die dynamische Anreizwirkung der Steuer höher als bei der Auflage. Die dynamische Anreizwirkung der Steuer ist durch den Freibetrag nicht beeinflusst. Allerdings muss davon ausgegangen werden, dass bei einer dynamischen Betrachtung die Grenzvermeidungskosten über die Zeit fallen und somit aus einem »unbedenklichen« Freibetrag im Bereich 3 ein bedenklicher Freibetrag im Bereich 2 oder sogar Bereich 1 wird. Daher sind Steuerfreibeträge grundsätzlich kritisch hinsichtlich ihrer dynamischen Anreizwirkung zu betrachten.

Lösungshinweise zu den Aufgaben zu Teil 4

4.1.1

Neben dem Treibhauseffekt, welcher durch verschiedene sogenannte Treibhausgase verursacht wird, sei hier beispielsweise die Schwebstaubbelastung genannt. Die besonders gesundheitlich bedenklichen Feinstaubpartikel der Größe kleiner 10 Mikrometer setzen sich unter anderem zusammen aus Dieselrußemissionen und Staub aus Verbrennungsprozessen. Im Zusammenwirken mit Ozon entstehen sie aber auch aus gasförmigen Stoffen wie Schwefeldioxid, Stickoxiden, Kohlenwasserstoffen und Ammoniak.

Ein weiteres Beispiel stellt das Waldsterben dar. Obwohl die Ursachen nicht gänzlich erforscht sind, weiß man, dass ein Zusammenwirken verschiedener Schadstoffe wie Schwefeldioxyd, Stickoxyde, Fotooxydantien und Schwermetalle zu diesem Schadensbild führt.

4.1.2

Totales Differenzieren der Umweltbelastungsrestriktion $B = \bar{B}$ ergibt

$$\frac{\partial B}{\partial x}dx + \frac{\partial B}{\partial y}dy = a_1 dx + a_2 dy = 0.$$

Die Grenzrate der Schadstoffsubstitution (Betrag der Steigung von $B = \bar{B}$) ist demnach gegeben durch

$$GRS = \left|\frac{dy}{dx}\right| = \left|-\frac{a_1}{a_2}\right| = \frac{a_1}{a_2}.$$

Im Optimum entspricht die Grenzrate der Schadstoffsubstitution der Grenzrate der Schadstofftransformation, d. h. dem Betrag der Steigung der Isokostenkurve. Diese ist gegeben durch

$$GRT = \left|\frac{dy}{dx}\right| = \left|-\frac{GVK_x}{GVK_y}\right| = \frac{GVK_x}{GVK_y}.$$

Da die beiden Industrien bei Steuersätzen t_x und t_y ihre Emissionen so wählen, dass gilt $GVK_x = t_x$ bzw. $GVK_y = t_y$ lautet das optimale Steuersatzverhältnis $(t_x / t_y)^{**} = a_1 / a_2$.

4.1.3

a) Für die x-Industrie gilt:

$VK_x = (50-x)^2 -100 = (50-(40-v_x))^2 -100 = (v_x +10)^2 -100.$

Ableiten der Vermeidungskosten nach v ergibt:

$GVK_x = 2(v_x +10) = 2((40-x)+10) = 2(50-x).$

Für die y-Industrie erhält man analog:

$VK_y = \dfrac{1}{2}(50-y)^2 -50 = \dfrac{1}{2}(50-(40-v_y))^2 -50 = \dfrac{1}{2}(v_y+10)^2 -50$ und $GVK_y = v_y + 10$

$= 50 - y.$

b) Analog zu a) ergibt sich $GVK_x^g = v_x +10 = 50-x$ und

$GVK_y^g = 2(v_y +10) = 2(50-y).$

c) Die Grenzrate der Schadstoffsubstitution ist gegeben durch $GRS = \left|\dfrac{dy}{dx}\right| = |-1| = 1$. Im

Optimum entspricht die Grenzrate der Schadstoffsubstitution der Grenzrate der

Schadstofftransformation. Diese ist gegeben durch $GRT = \left|\dfrac{dy}{dx}\right| = \left|-\dfrac{GVK_x}{GVK_y}\right| = \dfrac{GVK_x}{GVK_y}.$

Für die sozial optimalen Steuersätze gilt demnach $t_x^{**} = GVK_x = GVK_y = t_y^{**} =: t^{**}.$

Die zugehörigen Anpassungsreaktionen ergeben sich aus

$GVK_x = 2(50-x) = t^{**} \quad \Rightarrow \quad x^{**} = 50 - t^{**}/2$ und

$GVK_y = 50-y = t^{**} \quad \Rightarrow \quad y^{**} = 50 - t^{**}.$

Die Höhe des für beide Industrien identischen optimalen Steuersatzes ergibt sich demnach aus $x(t^{**}) + y(t^{**}) = \bar{B}$. Hieraus folgt $t^{**} = 40$, $x^{**} = 30$ und $y^{**} = 10$.

d) Die Umweltbehörde weiß, dass die beiden Industrien bei Steuersätzen t_x und t_y ihre Emissionen so wählen, dass gilt $GVK_x = t_x$ bzw. $GVK_y = t_y$.

Da der Umweltbehörde die tatsächlichen Grenzvermeidungskosten unbekannt sind, geht sie von ihren geschätzten Funktionen aus und rechnet mit folgenden Anpassungsreaktionen:

$GVK_x^g = 50-x = t_x \quad \Rightarrow \quad x^g(t_x) = 50-t_x$ und

$GVK_y^g = 2(50-y) = t_y \quad \Rightarrow \quad y^g(t_y) = 50 - t_y/2.$

Die von der Umweltbehörde gewählten Steuersätze ergeben sich demnach aus $t_x/t_y = 1$ und $x^g(t_x) + y^g(t_y) = \bar{B}$.

Hieraus folgt $t_x = t_y = t^{**} = 40$.

Trotz der fehlerhaften Einschätzung der Vermeidungskostenfunktionen wählt die Regierung demnach die optimalen Steuersätze. Damit wählen die Industrien auch die optimalen Emissionsmengen. Insbesondere wird die angestrebte Umweltbelastungsrestriktion eingehalten. Da die Umweltbehörde lediglich von vertauschten (Grenz-)Vermeidungskosten ausgeht und andererseits die Grenzrate der Schadstoffsubstitution 1 beträgt, woraus folgt, dass der optimale Steuersatz für beide Industrien identisch ist, kommt es in diesem speziellen Fall nicht zu einer Fehlallokation.

4.1.4

Die Änderung hat lediglich Auswirkungen auf die Aufgabenteile c) und d).

Hinsichtlich c) gilt: Die Grenzrate der Schadstoffsubstitution ist nun gegeben durch

$$GRS = \left|\frac{dy}{dx}\right| = 2. \text{ Im Optimum gilt demnach } 2 = \frac{GVK_x}{GVK_y}.$$

Hieraus folgt $t_x^{**} = GVK_x = 2\,GVK_y = 2t_y^{**}$.

Die zugehörigen Anpassungsreaktionen ergeben sich aus

$GVK_x = 2(50-x) = t_x^{**} \Rightarrow x^{**} = 50 - t_x^{**}/2$ und

$GVK_y = 50 - y = t_y^{**} \Rightarrow y^{**} = 50 - t_y^{**}$.

Die Höhe der optimalen Steuersätze ergibt sich demnach aus $x^{**} + y^{**} = \bar{B}$ und $t_x^{**} = 2t_y^{**}$.

Hieraus folgt $50 - 2t_y^{**}/2 + 50 - t_y^{**} = 40$ und somit $t_y^{**} = 30$, $t_x^{**} = 60$.

Die zugehörigen Emissionsniveaus lauten $x^{**} = y^{**} = 20$.

Hinsichtlich d) gilt: Wie in Aufgabe 4.1.3 rechnet die Umweltbehörde mit folgenden

Anpassungsreaktionen: $x^g(t_x) = 50 - t_x$ und $y^g(t_y) = 50 - \frac{1}{2}t_y$.

Die von der Umweltbehörde gewählten Steuersätze ergeben sich demnach aus $t_x = 2t_y$

und $x^g(t_x) + y^g(t_y) = \bar{B}$.

Hieraus folgt $50 - 2t_y + 50 - \frac{1}{2}t_y = 40$ und somit $t_y = 24$ und $t_x = 48$.

Die zugehörigen Emissionsniveaus lauten $x = y = 26$.

Die angestrebte Umweltbelastungsrestriktion wird somit verletzt. In der Folgeperiode wird die Umweltperiode die Steuersätze daher senken, dabei aber die Relation $t_x = 2t_y$ beibehalten.

4.1.5

Ein Beispiel einer Belastungsfunktion mit konkaven Isobelastungslinien ist gegeben durch $B(x,y) = x^2 + y^2$. Die Isobelastungslinien $x^2 + y^2 = \overline{B}$ sind in diesem Fall Viertelkreise mit dem Radius $\sqrt{\overline{B}}$.

Abbildung 4.1

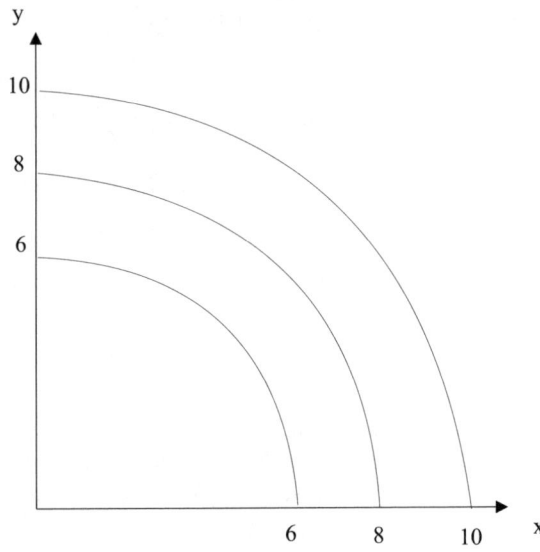

4.1.6

Im Falle konkaver Isobelastungslinien und konvexer Isokostenkurven existiert ein eindeutig bestimmtes optimales Emissionstupel (x^{**}, y^{**}). Hierbei kann es sich sowohl um eine innere Lösung (vgl. Abbildung 4.2) als auch um eine Randlösung, in der nur ein Schadstoff emittiert wird (vgl. Abbildung 4.3), handeln.

Abbildung 4.2

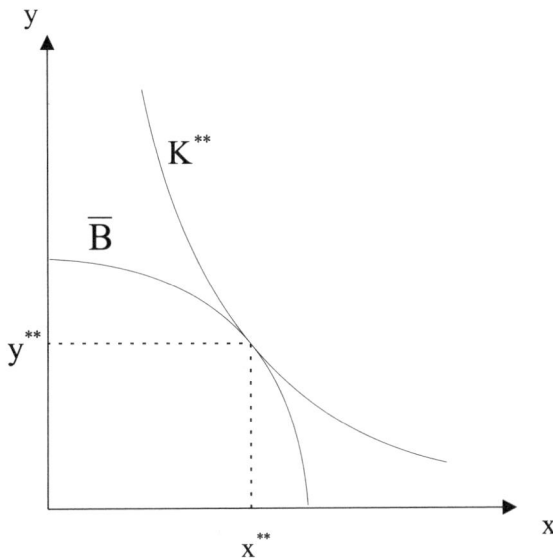

Abbildung 4.3

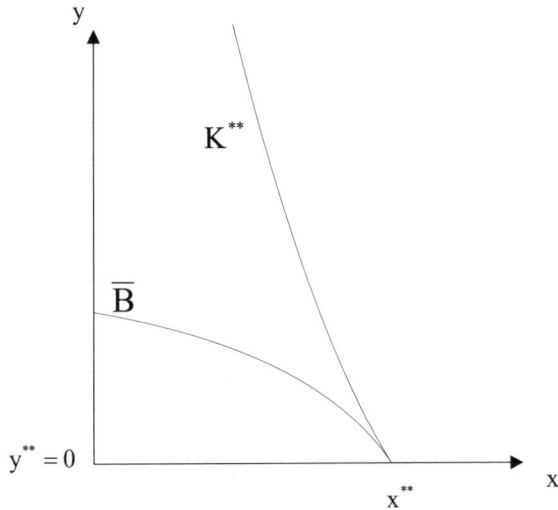

4.1.7

Da alle Emissionstupel *(x, y)* welche die Belastungsrestriktion $B(x, y) = \bar{B}$ erfüllen, identische Kosten verursachen, sind all diese Emissionstupel sozial optimal.

4.2.1

Der Monopolist wählt seine Angebotsmenge so, dass seine Grenzerlöse mit den privaten Grenzkosten übereinstimmen. Die Erlösfunktion des Monopolisten lautet $E(x) = P(x) \cdot x = (11 - x)x$. Ableiten der Erlösfunktion ergibt $GE(x) = 11 - 2x$. Für die Angebotsmenge des Monopolisten x_M gilt somit $GE(x_M) = PGK(x_M) \Leftrightarrow 11 - 2x_M = 1$. Hieraus folgt $x_M = 5$.

Im sozialen Optimum entspricht die marginale Zahlungsbereitschaft der Konsumenten den sozialen Grenzkosten. Diese ergeben sich als Summe aus privaten Grenzkosten und Grenzschäden. Da die marginale Zahlungsbereitschaft der inversen Nachfrage entspricht, gilt für die sozial optimale Angebotsmenge $P(x^{**}) = PGK(x^{**}) + GS(x^{**}) \Leftrightarrow 11 - x^{**} = 1 + x^{**} \Leftrightarrow x^{**} = 5$.

Die Angebotsmenge des Monopolisten ist somit sozial optimal. Dies lässt sich folgendermaßen erklären. Aufgrund des vorliegenden externen Effekts in Form von Umweltschäden ist das sozial optimale Produktionsniveau x^{**} niedriger als das Produktionsniveau $x^* = 10$, welches sich als Gleichgewicht bei vollständiger Konkurrenz ergeben würde und durch $P(x^*) = PGK(x^*)$ bestimmt ist. Andererseits wählt der Monopolist ein Produktionsniveau x_M, für das die marginale Zahlungsbereitschaft der Konsumenten die privaten Grenzkosten übersteigt und welches somit ebenfalls niedriger als x^* ist. Im vorliegenden Spezialfall sind beide Effekte gerade gleich groß, d. h., es gilt $x^* - x^{**} = x^* - x_M$, woraus $x^{**} = x_M$ folgt.

Abbildung 4.4

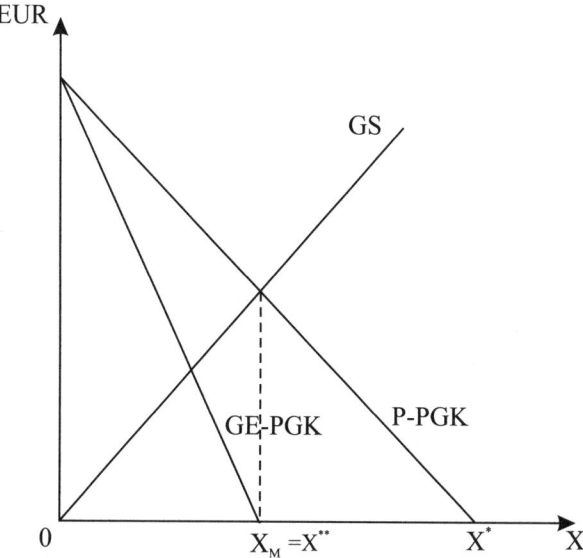

4.2.2

a) Die Erlösfunktion des Monopolisten lautet $E(x) = P(x) \cdot x = (a - bx)x$. Ableiten der Erlösfunktion ergibt $GE(x) = a - 2bx$. Für die Angebotsmenge des Monopolisten x_M gilt somit $GE(x_M) = PGK(x_M) \Leftrightarrow a - 2bx_M = c$. Hieraus folgt $x_M = (a - c)/(2b)$. Für die sozial optimale Angebotsmenge x^{**} gilt $P(x^{**}) = PGK(x^{**}) + GS(x^{**})$. Hieraus folgt $a - bx^{**} = c + dx^{**} \Leftrightarrow x^{**} = (a - c)/(b + d)$.

b) $x_M > x^{**} \Leftrightarrow \dfrac{a-c}{2b} > \dfrac{a-c}{b+d} \Leftrightarrow d > b$.

Die Angebotsmenge des Monopolisten übersteigt die sozial optimale Angebotsmenge, falls $d > b$ gilt, d. h., die Umweltschäden relativ hoch sind.

c) Der optimale Steuersatz ist gegeben durch

$$t_M = GE(x^{**}) - PGK(x^{**}) = 110 - 10x^{**} - 10 = 100 - 10 \cdot 100/15 = 100/3.$$

Der Wohlfahrtsgewinn ist gegeben durch

$$\Delta W = \int_{x^{**}}^{x_M} (GS - (P - PGK))dx = \int_{\frac{100}{15}}^{\frac{100}{10}} (10x - (110 - 5x - 10))dx$$

$$= \left[\frac{15}{2}x^2 - 100x\right]_{x=\frac{20}{3}}^{10} = \frac{15}{2} \cdot 100 - 1000 - \left(\frac{15}{2}\left(\frac{20}{3}\right)^2 - \frac{2000}{3}\right)$$

$$= \frac{15}{2} \cdot 100 - 1000 - \left(\frac{15}{2} \left(\frac{20}{3} \right)^2 - \frac{2000}{3} \right) = \frac{250}{3}.$$

Durch die Einführung der Steuer $t_M = \dfrac{100}{3}$ steigt die Wohlfahrt somit um $\Delta W = \dfrac{250}{3}$ Einheiten.

4.2.3

a) Die Grenzvermeidungskosten der Outputreduktion ausgedrückt in Bruttoemissions-einheiten sind gegeben durch $(P - PGK)(E_B) = 110 - 5E_B - 10 = 100 - 5E_B$. Im sozialen Optimum müssen diese mit den technologischen Grenzvermeidungskosten $GVK(ER_v) = 5ER_v$ übereinstimmen. Ferner müssen beide Grenzvermeidungskosten mit den von den Nettoemissionen verursachten Grenzschäden $GS(E) = 10E$ überein-stimmen. Insgesamt muss also gelten

$$GS(E_B^{**} - ER_v^{**}) = GVK(ER_v^{**}) = (P - PGK)(E_B^{**})$$

$$\Leftrightarrow 10(E_B^{**} - ER_v^{**}) = 5ER_v^{**} = 100 - 5E_B^{**}.$$

Aus der ersten Gleichung folgt $ER_v^{**} = (2/3) \cdot E^{B**}$. Setzt man dies in die zweite Glei-chung ein und löst nach E_B^{**} auf, so erhält man $E_B^{**} = 12$ und damit $ER_v^{**} = 8$. Das sozial optimale Brutto- bzw. Nettoemissionsniveau lautet demnach $E_B^{**} = 12$ bzw. $E^{**} = 4$.

Das gleichgewichtige Emissionsniveau unter vollständiger Konkurrenz E^* ist bestimmt durch $(P - PGK)(E^*) = 0 \Leftrightarrow 100 - 5E^* = 0$. Hieraus folgt $E^* = 20$.

b) Im unkorrigierten Gleichgewicht $E_M = x_M$ setzt der Monopolist die Vermeidungstech-nik nicht ein. Die monopolistischen Grenzvermeidungskosten der Outputreduktion sind gegeben durch $(GE - PGK)(E)$. Dabei gilt $GE(E) = 110 - 10E$. Hieraus folgt $110 - 10E_M - 10 = 0 \Leftrightarrow E_M = 10$.

c) Legt die Regierung einen Steuersatz t_M fest, so wird der Monopolist sowohl seine technologischen Grenzvermeidungskosten als auch seine monopolistischen Grenz-vermeidungskosten der Outputreduktion an diesen Steuersatz angleichen. Er wird auf t_M also mit Emissionen $E_M = E_B^M - ER_v^M$ reagieren, für die gilt: $t_M = 5ER_v^M = 100 - 10E_B^M$. Auflösen der zweiten Gleichung nach ER_v^M ergibt $ER_v^M = 20 - 2E_B^M$. Setzt man dies in $E_B^M - ER_v^M = E^{**} = 4$ ein und löst nach E_B^M auf, so erhält man $E_B^M = 8$. Hieraus folgt $ER_v^M = 4$ und $t_M = 20$.

Die Wohlfahrtsänderung ist gegeben durch

$$\Delta W = \int_{E^{**}}^{E_M} GS \, dE - \int_0^{ER_v^M} GVK \, dER - \int_{E_B^M}^{E_M} P - PGK \, dE_B$$

$$= \int_4^{10} 10E \, dE - \int_0^4 5ER \, dER - \int_8^{10} 100 - 5E_B \, dE_B.$$

$$= \left[5E^2 \right]_{E=4}^{10} - \left[\frac{5}{2} ER^2 \right]_{ER=0}^4 - \left[100E_B - \frac{5}{2} E_B^2 \right]_{E_B=8}^{10}$$

$$= [500-80]-[40]-[1000-250-(800-160)] = 270.$$

Durch die Einführung der Steuer $t_M = 20$ steigt die Wohlfahrt somit um $\Delta W = 270$ Einheiten.

4.3.1

a) Die sozial optimalen Emissionsniveaus sind durch den Ausgleich von Grenzvermeidungskosten und Grenzschäden charakterisiert.

Für x_H^{**} gilt somit $GVK^H(x_H^{**}) = GS(x_H^{**}) \Leftrightarrow 100 - x_H^{**} = 2x_H^{**} \Leftrightarrow x_H^{**} = 33\frac{1}{3}$.

Für x_N^{**} gilt entsprechend $GVK^N(x_N^{**}) = GS(x_N^{**}) \Leftrightarrow \frac{1}{2}(100 - x_N^{**}) = 2x_N^{**} \Leftrightarrow x_N^{**} = 20$.

b) Falls ein Verursacher vom Typ N seinen wahren Typ offenbart und sein Emissionsniveau ausgehend von $x^* = 100$ auf $x_N^{**} = 20$ reduziert, entstehen ihm Vermeidungskosten in Höhe von

$$VK^N(x_N^{**}) = \int_{x_N^{**}}^{x^*} GVK^N(x)dx = \int_{20}^{100} (50 - \frac{1}{2}x)dx = \left[50x - \frac{1}{4}x^2\right]_{x=20}^{100} = 1600.$$

Diese Vermeidungskosten werden ihm in voller Höhe erstattet. (Darüber hinaus erhält er lediglich ein Incentive-ε.)

Falls ein Verursacher vom Typ N sich als H-Typ ausgibt und sein Emissionsniveau ausgehend von $x^* = 100$ auf $x_H^{**} = 33\frac{1}{3}$ reduziert, entstehen ihm Vermeidungskosten in Höhe von

$$VK^N(x_H^{**}) = \int_{x_H^{**}}^{x^*} GVK^N(x)dx = \int_{100/3}^{100} (50 - \frac{1}{2}x)dx = \left[50x - \frac{1}{4}x^2\right]_{x=100/3}^{100} = 1111\frac{1}{9}.$$

Als Entschädigung erhält er jedoch die vorgegebenen Vermeidungskosten in Höhe von

$$VK^H(x_H^{**}) = \int_{x_H^{**}}^{x^*} GVK^H(x)dx = \int_{100/3}^{100} (100 - x)dx = \left[100x - \frac{1}{2}x^2\right]_{x=100/3}^{100} = 2222\frac{2}{9}.$$

Der Betrugsgewinn des Verursachers vom Typ N beträgt somit

$$VK^H(x_H^{**}) - VK^N(x_H^{**}) = 2222\frac{2}{9} - 1111\frac{1}{9} = 1111\frac{1}{9}.$$

Falls ein Verursacher vom Typ H seinen wahren Typ offenbart und sein Emissionsniveau ausgehend von $x^* = 100$ auf $x_H^{**} = 33\frac{1}{3}$ reduziert, entstehen ihm Vermeidungskosten in Höhe von

$$VK^H(x_H^{**}) = \int_{x_H^{**}}^{x^*} GVK^H(x)dx = \int_{100/3}^{100} (100 - x)dx = \left[100x - \frac{1}{2}x^2\right]_{x=100/3}^{100} = 2222\frac{2}{9}.$$

Diese Vermeidungskosten werden ihm in voller Höhe erstattet.

Falls ein Verursacher vom Typ H sich als N-Typ ausgibt und sein Emissionsniveau ausgehend von $x^* = 100$ auf $x_N^{**} = 20$ reduziert, entstehen ihm Vermeidungskosten in Höhe von

$$VK^H(x_N^{**}) = \int_{x_N^{**}}^{x^*} GVK^H(x)dx = \int_{20}^{100} (100-x)dx = \left[100x - \frac{1}{2}x^2\right]_{x=20}^{100} = 3200.$$

Als Entschädigung erhält er jedoch lediglich die vorgegebenen Vermeidungskosten in Höhe von

$$VK^N(x_N^{**}) = \int_{x_N^{**}}^{x^*} GVK^N(x)dx = \int_{20}^{100} (50 - \frac{1}{2}x)dx = \left[50x - \frac{1}{4}x^2\right]_{x=20}^{100} = 1600.$$

Eine falsche Typ-Vorgabe würde dem H-Typ somit einen Verlust in Höhe von $VK^H(x_N^{**}) - VK^N(x_N^{**}) = 3200 - 1600 = 1600$ einbringen.

c) Eine Erhöhung der Kompensationsgrenze für den H-Typ ausgehend von x_H^{**} auf x_H^+ hat für den Geschädigten zwei Effekte. Zum einen sinkt sein Verhandlungsgewinn für den Fall, dass er auf einen H-Typ trifft um

$$\int_{x_H^{**}}^{x_H^+} (GS(x) - GVK^H(x))dx.$$

Zum anderen sinkt der Betrugsgewinn eines Verursachers vom Typ N und damit die Ehrlichkeitsprämie, die der Geschädigte einem Verursacher vom Typ N dafür zahlen muss, dass er seinen wahren Typ offenbart um

$$\int_{x_H^{**}}^{x_H^+} (GVK^H(x) - GVK^N(x))dx.$$

Da die Wahrscheinlichkeit, dass es sich bei dem Verursacher um einen H- bzw. N-Typ handelt, jeweils ½ ist, gewichtet der Geschädigte beide Effekte gleich stark. Für die optimale Kompensationsgrenze x_H^+ des H-Typs gilt demnach

$$GS(x_H^+) - GVK^H(x_H^+) = GVK^H(x_H^+) - GVK^N(x_H^+)$$

$$\Leftrightarrow 2x_H^+ - (100 - x_H^+) = (100 - x_H^+) - \frac{1}{2}(100 - x_H^+) \Leftrightarrow x_H^+ = \frac{300}{7} = 42\frac{6}{7}.$$

Für die optimale Kompensationsgrenze des N-Typs gilt $x_N^+ = x_N^{**}$. Eine Abweichung von dieser Kompensationsgrenze hätte keine Auswirkung auf den N-Typ, sondern würde lediglich den beim Geschädigten anfallenden Verhandlungsgewinn, falls er auf einen N-Typ trifft, schmälern.

Die Ehrlichkeitsprämie P^N entspricht dem (in Abwesenheit einer Ehrlichkeitsprämie anfallenden) Betrugsgewinn in Höhe von

$$P^N = \int_{x_H^+}^{x^*} (GVK^H(x) - GVK^N(x))dx = \int_{300/7}^{100} (100 - x - (50 - \frac{1}{2}x))dx$$

$$= \left[50x - \frac{1}{4}x^2\right]_{x=300/7}^{100} = 816\frac{16}{49}.$$

4.3.2

Die Änderung hat lediglich Auswirkungen auf den Aufgabenteil c). Der Geschädigte gewichtet nun den von der Erhöhung der Kompensationsgrenze für den H-Typ ausgehenden Effekt auf den Verhandlungsgewinn mit der Wahrscheinlichkeit α, dass er auf einen H-Typ trifft und den Effekt auf die Ehrlichkeitsprämie mit der Wahrscheinlichkeit $(1 - \alpha)$, dass er auf einen N-Typ trifft.

Für die optimale Kompensationsgrenze x_H^+ des H-Typs gilt demnach

$$\alpha\big(GS(x_H^+) - GVK^H(x_H^+)\big) = (1-\alpha)\big(GVK^H(x_H^+) - GVK^N(x_H^+)\big)$$

$$\Leftrightarrow \alpha\big(2x_H^+ - (100 - x_H^+)\big) = (1-\alpha)\left((100 - x_H^+) - \frac{1}{2}(100 - x_H^+)\right)$$

$$\Leftrightarrow \alpha\big(3x_H^+ - 100\big) = (1-\alpha)\left(50 - \frac{1}{2}x_H^+\right) \Leftrightarrow x_H^+ = \frac{100(\alpha+1)}{5\alpha+1}.$$

Für die optimale Kompensationsgrenze des N-Typs gilt wie in Aufgabe 4.3.1 $x_N^+ = x_N^{**}$. Die Ehrlichkeitsprämie P^N entspricht dem (in Abwesenheit einer Ehrlichkeitsprämie anfallenden) Betrugsgewinn in Höhe von

$$P^N = \int_{x_H^+}^{x^*} (GVK^H(x) - GVK^N(x))dx = \int_{\frac{100(\alpha+1)}{5\alpha+1}}^{100} \left(50 - \frac{1}{2}x\right)dx$$

$$= \left[50x - \frac{1}{4}x^2\right]_{x = \frac{100(\alpha+1)}{5\alpha+1}}^{100} = 2500 - \left(\frac{5000(\alpha+1)}{5\alpha+1} - \frac{1}{4}\left(\frac{100(\alpha+1)}{5\alpha+1}\right)^2\right) = \frac{40000\alpha^2}{(5\alpha+1)^2}.$$

Es gilt $\partial x_H^+ / \partial\alpha = -\dfrac{400}{(5\alpha+1)^2} < 0$ und $\partial P^N / \partial\alpha = \dfrac{80000\alpha}{(5\alpha+1)^3} > 0$.

Mit steigender Wahrscheinlichkeit, dass der Geschädigte auf einen Verursacher vom Typ H trifft, verringert er die Kompensationsgrenze für diesen Typ. Je größer α ist, desto stärker gewichtet er nämlich den Verhandlungsgewinn, welchen er mit einem H-Typen erzielt und desto weniger stark gewichtet er die Auswirkung auf die Ehrlichkeitsprämie, welche er einem N-Typen zahlen muss. Diese steigt mit steigendem α, da die Verringerung der Kompensationsgrenze für den H-Typen den Betrugsgewinn des N-Typen erhöht.

4.3.3

Abbildung 4.5

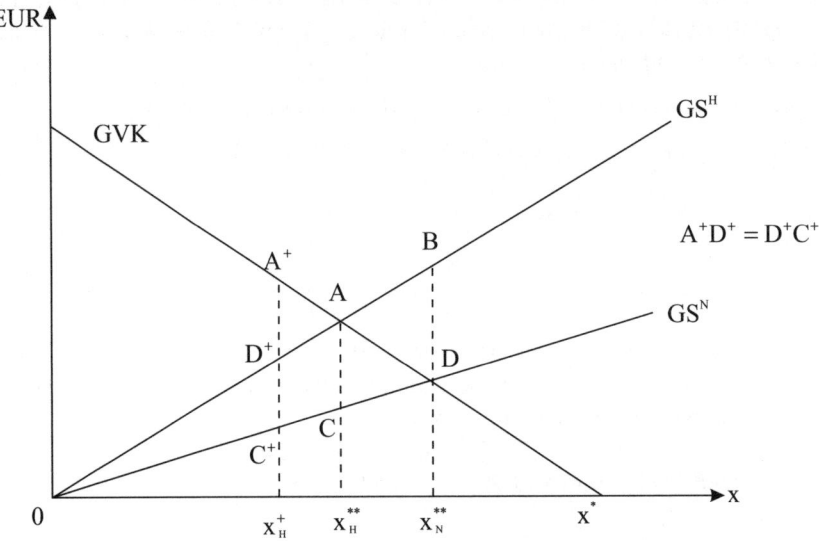

Die sozial optimalen Emissionsniveaus x_H^{**} bzw. x_N^{**} sind durch den Ausgleich von Grenzvermeidungskosten und Grenzschäden charakterisiert, d. h., es gilt $GVK(x_H^{**}) = GS^H(x_H^{**})$ und $GVK(x_N^{**}) = GS^N(x_N^{**})$.

Falls ein Geschädigter vom Typ N seinen wahren Typ offenbart und dem Verursacher das Emissionsniveau x_N^{**} genehmigt, bekommt er hierfür lediglich seine Schäden in Höhe von $0x_N^{**}D$ (erhöht um ε) erstattet.

Falls ein Geschädigter vom Typ N sich als H-Typ ausgibt und dem Verursacher das Emissionsniveau x_H^{**} genehmigt, entstehen ihm Schäden in Höhe von $0x_H^{**}C$. Als Entschädigung erhält er jedoch die vorgegebenen Schäden in Höhe von $0x_H^{**}A$. Der Betrugsgewinn des Geschädigten vom Typ N beträgt somit 0AC.

Falls ein Geschädigter vom Typ H seinen wahren Typ offenbart und dem Verursacher das Emissionsniveau x_H^{**} genehmigt, entstehen ihm Schäden in Höhe von $0x_H^{**}A$. Diese Schäden werden ihm in voller Höhe erstattet.

Falls ein Geschädigter vom Typ H sich als N-Typ ausgibt und dem Verursacher das Emissionsniveau x_N^{**} genehmigt, bekommt er hierfür lediglich seine vorgegebenen Schäden in Höhe von $0x_N^{**}D$ erstattet. Tatsächlich entstehen ihm aber Schäden in Höhe von $0x_N^{**}B$. Eine falsche »Typ-Vorgabe« würde dem H-Typ somit einen Verlust in Höhe von 0BD einbringen.

Ein Betrugsanreiz besteht somit auch in diesem Modell lediglich für den N-Typ.

Eine Senkung der Kompensationsgrenze für den H-Typ ausgehend von x_H^{**} auf x_H^+ hat für den Verursacher zwei Effekte. Zum einen sinkt sein Verhandlungsgewinn für den

Fall, dass er auf einen H-Typ trifft um

$$\int_{x_H^\bullet}^{x_H^{\bullet\bullet}} (GVK(x) - GS^H(x)) dx.$$

Zum anderen sinkt der Betrugsgewinn eines Geschädigten vom Typ N und damit die Ehrlichkeitsprämie, die der Verursacher einem Geschädigten vom Typ N dafür zahlen muss, dass er seinen wahren Typ offenbart um

$$\int_{x_H^+}^{x_H^{\bullet\bullet}} (GS^H(x) - GS^N(x)) dx.$$

Da die Wahrscheinlichkeit, dass es sich bei dem Geschädigten um einen H- bzw. N-Typ handelt, jeweils ½ ist, gewichtet der Verursacher beide Effekte gleich stark. Für die optimale Kompensationsgrenze x_H^+ des H-Typs gilt demnach

$$GVK(x_H^+) - GS^H(x_H^+) = GS^H(x_H^+) - GS^N(x_H^+)$$

Für die optimale Kompensationsgrenze des N-Typs gilt $x_N^+ = x_N^{\bullet\bullet}$.

Die Ehrlichkeitsprämie P^N entspricht dem (in Abwesenheit einer Ehrlichkeitsprämie anfallenden) Betrugsgewinn in Höhe von $0C^+D^+$.

4.4.1

a) Der gleichgewichtige Lohnsatz l^* ist bestimmt durch den Ausgleich von Arbeitsangebot und Arbeitsnachfrage.

$$A_L(l^*) = N_L(l^*) \Leftrightarrow -c + dl^* = a - bl^* \Leftrightarrow l^* = \frac{a+c}{b+d}.$$

Zu diesem Lohnsatz werden $L^* = \dfrac{ad - bc}{b+d}$ Arbeitsstunden angeboten und nachgefragt, wobei gilt $L^* > 0$.

b) Es bezeichne $l_B^{\prime*}$ ($l_N^{\prime*}$) den gleichgewichtigen Brutto- (Netto-)lohnsatz nach Einführung der Steuer.

Dann gilt $l_B^{\prime*} = l_N^{\prime*} + t$ und $A_L(l_N^{\prime*}) = N_L(l_B^{\prime*})$.

Hieraus folgt $N_L(l_N^{\prime*} + t) = A_L(l_N^{\prime*}) \Leftrightarrow a - b(l_N^{\prime*} + t) = -c + dl_N^{\prime*} \Leftrightarrow l_N^{\prime*} = \dfrac{a+c-bt}{b+d}$ und

$$l_B^{\prime*} = \frac{a+c+dt}{b+d}.$$

Der gleichgewichtige Arbeitseinsatz $L^{\prime*}$ ist gegeben durch

$$L^{\prime*} = A_L(l_N^{\prime*}) = -c + dl_N^{\prime*} = \frac{ad - bc - bdt}{b+d}.$$

Man beachte, dass die Bedingung $t < \dfrac{ad - bc}{bd}$ eine innere Lösung ($l_N^{\prime*} > 0, L^{\prime*} > 0$)

sicherstellt. Für $l_N^{\prime*}$ gilt nämlich $l_N^{\prime*} = \dfrac{a+c-bt}{b+d} > \dfrac{a+c-b\dfrac{ad-bc}{bd}}{b+d} = \dfrac{c+\dfrac{bc}{d}}{b+d} > 0.$

Die Zusatzlast (Z) der Besteuerung ist in der nachfolgenden Abbildung als Dreiecksfläche BCD dargestellt. Sie beträgt $Z = \frac{1}{2}t(L^* - L^{t^*}) = \frac{1}{2}t\frac{bdt}{b+d} = \frac{bdt^2}{2(b+d)}$.

Abbildung 4.6

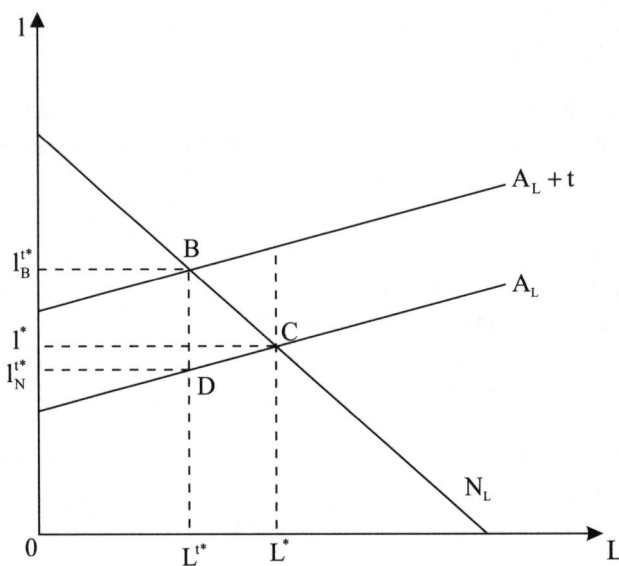

c) Wird das Ökosteueraufkommen dazu verwendet, die Besteuerung des Faktors Arbeit zu reduzieren, d. h., t zu senken, so steigt wegen $\partial L^{t^*}/\partial t < 0$ das gleichgewichtige Beschäftigungsnivau und sinkt wegen $\partial Z/\partial t > 0$ die Zusatzlast.

4.4.2

Die Aussage ist falsch, da die beschriebenen Effekte beide unter den Begriff der »zweiten Dividende« fallen.

Die »erste Dividende« bezeichnet hingegen Wohlfahrtsgewinne welche im Umweltsektor durch die Internalisierung externer Effekte bzw. Einhaltung vorgegebener Umweltstandards erzielt werden.

4.4.3

Die starke Interpretation der beschäftigungsorientierten Variante der zweiten Dividende besagt, dass das Beschäftigungsniveau absolut steigt, wenn das Ökosteueraufkommen zur steuerlichen Entlastung des Faktors Arbeit verwendet wird (Interpretation A).

Die schwache Interpretation behauptet hingegen, dass die Beschäftigungswirkungen höher sind, wenn das Steueraufkommen zur Entlastung des Faktors Arbeit verwendet wird als wenn es pauschal an die Bürger rückverteilt wird (Interpretation B).

Formal folgt aus dem Vorliegen von A nicht zwingend B. Es könnte ja theoretisch sein, dass das Beschäftigungsniveau auch dann steigt, wenn das Einkommen pauschal rückverteilt wird und das Ausmaß des Beschäftigungseffekts bei der pauschalen Verteilung sogar noch größer ist.

Da eine pauschale Rückverteilung jedoch lediglich indirekte Effekte auf den Arbeitsmarkt (z. B. über Änderungen der Güternachfrage sowie dem Einfluss des Einkommenseffektes auf das Arbeitsangebot) ausübt, die steuerliche Entlastung des Faktors Arbeit jedoch direkt beschäftigungssteigernd wirkt (vgl. hierzu Aufgabe 4.4.1), dürfte dieses theoretisch denkbare Konstrukt wenig realistisch sein.

Daher sind die Bezeichnungen »schwache« und »starke Interpretation« als zutreffend anzusehen.

4.5.1

a) Die gesellschaftliche Gesamtkostenfunktion ist gegeben durch

$$K^G(X^{(0)}, X^{(1)}, I^{(0)}) = \frac{1}{2} a(X^{(0)})^2 + \frac{c}{X^{(0)}} + I^{(0)} + \frac{1}{2} \frac{a(X^{(1)})^2}{e^{I^{(0)}}} + \frac{c}{X^{(1)}}.$$

Man beachte, dass sich diese Funktion in zwei Teilfunktionen aufspalten lässt, deren Extremalstellen unabhängig voneinander bestimmt werden können. Es gilt nämlich :

$$K^G(X^{(0)}, X^{(1)}, I^{(0)}) = K_0^G(X_0) + K_1^G(I^{(0)}, X^{(1)}) \text{ mit}$$

$$K_0^G(X^{(0)}) = \frac{1}{2} a(X^{(0)})^2 + \frac{c}{X^{(0)}} \text{ und } K_1^G(I^{(0)}, X^{(1)}) = I^{(0)} + \frac{1}{2} \frac{a(X^{(1)})^2}{e^{I^{(0)}}} + \frac{c}{X^{(1)}}$$

Die zugehörigen Bedingungen erster Ordnung lauten

$$\partial K^G / \partial X^{(0)} = \partial K_0^G / \partial X^{(0)} = a(X^{(0)**}) - \frac{c}{(X^{(0)**})^2} = 0 \Rightarrow X^{(0)**} = \left(\frac{c}{a}\right)^{\frac{1}{3}}$$

$$\partial K^G / \partial X^{(1)} = \partial K_1^G / \partial X^{(1)} = \frac{aX^{(1)**}}{e^{I^{(0)**}}} - \frac{c}{(X^{(1)**})^2} = 0 \Rightarrow e^{I^{(0)**}} = \frac{a}{c}(X^{(1)**})^3$$

$$\partial K^G / \partial I^{(0)} = \partial K_1^G / \partial I^{(0)} = 1 - \frac{1}{2} \frac{a(X^{(1)**})^2}{e^{I^{(0)**}}} = 0.$$

Einsetzen der zweiten Gleichung in die dritte Gleichung ergibt:

$$1 = \frac{1}{2} \frac{c}{X^{(1)**}} \Leftrightarrow X^{(1)**} = \frac{1}{2} c.$$

Hieraus folgt $I^{(0)**} = \ln\left(\frac{ac^2}{8}\right)$.

Man beachte, dass gilt $\dfrac{\partial^2 K_0^G}{\partial X^{(0)^2}}(X^{(0)^{**}}) > 0$. Somit ist auch die hinreichende Bedingung für X_0^{**} als Minimalstelle von K_0^G und damit auch von K^G erfüllt. Ferner gilt

$$\frac{\partial^2 K_1^G}{\partial X^{(1)^2}}(I^{(0)^{**}}, X^{(1)^{**}}) = 1 > 0, \quad \frac{\partial^2 K_1^G}{\partial I^{(0)^2}}(I^{(0)^{**}}, X^{(1)^{**}}) = \frac{24}{c^2} > 0 \text{ und}$$

$$\frac{\partial^2 K_1^G}{\partial X^{(1)^2}}(I^{(0)^{**}}, X^{(1)^{**}}) \cdot \frac{\partial^2 K_1^G}{\partial I^{(0)^2}}(I^{(0)^{**}}, X^{(1)^{**}}) - \left(\frac{\partial^2 K_1^G}{\partial X^{(1)}\partial I^{(0)}}(I^{(0)^{**}}, X^{(1)^{**}})\right) = \frac{8}{c^2} > 0. \text{ Somit}$$

ist die Hesse-Matrix von K_1^G an der Stelle $(I^{(0)^{**}}, X^{(1)^{**}})$ positiv definit. D. h., auch hier sind die hinreichenden Bedingungen für ein Minimum erfüllt.

Die sozial optimalen Aktivitätsniveaus sind also gegeben durch

$$X^{(0)^{**}} = \left(\frac{c}{a}\right)^{\frac{1}{3}}, I^{(0)^{**}} = \ln\left(\frac{ac^2}{8}\right) \text{ und } X^{(1)^{**}} = \frac{1}{2}c.$$

Man beachte ferner, dass die Bedingung $ac^2 > 8$ sicherstellt, dass eine innere Lösung vorliegt. Aus $ac^2 > 8$ folgt nämlich $I^{(0)^{**}} > 0$ und damit auch $X^{(1)^{**}} - X^{(0)^{**}} > 0$. D. h., die in Periode 0 getätigten Investitionen in technischen Fortschritt führen in Periode 1 zu geringeren (Grenz-)Vermeidungskosten und damit zu einem höheren gleichgewichtigen Sorgfaltsniveau als in Periode 0.

b) Wählt die Regierung die Gefährdungshaftung, so ist die für das Unternehmen relevante Kostenfunktion identisch mit der Kostenfunktion der Gesellschaft. Damit entsprechen auch die Bedingungen erster Ordnung denen aus Aufgabenteil a) und es ergeben sich die Gleichgewichtswerte $X^{(0)G} = X^{(0)^{**}} = (c/a)^{\frac{1}{3}}$, $I^{(0)G} = I^{(0)^{**}} = \ln\left(ac^2/8\right)$ und $X^{(1)G} = X^{(1)^{**}} = c/2$.

Wählt die Regierung die Verschuldenshaftung mit Sorgfaltsstandards $\bar{X}^{(0)^{**}} = X^{(0)^{**}}, \bar{X}^{(1)^{**}} = X^{(1)^{**}}$, so lautet die für das Unternehmen relevante Kostenfunktion

$$K^U(X^{(0)}, X^{(1)}, I^{(0)}) = K_0^U(X^{(0)}) + K_1^U(I^{(0)}, X^{(1)})$$

$$= \frac{1}{2}a(X^{(0)})^2 + \Theta_0\frac{c}{X^{(0)}} + I^{(0)} + \frac{1}{2}\frac{a(X^{(1)})^2}{e^{I^{(0)}}} + \Theta_1\frac{c}{X^{(1)}} \text{ mit}$$

$\Theta_t = 0$ falls $X^{(t)} \geq \bar{X}^{(t)}$ und $\Theta_t = 1$ sonst, $t \in \{0,1\}$.

Da die relevanten partiellen Kostenfunktion K_0^U und K_1^U im Fall der Standardverletzung mit denen unter der Gefährdungshaftung übereinstimmen, und das Minimum dieser Funktionen bei $X^{(0)G} = X^{(0)^{**}}$ bzw. $X^{(1)G} = X^{(1)^{**}}$ und $I^{(0)G} = I^{(0)^{**}}$ liegt, sind die Kosten bei Standardverletzung in jedem Fall höher als bei Standardeinhaltung. Das soziale Optimum wird also auch unter der Verschuldenshaftung erreicht, sofern die Sorgfaltsstandards auf den sozial optimalen Niveaus festgelegt werden. Man beachte, dass sich das Unternehmen hieran automatisch mit dem sozial optimalen Investitionsniveau anpasst.

Unabhängig davon, ob die Regierung somit die Gefährdungshaftung oder die Verschuldenshaftung mit Sorgfaltsstandards, welche den sozial optimalen Sorgfaltsniveaus entsprechen, festlegt, wird sich das Unternehmen mit Wahl der sozial optimalen Aktivitätsniveaus anpassen. Unterschiede bestehen lediglich in den distributiven Effekten.

(Anmerkung: Das soziale Optimum könnte unter der Verschuldenshaftung auch mittels sogenannter exzessiv ineffizienter Sorgfaltsstandards erzielt werden, die so hoch sind, dass sich eine Einhaltung für das Unternehmen nicht lohnt. In diesem Fall resultiert das Gleichgewicht unter der Gefährdungshaftung, welches hier wie oben gezeigt ebenfalls mit dem sozialen Optimum übereinstimmt.)

4.5.2

a) Die gesellschaftliche Gesamtkostenfunktion bezogen auf $t = 0$ ist nun gegeben durch

$$K^G(X^{(0)}, X^{(1)}, I^{(0)}) = \frac{1}{2}a(X^{(0)})^2 + \frac{c}{X^{(0)}} + I^{(0)} + \frac{1}{1+r}\left(\frac{1}{2}\frac{a(X^{(1)})^2}{e^{I^{(0)}}} + \frac{c}{X^{(1)}}\right).$$

Man beachte, dass lediglich die partielle Kostenfunktion

$$K_1^G(I^{(0)}, X^{(1)}) = I^{(0)} + \frac{1}{1+r}\left(\frac{1}{2}\frac{a(X^{(1)})^2}{e^{I^{(0)}}} + \frac{c}{X^{(1)}}\right)$$

von der Diskontierung betroffen ist. Somit bleiben alle $X^{(0)}$ betreffenden Ergebnisse von der Diskontierung unberührt. Die nachfolgenden Ausführungen beschränken sich daher auf $I^{(0)}$ und $X^{(1)}$.

Die zugehörigen Bedingungen erster Ordnung lauten

$$\partial K_1^G / \partial X^{(1)} = \frac{1}{1+r}\left(\frac{aX^{(1)**}}{e^{I^{(0)**}}} - \frac{c}{(X^{(1)**})^2}\right) = 0$$

$$\partial K_1^G / \partial I^{(0)} = 1 - \frac{1}{2}\frac{1}{1+r}\frac{a(X^{(1)**})^2}{e^{I^{(0)**}}} = 0$$

Auflösen des Gleichungssystems ergibt $X^{(0)**} = \left(\frac{c}{a}\right)^{\frac{1}{3}}$, $X^{(1)**} = \frac{c}{2(1+r)}$ und

$$I^{(0)**} = \ln\left(\frac{ac^2}{8(1+r)^3}\right).$$

Man beachte, dass die Bedingung $ac^2 > 8(1+r)^3$ sicherstellt, dass eine innere Lösung ($I^{(0)**} > 0$) vorliegt. Außerdem sind die hinreichenden Bedingungen für ein Minimum erfüllt. (Es gilt: $\frac{\partial^2 K_1^G}{\partial X^{(1)^2}}(I^{(0)**}, X^{(1)**}) = 1 > 0$,

$$\frac{\partial^2 K_1^G}{\partial I^{(0)^2}}(I^{(0)**}, X^{(1)**}) = \frac{24(1+r)^2}{c^2} > 0 \text{ und}$$

$$\frac{\partial^2 K_1^G}{\partial X^{(1)^2}}(I^{(0)**}, X^{(1)**}) \cdot \frac{\partial^2 K_1^G}{\partial I^{(0)^2}}(I^{(0)**}, X^{(1)**}) - \left(\frac{\partial^2 K_1^G}{\partial X^{(1)}\partial I^{(0)}}(I^{(0)**}, X^{(1)**})\right) = \frac{8(1+r)^2}{c^2} > 0.)$$

Verwenden die Gesellschaft und das Unternehmen identische Diskontraten so ändert sich nichts an der Argumentation in Aufgabe 4.5.1.b). Auch in diesem Fall wird unabhängig davon, ob die Regierung die Gefährdungshaftung oder die Verschuldenshaftung mit Sorgfaltsstandards, welche den sozial optimalen Sorgfaltsniveaus entsprechen, festlegt, sich das Unternehmen mit Wahl der sozial optimalen Aktivitätsniveaus anpassen.

b) Verwendet die Gesellschaft eine Diskontrate r^{**} und das Unternehmen eine Diskontrate r^* mit $r^{**} < r^*$, so lauten die sozial optimalen Aktivitätsniveaus $X^{(1)**} = \dfrac{c}{2(1+r^{**})}$

und $I^{(0)**} = \ln\left(\dfrac{ac^2}{8(1+r^{**})^3}\right)$. Das Unternehmen wählt hingegen die Aktivitätsniveaus

$$X^{(1)G} = \frac{c}{2(1+r^*)} \text{ und } I^{(0)G} = \ln\left(\frac{ac^2}{8(1+r^*)^3}\right).$$

Es gilt $X^{(1)**} - X^{(1)G} = \dfrac{c(r^* - r^{**})}{2(1+r^{**})(1+r^*)} > 0$ und

$$I^{(0)**} - I^{(0)G} = 3(\ln(1+r^*) - \ln(1+r^{**})) > 0.$$

Sowohl das Investitionsniveau als auch das Sorgfaltsaktivitätsniveau in Periode 1 weichen unter der Gefährdungshaftung nach unten vom sozialen Optimum ab. Dies lässt sich folgendermaßen erklären: Die relevanten Kostenfunktionen für die Gesellschaft bzw. das Unternehmen unterscheiden sich nur in der Diskontrate. Da das Unternehmen die in Periode 0 anfallenden (Grenz-)Investitionskosten verglichen mit den in Periode 1 anfallenden (Grenz-)Nutzen in Form sinkender (Grenz-)Vermeidungskosten relativ stärker gewichtet, investiert es in Periode 0 aus gesellschaftlicher Sicht zu wenig in den technischen Fortschritt. Dadurch verläuft die Grenzvermeidungskostenfunktion in Periode 1 steiler als wenn das Unternehmen das höhere Investitionsniveau $I^{(0)**}$ gewählt hätte. Hieraus folgt, dass auch das Sorgfaltsniveau in Periode 1 niedriger als $X^{(1)**}$ gewählt wird.

4.5.3

Die aggregierte Grenzvermeidungskostenfunktion $GVK^\Sigma(E)$ gibt an, wie hoch die Grenzvermeidungskosten *jedes einzelnen Emittenten* sind, wenn das aggregierte Emissionsniveau zu minimalen gesellschaftlichen Kosten auf das Niveau E reduziert wird. Wählt die Regierung nun den Steuersatz t^{**} gemäß $t^{**} = GVK^\Sigma(\overline{E})$, so passt sich jeder Emittent mit seinem individuell (und zugleich gesellschaftlich) optimalen Emissionsniveau $\overline{E}_i^{**}$ an. Dieses ist bestimmt durch $t^{**} = GVK_i(\overline{E}_i^{**})$. Gemäß der Konstruktion der (inversen) Grenzvermeidungsfunktion gilt gerade $\sum_{i=1}^{N} \overline{E}_i^{**} = \overline{E}$, d. h. der Standard wird exakt erfüllt und zwar zu minimalen aggregierten Vermeidungskosten. (Vgl. hierzu auch Teil 3 »Instrumente der Umweltpolitik«)

Lösungshinweise zu den Aufgaben zu Teil 5

5.1.1

a) Der Gewinn einer Firma ist eine Funktion des Preises P. Für eine gegebene produzierte Menge x_i steigt der Umsatz und auch der Gewinn einer Firma i mit dem Preis P. Da der Preis eine Funktion der gesamten Outputmenge aller Firmen ist, besteht eine Interdependenz zwischen den Firmen. Der Output der Firma i, x_i, hat eine negative Auswirkung auf den Gewinn aller anderen Firmen $j \neq i$, da der Preis mit zunehmender Outputmenge von Firma i fällt.

b) Die Interdependenz nimmt von Fall i) nach iii) ab. Umso größer die Anzahl der Firmen, umso geringer ist der Einfluss einer einzelnen Firma auf den Preis. Fall iii) ist ein Extremfall und bedeutet, dass ein vollständiger Wettbewerb auf dem Markt herrscht. Daher ist die Interdependenz zwischen Firmen für $N = \infty$ nahe null und eine spieltheoretische Analyse ist nicht von Interesse. Das Duopol für $N=2$ und das Oligopol für $N \neq \infty$ wird in einen Markt mit vollständigem Wettbewerb für $N = \infty$ überführt.

c) Während im Oligopolmodell die Interdependenz zwischen den Akteuren »Firmen« stattfindet, die Interdependenz über die Outputmenge vonstatten geht und über den Preis vermittelt wird, sind im Emissionsmodell die Akteure »Länder«, die Interdependenz erfolgt über die Emissionsmenge und wird über die Schäden vermittelt. Daher besteht ein sehr enger Zusammenhang zwischen den beiden Modellen, obwohl ein unterschiedlicher ökonomischer Sachverhalt abgebildet wird. Auch das Emissionsmodell ist für die Analyse mittels spieltheoretischer Methoden interessant, da die Anzahl der Länder weltweit eine endliche Zahl ist (ca. 200).

5.1.2

Im nationalen Kontext kann eine Regierung ein umweltpolitisches Problem regulieren. Die räumliche Ausdehnung des Problems und die räumliche Kompetenz zur Regulierung sind identisch. Dies trifft für internationale Umweltprobleme nicht zu. Hier hat eine Regierung keinen Einfluss auf die Emissionen aus anderen Ländern. Daher erfordert eine Regulierung eines internationalen Umweltproblems koordiniertes Handeln zwischen souveränen Staaten. Da es keine »Weltregierung« gibt, beruht die Kooperation zwischen Staaten zur oder Milderung eines internationalen Umweltproblems auf Freiwilligkeit und ist daher Freifahreranreizen ausgesetzt.

5.2.1

a) Die Gesamtkosten des Landes i sind: $GK_i = K_i(E_i^* - E_i) + S_i(\sum_{j=1}^{N} E_j)$. Dies können wir auch wie folgt schreiben: $GK_i = K_i(E_i^* - E_i) + S_i(E_i + \sum_{j \neq i}^{N} E_j)$. Dies bedeutet, dass die Emissionen der anderen Länder aus Sicht von Land i eine Konstante sind, auf die Land i keinen Einfluss hat. Land i ist nun bestrebt, seine Gesamtkosten zu minimieren. Es gilt also:

$$\min_{E_i}\left[K_i(E_i^* - E_i) + S_i(E_i + \sum_{j \neq i}^{N} E_j) \right].$$

Dies führt zur Gleichgewichtsbedingung:

$$\frac{\partial K_i(E_i^* - E_i)}{\partial v_i} \cdot \frac{\partial v_i}{\partial E_i} + S_i'(E_i + \sum_{j \neq i}^{N} E_j) = 0 \text{ bzw.}$$

$$-K_i'(E_i^* - E_i) + S_i'(E_i + \sum_{j \neq i}^{N} E_j) = 0 \text{ oder, wenn wir diese Gleichung umformen, zu:}$$

$$[1]\ K_i'(E_i^* - E_i) = S_i'(E_i + \sum_{j \neq i}^{N} E_j).$$

Im Nash-Gleichgewicht sind Grenzkosten der Vermeidung gleich den Grenzschäden der globalen Emissionen. Dies gilt für jedes Land $i \in \{1,...,N\}$.

b) Die weltweiten Gesamtkosten aller Länder sind: $\sum_{i=1}^{N}\left(K_i(E_i^* - E_i) + S_i(\sum_{j=1}^{N} E_j) \right)$.

Das soziale Optimum ist dadurch gekennzeichnet, dass die weltweiten Gesamtkosten minimiert werden:

$$\min_{E_1,...,E_N} \sum_{i=1}^{N}\left(K_i(E_i^* - E_i) + S_i(\sum_{j=1}^{N} E_j) \right).$$

Dies führt zu der Gleichgewichtsbedingung:

$$-K_i'(E_i^* - E_i) + \sum_{i=1}^{N} S_i'(\sum_{j=1}^{N} E_j) = 0.$$

oder

$$K_i'(E_i^* - E_i) = \sum_{i=1}^{N} S_i'(\sum_{j=1}^{N} E_j)$$

oder

$$[2]\ K_i'(E_i^* - E_i) = \sum_{i=1}^{N} S_i'(E_i + \sum_{j \neq i}^{N} E_j).$$

Im sozialen Optimum sind Grenzkosten der Vermeidung gleich der Summe der Grenzschäden der globalen Emissionen. Dies gilt für jedes Land $i \in \{1,...,N\}$.

c) Vergleichen wir [1] aus Teilaufgabe a) und [2] aus Teilaufgabe b), dann wird deutlich, dass die linke Seite der Gleichungen identisch ist, aber die rechte Seite sich unterscheidet. Im Nash-Gleichgewicht werden nur die eigenen Grenzschäden berücksichtigt, im sozialen Optimum werden die eigenen und die aller anderen Länder berücksichtigt, welche die Emissionen des Landes i verursachen.

d)

Abbildung 1.2

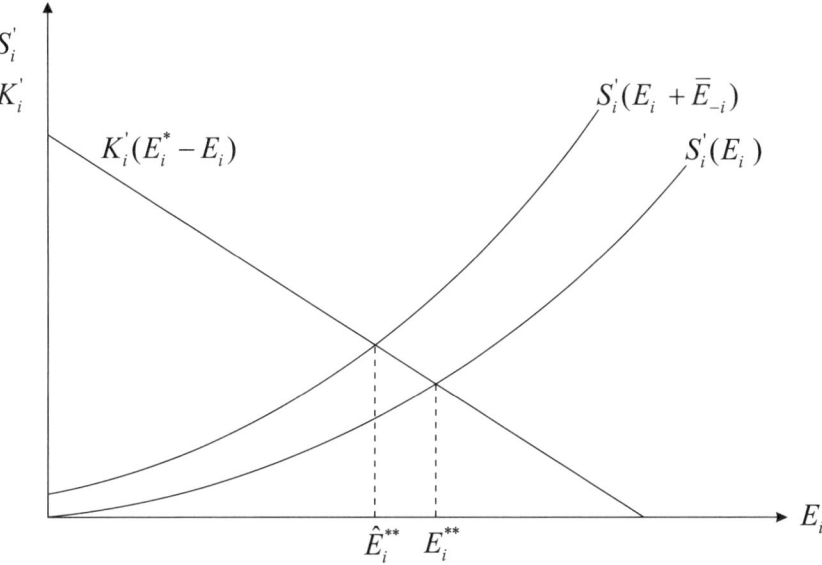

Die Grenzvermeidungskostenkurve ist negativ geneigt. Ob sie linear, konkav oder konvex verläuft, kann mit den Angaben aus der Aufgabe nicht gesagt werden. Hierfür müssten Informationen über die dritte Ableitung der Vermeidungskostenkurve vorliegen. Falls die zweite Ableitung eine Konstante ist (und daher die dritte Ableitung null ist), verläuft die Grenzvermeidungskostenkurve linear, wie dies in der Grafik illustriert ist.

Die Grenzschadenskurve ist positiv geneigt. Ob sie linear, konkav oder konvex verläuft, kann mit den Angaben aus der Aufgabe nicht gesagt werden. Hierfür müssten Informationen über die dritte Ableitung der Schadenskostenkurve vorliegen. Falls die zweite Ableitung keine Konstante ist und die dritte Ableitung positiv ist, verläuft die Grenzschadenskurve strikt konvex, wie dies in der Grafik illustriert ist.

Die Grenzschadenskurve für $\bar{E}_{-i} > 0$ bedeutet eine Verschiebung der Grenzschadenskurve für $\bar{E}_{-i} = 0$. Dies bedeutet, dass das optimale Emissionsniveau bei nicht-kooperativem Verhalten von E_i^{**} für $\bar{E}_{-i} = 0$ nach $\hat{E}_i^{**}$ für $\bar{E}_{-i} > 0$ wandert. Dies bedeutet, dass umso höher die Emissionen in den anderen Ländern sind, umso geringer ist das optimale Emissionsniveau des Landes i. Dieser Zusammenhang ist intuitiv einleuchtend, da Land i negativ von den Emissionen der anderen Ländern betroffen ist. Umso größer das Emissionsniveau der anderen Länder ist, umso höher sind die Schäden und die Grenzschäden in Land i.

e) Da die Schäden und die Grenzschäden nur von der gesamten Menge der Emissionen abhängen, macht es keinen Unterschied, wenn Land $j \neq i$ seine Emissionen um eine Einheit erhöht, wenn dies durch eine Emissionsminderung von Land $k \neq j \neq i$ ausgeglichen wird. Die Grenzschadensfunktion verschiebt sich nicht.

5.2.2

a) In einem Nash-Gleichgewicht wählt jeder Staat das Emissionsniveau, welches seine länderspezifische Wohlfahrt maximiert. Dabei berücksichtigt jeder Staat nur die durch seine Emissionen verursachten Umweltschäden im eigenen Land. Schäden, die in anderen Ländern entstehen, bleiben unberücksichtigt. Mit anderen Worten: Ein Staat verhält sich im nicht-kooperativen Gleichgewicht egoistisch. Das Nash-Gleichgewicht ist dadurch gekennzeichnet, dass die Emissionen aller Länder simultan beste Antworten darstellen. Daher hat per definitionem kein Land einen Anreiz, seine Emissionswahl zu revidieren.

Besteht die Wohlfahrtsfunktion eines Landes aus dem Nutzen des eigenen Emissionsausstoßes abzüglich der Schäden, die durch den globalen Emissionsausstoß verursacht werden, dann gilt im Nash-Gleichgewicht: marginaler Nutzen im Land i gleich marginale Schäden im Land i. Diese Bedingung gilt für alle Länder. Sie ergibt sich aus der Maximierung der eigenen Wohlfahrt eines Landes hinsichtlich des eigenen Emissionsniveaus.

Formal gilt: $\max_{E_i} N_i(E_i) - S_i(\sum_{j=1}^{N} E_j)$

und somit gilt im Nash-Gleichgewicht: $\dfrac{\partial N_i(E_i)}{\partial E_i} = \dfrac{\partial S_i(\sum_{j=1}^{N} E_j)}{\partial E_i}$ für alle i,

wobei N die Anzahl der Staaten bezeichnet.

Für das spezielle Beispiel ergibt sich:

$$\frac{\partial N_1(E_1)}{\partial E_1} = 8 - E_1, \quad \frac{\partial N_2(E_2)}{\partial E_2} = 16 - 2E_2, \quad \frac{\partial S_1(\sum_{j=1}^{2} E_j)}{\partial E_1} = 2 \text{ und } \frac{\partial S_2(\sum_{j=1}^{2} E_j)}{\partial E_2} = 4.$$

Da die Grenzschäden hier konstant sind, ist die Lösung des Gleichungssystems sehr einfach. Es gilt:

Land 1: $\dfrac{\partial N_1(E_1)}{\partial E_1} = \dfrac{\partial S_1(\sum_{j=1}^{2} E_j)}{\partial E_1} \Rightarrow 8 - E_1 = 2 \Rightarrow E_1^N = 6,$

Land 2: $\dfrac{\partial N_2(E_2)}{\partial E_2} = \dfrac{\partial S_2(\sum_{j=1}^{2} E_j)}{\partial E_2} \Rightarrow 16 - 2E_2 = 4 \Rightarrow E_2^N = 6,$

wobei das Superskript N hier für Nash-Gleichgewicht steht.

b) Im globalen Optimum wählen alle Staaten das Emissionsniveau, welches die Summe der länderindividuellen Wohlfahrt aller Staaten maximiert. Das bedeutet, dass jedes Land nicht nur die Schäden im eigenen Land, sondern auch in allen anderen Ländern berücksichtigt, die durch seine Emissionen verursacht werden. Im Optimum gilt, dass der marginale Nutzen aus dem Emissionsausstoß eines Landes gleich der Summe der marginalen Schäden in allen Ländern ist.

Formal gilt: $\displaystyle \max_{E_1, E_2, \ldots, E_N} \sum_{i=1}^{N} [\, N_i(E_i) - S_i(\sum_{j=1}^{N} E_j)\,]$

und somit gilt im globalen Optimum: $\dfrac{\partial N_i(E_i)}{\partial E_i} = \displaystyle\sum_{i=1}^{N} \dfrac{\partial S_i(\sum_{j=1}^{N} E_j)}{\partial E_i}$ für alle i.

Für das spezielle Beispiel gilt: $\displaystyle\sum_{i=1}^{N} \dfrac{\partial S_i(\sum_{j=1}^{N} E_j)}{\partial E_i} = 6$

und somit gilt im Gleichgewicht:

Land 1: $\dfrac{\partial N_1(E_1)}{\partial E_1} = \displaystyle\sum_{i=1}^{2} \dfrac{\partial S_i(\sum_{j=1}^{2} E_j)}{\partial E_1} \Rightarrow 8 - E_1 = 6 \Rightarrow E_1^S = 2,$

Land 2: $\dfrac{\partial N_2(E_2)}{\partial E_2} = \displaystyle\sum_{i=1}^{2} \dfrac{\partial S_i(\sum_{j=1}^{2} E_j)}{\partial E_2} \Rightarrow 16 - 2E_2 = 6 \Rightarrow E_2^S = 5,$

wobei das Superskript S für soziales Optimum (globales Optimum) steht.

c)

Abbildung 1.2

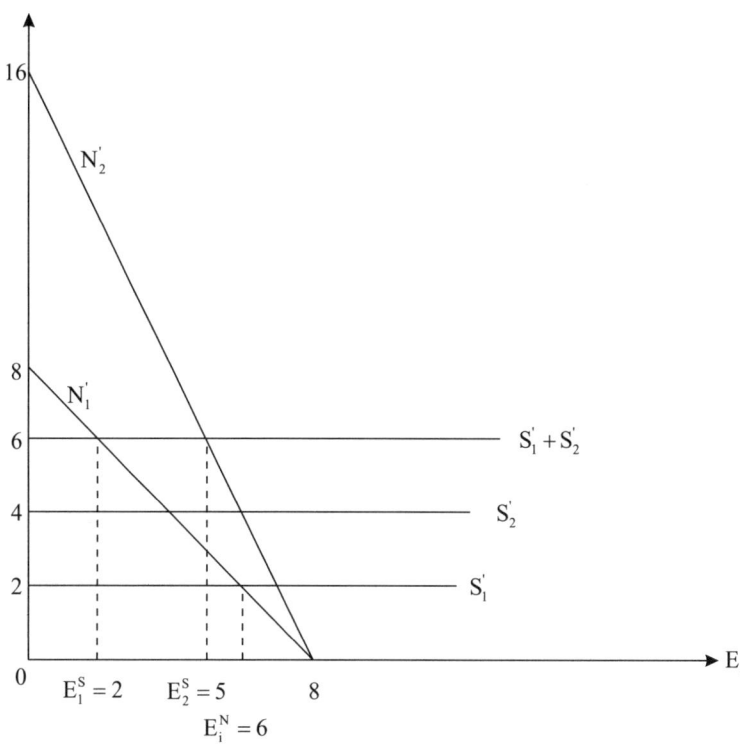

d) Die Emissionen im Nash-Gleichgewicht ($E_1^N = 6$ und $E_2^N = 6$) und im globalen Optimum ($E_1^S = 2$ und $E_2^S = 5$) müssen nur in die jeweiligen Wohlfahrtsfunktionen eingesetzt werden, um die Wohlfahrt der einzelnen Länder in den zwei Szenarien zu bestimmen. Es ergibt sich: $W_1^N = 30 - 24 = 6$, $W_2^N = 60 - 48 = 12$, $W_1^S = 14 - 14 = 0$ und $W_2^S = 55 - 28 = 27$. Somit beträgt das aggregierte Wohlfahrtsniveau im Nash-Gleichgewicht $W_1^N + W_2^N = 18$ und im globalen Optimum $W_1^S + W_2^S = 27$. Im Beispiel gilt: $W_1^S < W_1^N$ und $W_2^S > W_2^N$. Daher ist das globale Optimum hier nicht für alle Staaten individuell rational, jedoch ist das Optimum global rational, da $W_1^S + W_2^S > W_1^N + W_2^N$ gilt. Allgemein gilt jedoch: Das globale Optimum muss nicht, aber kann für alle Staaten individuell rational sein. Dies hängt von den konkreten Wohlfahrtsfunktionen ab. Man kann leicht ein Beispiel konstruieren (z. B. identische Länder), so dass die individuelle Rationalität für alle Staaten erfüllt ist. Allerdings ist das globale Optimum immer global rational. Dies folgt (trivialerweise) unmittelbar aus den Maximierungsbedingungen im Nash-Gleichgewicht und globalen Optimum. Im globalen Optimum wird per definitionem die aggregierte Wohlfahrt maximiert, während im Nash-Gleichgewicht nur die individuelle Wohlfahrt eines jeden Landes maximiert wird. Somit kann die globale Wohlfahrt im globalen Optimum gar nicht geringer als im Nash-Gleichgewicht sein, und sie ist immer (strikt) höher, sofern eine grenzüberschreitende negative Externalität vorliegt.

e) Eine vollkooperative oder teilkooperative Lösung ist mit globalen Wohlfahrtsgewinnen verbunden. Daher ist Kooperation global rational. Da es auf internationaler Ebene keine supranationale Institution gibt, die Verträge verbindlich durchsetzen kann, kann es sein, dass Kooperation scheitert. Zwei wesentliche Probleme lassen sich identifizieren: 1) Ein kooperatives Abkommen kann dazu führen, dass sich einzelne Staaten (trotz globalem Wohlfahrtsgewinn) schlechter als in der Ausgangssituation (Nash-Gleichgewicht) stellen: Das Abkommen ist nicht für alle Staaten individuell rational. Länder, die sich durch einen Beitritt zu einem Abkommen schlechter stellen würden, haben daher keinen Anreiz, einem Abkommen beizutreten. 2) Selbst wenn die individuelle Rationalität für alle Staaten gewährleistet ist, kann sich jedes Land besser stellen, wenn es sich nicht an die Abmachungen eines kooperativen Vertrages hält, vorausgesetzt, die anderen Staaten halten sich an das Abkommen. Dadurch erhöhen sich die Schäden eines Landes nur marginal, während der Nutzen aus dem Emissionsausstoß erheblich steigt (alternativ: die Vermeidungskosten der Reduktion erheblich gesenkt werden). Da sich jedes Land einem solchen Freifahreranreiz gegenübersieht, kann ein Abkommen dann scheitern, wenn keine glaubwürdigen Drohungen zur Verfügung stehen, um potenzielle Freifahrer im Falle eines Vertragsverstoßes zu sanktionieren. Somit ist individuelle Rationalität eine notwendige, aber keine hinreichende Bedingung für erfolgreiche Kooperation.

f) Wenn ein Land optimal freifährt, verhält es sich im nicht-kooperativen Sinne optimal. Wie in der Aufgabe erwähnt, gehen die Länder davon aus, dass sich der andere Kooperationspartner an die Abmachung hält. Also sieht die Maximierungsbedingung eines Landes wie folgt aus:
$$\max_{E_i} N_i(E_i) - S_i(E_i + E_j^S).$$

Das heißt, Land i nimmt das Emissionsniveau von Land j als gegeben hin, wenn es optimal freifährt. Aufgrund der Annahme eines linearen Schadensverlaufs in unserem Beispiel ist die Lösung dieser Aufgabe trivial. Wir wissen, dass

$$\frac{\partial S_1(\sum_{j=1}^{2} E_j)}{\partial E_1} = 2 \text{ und } \frac{\partial S_2(\sum_{j=1}^{2} E_2)}{\partial E_2} = 4$$

und somit ergeben sich die folgenden Gleichgewichtsbedingungen für optimales Freifahren:

Land 1: $\dfrac{\partial N_1(E_1)}{\partial E_1} = \dfrac{\partial S_1(E_1 + E_2^S)}{\partial E_1} \Rightarrow 8 - E_1 = 2 \Rightarrow E_1^F = 6,$

Land 2: $\dfrac{\partial N_2(E_2)}{\partial E_2} = \dfrac{\partial S_2(E_1^S + E_2)}{\partial E_2} \Rightarrow 16 - 2E_2 = 4 \Rightarrow E_2^F = 6,$

wobei das Superskript F für Freifahren steht. Diese Bedingungen sind identisch mit jenen im Nash-Gleichgewicht, da die marginalen Schäden eine Konstante sind. Mit anderen Worten: Das optimale nicht-kooperative Emissionsniveau von Land i ist unabhängig vom Emissionsniveau im Land j. Jedes Land hat also in diesem Beispiel eine dominante Strategie.

Der Freifahrergewinn ergibt sich als Differenz der Wohlfahrt durch Freifahren und der Wohlfahrt bei Einhaltung des Vertrags. Die Wohlfahrtsniveaus von Land 1 und 2 bei Einhaltung des Vertrags kennen wir schon aus Teilaufgabe d): $W_1^S = 0$ und $W_2^S = 27$. Das Wohlfahrtsniveau bei Vertragsbruch durch Land 1 erhalten wir, indem wir die Emissionsniveaus $E_1^F = 6$ und $E_2^S = 5$ in die Wohlfahrtsfunktion von Land 1 einsetzen und die Emissionsniveaus $E_1^S = 2$ und $E_2^F = 6$ in die Wohlfahrtsfunktion von Land 2 einsetzen. Wir erhalten: $W_1^F = 30 - 22 = 8$ und $W_2^F = 60 - 32 = 28$. Somit beträgt der Freifahrergewinn für Land 1 $W_1^F - W_1^S = 8$ und $W_2^F - W_2^S = 1$ für Land 2.

g) Beide Regime sind im vorliegenden Beispiel identisch, da $E_1^N = E_2^N = 6$.

h) Da im Ausgangszustand $E_1^N = E_2^N$ ist, bedeutet eine gleiche absolute Emissionsreduktion, dass die Emissionen in Land 1 und 2 nach Durchführung der Reduktion ebenfalls identisch sind. Ebenfalls ist klar, dass wenn ein Land i seine Emissionen um eine Einheit reduziert, Land j seine Emissionen ebenfalls um eine Einheit reduzieren muss. Somit muss jedes Land nur mit den halben Grenzvermeidungskosten kalkulieren, wenn es sein optimales proportionales Emissionsniveau bzw. Emissionsreduktionsniveau vorschlägt. Es gilt somit:

Land 1: $\dfrac{1}{2} \cdot \dfrac{\partial N_1(E_1)}{\partial E_1} = \dfrac{\partial S_1(\sum_{i=1}^{N} E_i)}{\partial E_1} \Rightarrow 4 - \dfrac{1}{2}E_1 = 2 \Rightarrow E_1^Q = 4 \Rightarrow E_1^Q = E_2^Q = 4,$

Land 2: $\dfrac{1}{2} \cdot \dfrac{\partial N_2(E_2)}{\partial E_2} = \dfrac{\partial S_2(\sum_{i=1}^{N} E_i)}{\partial E_2} \Rightarrow 8 - E_2 = 4 \Rightarrow E_2^Q = 4 \Rightarrow E_2^Q = E_1^Q = 4,$

wobei das Superskript Q für Emissionsquote steht, also das Emissionsniveau nach der Implementierung der proportionalen Emissionsreduktion. Somit schlügen beide Länder eine proportionale Reduktion von zwei Emissionseinheiten vor.

Alternativ kann die Lösung auch wie folgt ermittelt werden: Da $E_1^N = E_2^N$, bedeutet eine proportionale Emissionsreduktion $E_1^Q = E_2^Q = E_i^Q$. Somit ergibt sich der optimale Vorschlag aus der Sicht von Land i wie folgt:

$$\max_{E_i^Q} N_i(E_i^Q) - S_i(E_i^Q + E_i^Q) \Rightarrow \max_{E_i^Q} N_i(E_i^Q) - S_i(2E_i^Q),$$

woraus

$$\frac{\partial N_i(E_i^Q)}{\partial E_i} = 2\frac{\partial S_i(2E_i^Q)}{\partial E_i}$$

folgt. Entsprechend gilt für Land 1: $8 - E_i = 4 \Rightarrow E_i^{Q(1)} = 4$ und für Land 2: $16 - 2E_i = 8 \Rightarrow E_i^{Q(2)} = 4$, wobei $E_i^{Q(1)}$ den Vorschlag von Land 1 bezeichnet und $E_i^{Q(2)}$ den von Land 2. In Reduktionseinheiten ausgedrückt ergibt sich somit: $R_i^{Q(1)} = E_i^N - E_i^{Q(1)} = 2$ und $R_i^{Q(2)} = E_i^N - E_i^{Q(2)} = 2$. Dieses Ergebnis kann wie folgt interpretiert werden: Jede reduzierte Emissionseinheit von Land i senkt den globalen Schadstoffeintrag um zwei Emissionseinheiten und somit fallen die Grenzschäden um das Doppelte.

5.2.3

a) Vollständige Kooperation bedeutet, dass beide Länder die Strategie »Kooperation« wählen. Die gesamte Wohlfahrt ist dann 6,4. In jeder anderen Strategiekombination ist die globale Wohlfahrt geringer.

Die Anreizstruktur in Spiel 1 ist die eines typischen Gefangenendilemmas. Das Nash-Gleichgewicht ist die Strategiekombination D_1/D_2. Wählt Land 1 die Strategie K_1, dann erhält Land 1 entweder eine Wohlfahrt von 3,2 oder 1,4, je nachdem, welche Strategie Land 2 wählt. Wählt Land 1 hingegen die Strategie D_1, dann erhält Land 1 entweder eine Wohlfahrt von 4,4 oder 2, je nachdem, welche Strategie Land 2 wählt. Daher ist die Strategie D_1 unabhängig von der Strategiewahl von Land 2 immer die beste Antwort. Man spricht auch davon, dass Land 1 eine dominante Strategie hat. Da das Spiel symmetrisch ist, gilt dieselbe Argumentation für Land 2. Daher ist die Strategiekombination D_1/D_2 sowohl ein Nash-Gleichgewicht als auch ein Gleichgewicht in dominanten Strategien.

b) Vollständige Kooperation bedeutet, dass beide Länder die Strategie »Kooperation« wählen. Die gesamte Wohlfahrt ist dann 9,2. In jeder anderen Strategiekombination ist die globale Wohlfahrt geringer.

Die Anreizstruktur in Spiel 2 ist die eines typischen »Chicken-Game«. Es gibt keine dominanten Strategien. Wählt Land 2 Kooperation, dann ist die beste Antwort für Land 1 zu defektieren. Wählt nun Land 1 Defektion, dann ist die beste Antwort für Land 2 zu kooperieren. Daher ist D_1/K_2 ein Nash-Gleichgewicht, die Strategien sind gegenseitig beste Antworten. Aufgrund der Symmetrie dieses Spiels kann man leicht nachprüfen, dass auch K_1/D_2 ein weiteres Nash-Gleichgewicht ist. Welches der beiden Nash-Gleichgewichte gespielt wird, kann ohne weitere Annahmen nicht vorhergesagt werden. Entscheidend ist, dass im Vergleich zum Gefangenendilemma der Grad der Kooperation im Gleichgewicht höher ist, es kommt zur partiellen Kooperation.

c) Wählt jedes Land in Spiel 1 seine kooperative Strategie, dann erhält jeder eine Wohlfahrt von 3,2. Eine Defektion führt zu einem einmaligen Gewinn von 4,4-3,2, also 1,2. Die Triggerstrategie bedeutet, dass nach einer Defektion durch Land i auch Land j defektiert. Beide erhalten nur die Wohlfahrt 2, was gegenüber der Strategiekombination K_1/K_2 einen Verlust von 1,2 bedeutet (3,2-2). Somit muss der einmalige Freifahrergewinn von 1,2 gegen den unendlichen Verlust in jeder Folgeperiode von 1,2 abgewogen werden, der die Bestrafung für den Freifahrer darstellt. Wenn nun der einmalige Freifahrergewinn nicht zu hoch gegenüber dem zukünftigen diskontierten Verlust der Bestrafung gewertet wird, dann ist Kooperation durch eine Triggerstrategie möglich. Das bedeutet, Kooperation ist ein Gleichgewicht im unendlich wiederholten Spiel.

5.2.4

a) Entsprechend der Argumentation in Teilaufgabe a) in Aufgabe 5.2.3 ist für jeden Spieler Defektion eine dominante Strategie und daher ist D_1/D_2 das einzige Gleichgewicht in dominanten Strategien in diesem Spiel.

b) Vollständige Kooperation ist global rational, da die Summe der Wohlfahrten bei der Strategiekombination K_1/K_2 höher ist als bei jeder der drei anderen Strategiekombinationen. Allerdings ist K_1/K_2 für Land 2 nicht individuell rational, da Land 2 eine geringere Wohlfahrt als bei der Strategiekombination D_1/D_2 erhält.

c) Mit Transfers ergibt sich folgendes modifiziertes Spiel:

Spiel 3 mit Transferzahlungen

	K_2	D_2
K_1	4–T –1+T	–1–T 2+T
D_1	5 –3	0 0

Interpretation: Wenn Land 1 kooperiert, aber Land 2 defektiert, erhält 1 eine geringere Wohlfahrt und bezahlt zusätzlich den Transfer. Land 2 erhält eine höhere Wohlfahrt und zusätzlich den Transfer. Wenn Land 2 kooperiert und Land 1 defektiert, stellt Land 1 seine Transferzahlungen ein. (Optimales Freifahren kann nicht darin bestehen, zu defektieren, aber den Transfer zu bezahlen.)
Analyse: Land 1 erhält somit bei Kooperation entweder eine Wohlfahrt von 4-T oder –1-T, wenn Land 1 defektiert, erhält dieses Land entweder eine Wohlfahrt von 5 oder 0. Somit ist Defektion wieder eine dominante Strategie für Land 1. Ähnlich verhält es sich mit Land 2, auch hier ist Defektion auch mit einer Transferzahlung eine dominante Strategie. Daher können Transferzahlungen im statischen Gefangenendilemma nichts an der Anreizstruktur ändern.

d) Im dynamischen Spiel ist wie im statischen Spiel individuelle Rationalität eine notwendige Bedingung von Kooperation. Durch eine Kompensationslösung kann diese Bedingung erfüllt werden. Aus Sicht von Land 2 muss gelten: $-1 + T > 0$, also $T > 1$.

Aus Sicht von Land 1 muss gelten: $4 - T > 0$, also $T < 4$. Beide Bedingungen können also simultan erfüllt werden. Der Freifahrergewinn von Land 2 bei Defektion ergibt sich mit: $2 + T - (- 1 + T) = 3$. Er hat sich also gegenüber der Situation ohne Transferzahlungen nicht verändert (siehe Spiel 3). Falls Land 2 freifahren sollte, zöge eine Bestrafung einen Verlust von $- 1 + T - 0$ in den folgenden Perioden nach sich. Da $T > 1$ sein muss, um Kooperation überhaupt für Land 2 attraktiv zu machen (individuell rational), bedeutet dies, dass sich das Bestrafungspotential gegenüber der Situation ohne Transferzahlungen erhöht hat und insbesondere positiv geworden ist. Damit ist es leichter mit als ohne Transfers, Kooperation mittels einer Triggerstrategie aus der Sicht von Land 2 zu etablieren.

Der Freifahrergewinn von Land 1 ohne Transferzahlungen beträgt 5-4 und mit Transferzahlungen $5 - (4 - T)$ und ist somit größer. Dies ist unmittelbar einleuchtend: Da Land 1 etwas von seiner Wohlfahrt mittels Transferzahlungen an Land 2 transferiert hat, ist der Freifahrergewinn auch höher. Falls Land 1 defektiert, beträgt der Verlust durch die Bestrafung 4 (4-0) ohne Transferzahlungen, nun jedoch $4 - T$ $(4 - T - 0)$, ist also geringer. Daraus folgt, dass es in einem dynamischen Spiel nun schwieriger ist, die Kooperation von Land 1 mittels einer Triggerstrategie durchzusetzen.

Dies bedeutet, dass es ohne Transfers auch in einem dynamischen Spiel keine Kooperation im asymmetrischen Gefangenendilemma geben kann, wenn die individuelle Rationalität eines Akteurs verletzt wird. Mit Transfers ist dies möglich, jedoch müssen die Kompensationsleistungen geschickt gewählt werden, so dass es zu einem Ausgleich der Interessen führt, der nicht die Stabilität eines Vertrags gefährdet. Der Spielraum für Transferzahlungen hängt von der Wohlfahrt ohne Transferzahlungen ab sowie den individuellen Diskontraten, mit denen die Akteure ihre Wohlfahrtsströme diskontieren.

5.2.5

Das spiegelsymmetrische Spiel zu Spiel 3 müsste wie folgt aussehen:

Spiegelsymmetrisches Spiel 3

	K_2	D_2
K_1	-1	-3
	4	5
D_1	2	0
	-1	0

Nun kann man die beiden Spiele verknüpfen. Da jeder Spieler in beiden Spielen zwei Strategien hat, gibt es nun im verbundenen Spiel 16 Strategiekombinationen (4x4). Es empfiehlt sich, die kooperative Strategie von Spieler 1 im ersten Spiel (Spiel 3) mit K_{11} zu bezeichnen und im zweiten Spiel (Spiegelsymmetrisches Spiel 3) mit K_{12}. Entsprechend kann mit allen anderen Strategien verfahren werden, sinngemäß auch für Spieler 2. Dies ergibt eine 4x4 Matrix. In dieser Matrix kann leicht geprüft werden, dass nur die Strategiekombination $(D_{11}, D_{12})/(D_{21}, D_{22})$ das einzige Nash-Gleichgewicht darstellt.

Im dynamischen Spiel ergibt sich jedoch die Möglichkeit der Kooperation. Die Auszahlung bei der Strategiekombination $(K_{11}, K_{12})/(K_{21}, K_{22})$ ist für jeden Spieler 3 $(4 + (-1))$ und damit individuell rational. Somit bedeutet Defektion ein Bestrafungspotential von 3 (3–0), wenn für den Rest des Spiels die Strategiekombination $(D_{11}, D_{12})/(D_{21}, D_{22})$ gespielt wird. Wenn ein Land defektiert, dann ist es optimal, hinsichtlich beider Sachverhalte zu defektieren. Dies bedeutet eine Wohlfahrt von 7 $(5 + 2)$ und damit einen Freifahrergewinn von 4 $(7 - 3)$. Wenn also der langfristige Verlust bei Bestrafung von 3, der in jeder Periode nach der Defektion zum Tragen kommt, hoch genug gewertet wird (nicht zu stark diskontiert wird), gegenüber dem einmaligen Freifahrergewinn von 4, dann kann in einem verbundenen Spiel die Triggerstrategie Kooperation erzwingen.

5.2.6

Interne Stabilität kann vereinfacht wie folgt definiert werden:

[1] $W_i(S) \geq W_i(S \setminus \{i\}) \quad \forall i \in S$.

Entsprechend gilt für externe Stabilität:

[2] $W_j(S) > W_j(S \cup \{j\}) \quad \forall j \notin S$,

wobei wir hier in [2] davon ausgehen, dass wenn ein Nicht-Koalitionär indifferent ist zwischen Nichtbeitritt und Beitritt, er der Koalition beiträte. S sei die Menge der Koalitionäre.

Für symmetrische Länder kann diese Definition weiter vereinfacht werden.

[3] $W^K(n) \geq W^{NK}(n-1)$.

Entsprechend gilt für externe Stabilität:

[4] $W^{NK}(n) > W^K(n+1)$.

Hier ist n die Anzahl der Koalitionäre, W^K die Wohlfahrt eines Koalitionsmitgliedes und W^{NK} die Wohlfahrt eines Freifahrers. Wir suchen also nach n^*, welches [3] und [4] gleichzeitig erfüllt. Somit müssen wir $W^K(n)$, $W^{NK}(n-1)$, $W^{NK}(n)$ und $W^K(n+1)$ bestimmen. Gehen wir allgemein von der folgenden Wohlfahrtsfunktion aus:

[5] $W_i = N_i(E_i) - S_i(\sum_{j=1}^{N} E_j)$,

wobei $N_i(E_i)$ die Nutzenfunktion und $S_i(\sum_{j=1}^{N} E_j)$ die Schadensfunktion ist, dann gilt für die Nicht-Koalitionäre

[6] $\max_{E_j} W_j$

und für die Koalitionäre:

[7] $\max_{E^S} \sum_{i \in S} W_i$,

wobei E^S der *Vektor* der Emissionen der Koalitionäre ist. Die Bedingungen erster Ordnung aus [6] und [7] sind jeweils:

[8] $N_j'(E_j) = S_j'(\sum_{k=1}^{N} E_k)$,

[9] $N_i'(E_i) = \sum_{i \in S} S_i'(\sum_{k=1}^{N} E_k)$.

Es wird deutlich, dass [8] identisch mit der Gleichgewichtsbedingung in einem Nash-Gleichgewicht ist und [9] identisch mit der Gleichgewichtsbedingung in einem globalen Optimum ist, wenn die Koalition S alle Spieler umfasst. Im Fall von Symmetrie können [8] und [9] auch wie folgt geschrieben werden:

[10] $N'(E_j) = S'(\sum_{k=1}^{N} E_k)$,

[11] $N'(E_i) = n \cdot S'(\sum_{j=1}^{N} E_j)$.

Im Beispiel ist $N'(E_i) = 50 - 5E_i$, $S'(\sum_{j=1}^{N} E_j) = 1$ und somit $n \cdot S'(\sum_{j=1}^{N} E_j) = n$.

Somit ergibt sich das Emissionsniveau eines Nicht-Koalitionärs mit $E_j^{NK} = 49/5$ (Lösung der Gleichung $50 - 5E_j = 1$) und eines Koalitionärs mit $E_i^{K} = 10 - (1/5) \cdot n$ (Lösung der Gleichung $50 - 5E_i = n$), falls n Spieler eine Koalition bilden. Entsprechend kann auch das Emissionsniveau von $n-1$ oder $n+1$ Koalitionären bestimmt werden, indem in [11] n durch $n-1$ bzw. $n+1$ ersetzt wird. Wir erhalten also: $E_i^{K}(n) = 10 - (1/5) \cdot n$, $E_i^{K}(n-1) = 10 - (1/5) \cdot (n-1)$ und $E_i^{K}(n+1) = 10 - (1/5) \cdot (n+1)$. Somit haben wir alle Emissionsniveaus, die wir zur Berechnung der internen und externen Stabilität benötigen. Setzen wir diese Emissionsniveaus in die Wohlfahrtsfunktion ein und berücksichtigen [3] und [4], dann erhalten wir (nach entsprechender Vereinfachung durch Umformung) für

$$In := W^K(n) - W^{NK}(n-1) = -\frac{1}{10}(n-1)(n-3)$$

und für

$$Ex := W^{NK}(n) - W^K(n+1) = \frac{1}{10}n(n-2).$$

Wenn $In \geq 0$, dann ist die interne Stabilität nach [1] gewährleistet und wenn $Ex > 0$, ist die externe Stabilität nach [2] gewährleistet. Somit ist interne Stabilität für alle $n \leq 3$ gewährleistet und externe Stabilität für alle $n>2$. Damit ist interne und externe Stabilität für $n^* = 3$ erfüllt. Daher gibt es bei $N=10$ sieben Nicht-Koalitionäre. Das globale Emissionsniveau ergibt sich, indem man $n=3$ in $E_i^K(n) = 10 - (1/5) \cdot n$ einsetzt (also 47/5) und anschließend $3 \cdot E_i^K(3) + 7 \cdot E_j^{NK}$ berechnet. Es ergeben sich 96,8 Einheiten.

Im Nash-Gleichgewicht würde jedes der zehn Länder $E_j^{NK} = 49/5$ wählen und somit betrügen die globalen Emissionen 98. Alternativ entspricht dies einer Koalition mit nur $n=1$ Spielern. Dabei ist $E_i^K(1) = E_j^{NK} = 10 - (1/5) = 49/5$. Somit berechnen sich die globalen Emissionen als $1 \cdot E_i^K(1) + 9 \cdot E_j^{NK}$, was ebenfalls 98 Einheiten ergibt. Das globale Optimum entspricht einer Koalition mit allen Spielern. Damit sind die individuellen Emissionen $E_i^K(10) = 10 - (1/5) \cdot 10 = 8$ und die globalen Emissionen im globalen Optimum betragen 80 Einheiten. Somit senkt eine stabile Koalition von drei Spielern die Emissionen gegenüber dem Nash-Gleichgewicht von 98 auf 96,8 Einheiten, jedoch wird das globale Optimum mit 80 Einheiten nicht erreicht.

Im Koalitionsgleichgewicht emittieren die Koalitionäre 47/5, während die Nicht-Koalitionäre 49/5 emittieren. Da alle Länder dieselbe Wohlfahrtsfunktion haben, bedeutet dies, dass die Schäden in allen Ländern gleich sind, jedoch der Nutzen der Koalitionäre geringer als jener der Nicht-Koalitionäre ist. Somit ist es unter diesen Modellannahmen attraktiv, nicht zu der Gruppe der Koalitionäre zu gehören. Im Beispiel erhalten die Nicht-Koalitionäre eine Wohlfahrt von 153,1, während die Koalitionäre eine Wohlfahrt von 152,3 erhalten. Dies ergibt sich, wenn man die Emissionsmengen in die Wohlfahrtsfunktion einsetzt. Somit beträgt die globale Wohlfahrt im Koalitionsgleichgewicht: $7 \cdot 153{,}1 + 3 \cdot 152{,}3 = 1528{,}6$, während sich im Nash-Gleichgewicht eine globale Wohlfahrt von 1519 Einheiten und im globalen Optimum eine Wohlfahrt von 1600 Einheiten ergibt.

5.2.7

Die erste Annahme impliziert, dass die Regierung eines Landes als »wohlmeinender Diktator« agiert, also im Sinn eines am Gemeinwohl interessierten Akteurs auftritt. Diese Annahme liegt auch der normativen Wohlfahrtsanalyse von Politikmaßnahmen zugrunde, die auch in der Umweltökonomie angewandt wird (z. B. bei der Evaluierung umweltpolitischer Instrumente). Im Sinne einer positiven Politikanalyse ist diese Annahme jedoch sehr fraglich. Aus der »Neuen Politischen Ökonomie« ist bekannt, dass Politiker nicht nur das Gemeinwohl ihrer Bürger im Schilde führen, sondern auch eigene Interessen verfolgen, wie z. B. die Maximierung ihrer Wiederwahlchancen. Interessengruppen werden versuchen, Einfluss auf die Politik ihrer Regierung zu nehmen. Somit blendet die erste Annahme den Entscheidungsfindungsprozess auf nationaler Ebene völlig aus. Selbstverständlich würde eine Einbeziehung der nationalen »Mikroebene« in einem Koalitionsmodell die Analyse erheblich komplizieren. Dies ist sicherlich ein wesentlicher Grund, warum polit-ökonomische Aspekte bisher nur in rudimentärer Form in die spieltheoretische Analyse internationaler Umweltabkommen eingegangen sind.

Die zweite Annahme ist differenziert zu beurteilen. Auf der einen Seite ist klar, dass wenn sich die Koalitionäre auch völlig nicht-kooperativ (wie die Nichtkoalitionäre) verhielten (bzw. diese Annahme der Analyse zugrunde läge), keinerlei Kooperation zustande käme. Das Nash-Gleichgewicht wäre das Ergebnis dieses Koalitionsspiels. Somit ist ein gewisser Kooperationswillen von Nöten, wenn man in einem Modell die Bildung eines Umweltabkommens modellieren will. Auf der anderen Seite könnte man jedoch anmerken, dass diese Annahme ein sehr hohes Maß an Kooperationsbereitschaft der Akteure voraussetzt. Vergegenwärtigt man sich die Annahme, die dem Konzept der internen Stabilität zugrunde liegt, nämlich dass ein Land die Koalition verlässt, wenn dies in seinem eigenen Interesse ist, dann erscheint die zweite Annahme nicht konsistent im Sinne der nicht-kooperativen Spieltheorie. (Akteure verfolgen ihre eigenen Interessen.) Um dieser Kritik zu begegnen, könnte man alternativ die Wahl der Emissionsniveaus der Koalitionäre als nicht-kooperativen Verhandlungsprozess modellieren. Allerdings würde auch diese Erweiterung das Modell komplizieren.

5.2.8

a) Interne Stabilität bedeutet nun:

[1] $W^K(n)+B \geq W^{NK}(n-1)$.

und externe Stabilität:

[2] $W^{NK}(n)>W^K(n+1)+B$.

Daher ist sofort ersichtlich, dass es weniger attraktiv ist, eine Koalition für ein gegebenes n zu verlassen und attraktiver ist, einer Koalition für ein gegebenes n beizutreten. Somit wird die gleichgewichtige Koalition größer oder gleich sein, als wenn kein nicht materieller Nutzen vorliegt (wie in Aufgabe 5.2.6). So kann man mit der Annahme eines nicht materiellen Nutzens auch größere Koalitionen erklären, allerdings ist der Effekt offensichtlich. Im Prinzip sagen wir damit nur, dass wenn alle Staaten dem Beitritt zu einem Abkommen an sich einen genügend hohen Nutzen beimessen, kooperieren alle Staaten im Koalitionsgleichgewicht. Modelltheoretisch ist also eine solche Erweiterung eines Modells nicht besonders interessant, selbst wenn damit Aspekte angesprochen werden, die in der Realität durchaus eine Rolle spielen können.

b) Falls $B=5$ ist, dann ergibt sich für die interne und externe Stabilität (wie in der Lösung von Aufgabe 5.2.6 ermittelt):

$$In := W^K(n)+B-W^{NK}(n-1)=-\frac{47}{10}+\frac{2}{5}n-\frac{1}{10}n^2$$

und für

$$Ex := W^{NK}(n)-W^K(n+1)+B=-5-\frac{1}{5}n+\frac{1}{10}n^2,$$

wobei $In>0$ für $n<9,14$ und $Ex>0$ für $n>8,14$ ist. Da n ein Integerwert (eine ganze Zahl) sein muss, ist die interne und externe Stabilität für $n^*=9$ erfüllt, wohingegen zuvor, ohne nicht materiellen Nutzen, die gleichgewichtige Koalition $n^*=3$ war.

5.2.9

Der Emissionshandel erlaubt es Annex-B-Staaten, Emissionszertifikate untereinander zu handeln. Annex-B-Staaten sind die Staaten, die innerhalb des Kyoto-Protokolls verbindliche Emissionsziele akzeptiert haben. Alternativ können diese Staaten im Programm »Joint Implementation« teilnehmen. Ähnlich wie beim Emissionshandel hat ein Land die Möglichkeit, statt eigenen Emissionsreduktionen diese in einem anderen Annex-B-Land zu finanzieren. Der »Clean Development Mechanism« erlaubt es Annex-B-Staaten, Emissionsreduktionen in einem Nicht-Annex-B-Staat »einzukaufen«. Dabei muss der Käufer glaubhaft machen, dass in dem dritten Land Emissionsreduktionen vorgenommen werden, die ohne die Investition des Käufers nicht durchgeführt worden wären. Diese Emissionsreduktionen müssen zertifiziert werden und können auf die Emissionsreduktion des Annex-B-Staats angerechnet werden.

Alle drei Instrumente erlauben es, die Vermeidungskosten in Annex-B-Staaten zu senken. Im Idealfall tragen die Länder am meisten zur Emissionsreduktion bei, deren

Grenzvermeidungskosten am geringsten sind. Gegenüber einer starren und fixierten Aufteilung der Emissionsreduktionen auf die Annex-B-Staaten tragen die flexiblen Instrumente zur Erhöhung der Effizienz bei.

5.2.10

Das Kyoto-Protokoll strebt eine Reduktion von Treibhausgasen an. Neben CO_2 gibt es eine Vielzahl von anderen Treibhausgasen, die zwar nicht so bekannt, aber auch schädlich sind. Das Schadenspotential aller Treibhausgase wird mit Hilfe des CO_2-Äquivalents in eine Einheit umgerechnet. Da sowohl das globale als auch das individuelle Emissionsreduktionsziel innerhalb des Kyoto-Protokolls als CO_2-Äquivalent formuliert ist, ist damit die Grundlage für eine effiziente Emissionsreduktion gelegt. (Ein politisch ausgehandeltes Emissionsziel soll mit möglichst geringen globalen Vermeidungskosten erzielt werden.) Ein Land wird die Reduktion seiner verschiedenen Treibhausgase so vornehmen, dass die Grenzvermeidungskosten der verschiedenen Gase hinsichtlich ihres Schadenspotentials identisch sind. Bei einer festen Vorgabe der Emissionsziele einzelner Treibhausgase für jedes Land wäre schon innerhalb eines Landes das Effizienzkriterium verletzt, sofern die Vorgabe nicht die Grenzvermeidungskosten aller Treibhausgase innerhalb dieses Landes berücksichtigen würde. Dies ist zwar theoretisch denkbar, würde aber hohe Informationsanforderungen bedeuten. Darüber hinaus wäre der Einsatz der flexiblen Mechanismen über Ländergrenzen hinweg erheblich beeinträchtigt.

5.2.11

Ein eingeschränkter Handel mit Zertifikaten und eine eingeschränkte Anrechnung von Emissionsreduktionsmaßnahmen innerhalb des Clean Development Mechanism bedeutet, dass sich das Effizienzpotential des Handels nur eingeschränkt entfalten kann. Da die geschätzten Vermeidungskosten bei der Umsetzung des Kyoto-Protokolls durchaus nicht vernachlässigbar sein dürften, muss eine Einschränkung sehr kritisch betrachtet werden. Insbesondere sind hohe Vermeidungskosten nicht förderlich, Nicht-Annex-B-Staaten zu einem Beitritt zum Kyoto-Protokoll zu veranlassen bzw. Annex-B-Staaten die Einhaltung des Protokolls zu erleichtern. Hinsichtlich der dynamischen Anreizwirkung wurden jedoch auch positive Effekte in der Diskussion geäußert. Dabei wird argumentiert, dass ein eingeschränkter Zertifikathandel jeden Annex-B-Staat dazu animiert, selbst verstärkt nach Vermeidungstechnologien zu forschen, die zu einer Reduktion der Vermeidungskosten führen. Damit dies einen positiven Effekt hat, muss man davon ausgehen, dass bestimmte Annex-B-Staaten ein höheres Innovationspotential als andere Annex-B-Staaten aufweisen. Insbesondere muss man davon ausgehen, dass Länder wie Russland (ein potenzieller Anbieter von Zertifikaten) ein geringeres Innovationspotenzial haben als z. B. Länder wie Deutschland (potenzieller Käufer von Zertifikaten). Dies mag bei einer ersten Betrachtung richtig sein, wenn man davon ausgeht, dass Deutschland mehr Mittel und eine bessere Infrastruktur für Forschung und Entwicklung zur Verfügung stehen als Russland. Mittel- bis langfristig muss dies aber nicht gelten. Ähnlich verhält es sich bei Einschränkungen des Clean Development Mechanism. Obwohl ein großer Teil der Nicht-Annex-B-Staaten Entwicklungsländer oder Schwellenländer sind, fallen unter Nicht-Annex-B-Länder auch Länder wie Indien und China, deren Entwicklungs- und Innovationspotential oftmals erheblich unterschätzt wird. Geht man davon aus, dass der Anreiz für diese Länder, dem Kyoto-Protokoll zu einem späteren Zeitpunkt beizutreten, wesentlich von deren Ausstattung mit kostengünstigen Vermeidungstechnologien abhängt, dann können Einschränkungen bei der Nutzung des Clean Development Mechanism auch kontraproduktiv sein.

5.2.12

Hot Air bezeichnet die Tatsache, dass Russland eine Emissionsobergrenze im Rahmen des Kyoto-Protokolls zugestanden wurde, die wesentlich oberhalb ihrer tatsächlichen Emissionen liegt. Die Emissionsobergrenze wurde dabei auf das Basisjahr 1990 bezogen. In den nachfolgenden Jahren sorgte der Zusammenbruch der Wirtschaft in Russland jedoch sozusagen automatisch für eine Emissionsreduktion, ohne dass dafür Vermeidungsanstrengungen notwendig waren. Die Differenz zwischen Emissionsobergrenze und tatsächlichen Emissionen wird als Hot Air bezeichnet. Russland kann somit Emissionszertifikate verkaufen, ohne dafür Vermeidungsanstrengungen unternehmen zu müssen.

5.2.13

Aufgrund der Freifahrerproblematik ist es für Staaten wichtig, dass wenn sie sich zum Beitritt zu einem Protokoll entscheiden, die Vereinbarungen nur verbindlich sind, wenn genügend andere Staaten ebenfalls einen Beitrag zum Umweltschutz leisten. Hier kommt also der Mechanismus der Reziprozität und Absicherung zum Einsatz. Man kann diese Mindestanforderung auch als Koordinationsmechanismus interpretieren, bei dem man die Vielzahl von denkbaren Gleichgewichten reduziert, auf die sich Länder einigen können. Interessant ist die Rolle der Mindestanforderungen im Koalitionsmodell von Aufgabe 5.2.6. Hier wissen wir, dass für dieses Beispiel die gleichgewichtige Anzahl der Koalitionäre $n^* = 3$ ist. Eine größere Koalition ist nicht stabil, da sich sonst ein Austritt aus der Koalition lohnen würde. Dabei sind wir davon ausgegangen, dass falls ein Land aus der Koalition mit n Koalitionären austritt, die verbliebenen $n-1$ Koalitionäre ein höheres Emissionsniveau wählen, nämlich jenes, welches für $n-1$ Koalitionäre optimal ist. Wenn wir aber davon ausgingen, die verbliebenen Koalitionäre würden das nicht-kooperative Emissionsniveau nach einem Austritt wählen, dann wäre die implizite Bestrafung härter (da die Schäden steigen). Die Wahl des nicht-kooperativen Emissionsniveaus bedeutet de facto, dass sich die Koalition nach Austritt eines Koalitionärs komplett auflöst. Ein *ähnlicher* Mechanismus kommt bei der Mindestanforderung zum Tragen. Legt man also eine Mindestanforderung für das Zustandekommen eines Abkommens von $n^{**} > n^* = 3$ in diesem Beispiel von Aufgabe 5.2.6 fest, dann kann gezeigt werden, dass auch größere Koalitionen als $n^* = 3$ stabil sind.

Konkret kann diese Idee mit dem Beispiel aus Aufgabe 5.2.6 illustriert werden. Berechnen wir die Wohlfahrtsniveaus der Koalitionäre (W^K) und Nichtkoalitionäre (W^{NK}) für jedes n von 1 bis 10 ($N = 10$ in dieser Aufgabe), dann erhalten wir folgende Tabelle.

n	W^K	W^{NK}
1	151,9	151,9
2	152	152,3
3	152,3	153,1
4	152,8	154,3
5	153,5	155,9
6	154,4	157,9
7	155,5	160,3
8	156,8	163,1
9	158,3	166,3
10	160	–

Da $W^K(3) \geq W^{NK}(2)$ (und $W^{NK}(3) > W^K(4)$), ist die gleichgewichtige Koalition ohne Mindestanforderung $n^* = 3$. Wir wissen auch, dass eine Koalition mit $n=4$ Koalitionären nicht intern stabil ist, da $W^K(4) < W^{NK}(3)$. Würde man jedoch die Mindestanforderung auf $n^{**} = 4$ festlegen, dann könnte man zunächst davon ausgehen, dass ein Austritt zur vollständigen Auflösung dieser Koalition führen würde. Da $W^K(4) \geq W^{NK}(1) = W^K(1)$ wäre daher die Koalition mit $n=4$ Koalitionären stabil. (Externe Stabilität gilt sowieso für alle $n>2$.) Diese Argumentation übersieht jedoch, dass die Koalition mit $n=3$ Koalitionären individuell rational und auch stabil ist. Daher ist die Drohung der vollständigen Auflösung *unglaubwürdig* im engeren spieltheoretischen Sinne und $n=4$ ist nicht stabil, auch wenn eine Mindestanforderung eingeführt wird. Betrachten wir nun hingegen eine Koalition mit $n=5$ Koalitionären. Nehmen wir an, $n^{**} = 5$ wäre die Mindestanforderung damit dieser Vertrag zustande kommt. Da $W^K(5) \geq W^{NK}(1) = W^K(1)$ ist dieser Vertrag individuell rational. Wenn ein Koalitionär aus diesem Vertrag austritt, dann ist die Koalition mit $n=4$ Koalitionären nicht stabil, jedoch die mit $n=3$ Koalitionären. Da $W^K(5) \geq W^{NK}(3)$ gilt, wäre die Koalition mit $n=5$ Koalitionären durch die Einführung einer Mindestanforderung stabil. Wir vermerken also: $n_1^* = 3$ und $n_2^* = 5$ als stabile Koalitionen. Nun kann geprüft werden, ob auch noch größere Koalitionen durch eine Mindestanforderung stabilisiert werden können. Es zeigt sich, dass $n_3^* = 8$ in diesem Beispiel, da $W^K(8) \geq W^{NK}(5)$, jedoch $W^K(6) < W^{NK}(5)$ und $W^K(7) < W^{NK}(5)$ gilt. Größere Koalition können durch eine Mindestanforderung nicht stabilisiert werden.

5.2.14

Das Kyoto-Protokoll sieht Reduktionsverpflichtungen für die erste Verpflichtungsphase von 2008–2012 vor. Die vorgesehenen Sanktionen gelten erst für die nächste anvisierte

Verpflichtungsphase 2013–2017. Somit kann derzeit nur eine theoretische Evaluierung erfolgen.

Emissionen

Ein Überschreiten der erlaubten Emissionen hat zur Folge, dass die Überschussemissionen plus einer 30%igen Strafe in der folgenden Verpflichtungsperiode nachzuholen sind. Emittiert folglich ein Land z. B. 100 Tonnen CO_2 mehr als erlaubt, so muss es in der nächsten Periode 130 Tonnen zusätzlich reduzieren. Die Erhöhung der Reduktionsverpflichtung ist mit höheren Auszahlungen für die vertragstreuen Staaten verbunden, womit die Sanktionsdrohung glaubwürdig ist. Allerdings sind mit der derzeitigen Ausgestaltung dieser Bestrafung auch zwei große Probleme verbunden:

Erstens ist nicht vorgesehen, dass die anderen Staaten im Fall einer dauerhaften Verletzung des Abkommens ihre Emissionen erhöhen müssen. Damit erfüllt diese Sanktion nicht ihre notwendige Abschreckungsfunktion. Es besteht die Gefahr, dass ein Land die Strafen nur von Periode zu Periode weiterreicht. Daher muss das Sanktionsregime für den Fall dauerhafter Vertragsverletzungen weitere Strafen vor sehen (z. B. in Form kleinerer Reduktionspflichten der vertragstreuen Staaten). Zweitens ist die lange Dauer zwischen Vertragsverletzung und möglicher Bestrafung problematisch. Damit könnte sich die Bestrafung als zu schwach erweisen, sofern die Regierungen zukünftige Auszahlungen stark diskontieren. Ein weiterer Umstand, welcher sich in diesem Zusammenhang negativ auf das Abschreckungspotential der Bestrafung auswirkt, ist die relativ kurze Vertragskündigungsfrist von einem Jahr. (Allerdings besteht eine Kündigungssperrfrist von drei Jahren nach In-Kraft-Treten des Protokolls.) Erkennt ein Staat zum Ende einer Verpflichtungsperiode, dass er die Reduktionsverpflichtungen nicht einhalten wird, so kann er sich durch eine Aufkündigung des Vertrags sehr einfach der Bestrafung entziehen. Daher sollten hier zwei Modifikationen vorgenommen werden. Zum Ersten sollte die Kündigungsfrist des Protokolls auf mindestens drei bis vier Jahre verlängert werden. Zum Zweiten sollten die Bestrafungen bereits während der jeweiligen Verpflichtungsphase beginnen. Damit die Staaten einen Anreiz haben, die zusätzlichen Reduktionsverpflichtungen auch durchzuführen, könnte dies mit einem Belohnungssystem gekoppelt werden. Schnelle und umfangreiche Reduktionen könnten mit einem (Teil-) Erlass der zukünftigen Strafe honoriert werden.

Ausschluss vom Emissionshandel

Als weitere Bestrafung kann dem vertragsbrüchigen Land sein Recht, am Emissionshandel teilnehmen zu können, abgesprochen werden. Die Bestrafung liegt hierbei im Entzug der Flexibilisierungsgewinne, welche das Land durch den Handel hätte erzielen können. Zur Bewertung der Glaubwürdigkeit müssen zwei Situationen unterschieden werden: Bei vollkommener Konkurrenz auf dem Zertifikatmarkt ergeben sich keine Auswirkungen auf den Preis. In diesem Fall erleiden die vertragstreuen Länder keine Einbußen durch den Ausschluss des bestraften Landes, womit die Sanktionsdrohung glaubwürdig ist. Wird jedoch angenommen, dass durch den Ausschluss eines Landes der Zertifikatpreis beeinflusst wird, so werden einige Staaten positiv, andere hingegen negativ betroffen sein. Wird beispielsweise ein potenzieller Zertifikatanbieter ausgeschlossen, so wird der Preis tendenziell steigen. Durch den gestiegenen Preis haben die Zertifikatnachfrager Einbußen, wohingegen die anderen Anbieter hiervon profitieren können. Entsprechend andersherum verhält es sich beim Ausschluss eines Nachfragers. Da es sowohl positiv als auch negativ betroffene Parteien gibt, erscheint das Sanktionspotenzial eingeschränkt. Diese Gefahr könnte jedoch durch eine Modifikation gebannt werden. Statt eines Ausschlusses vom Handel könnten die Handelstransaktionen mit einer finanziellen Strafe belegt werden. Ein sanktionierter Käufer kann dann weiterhin am Handel teilnehmen, muss allerdings einen Aufschlag zum Zertifikatpreis an einen internationalen Fonds abführen. Analoges gilt für einen bestraften Verkäufer, der entsprechend einen Abschlag vom Verkaufserlös hinnehmen muss. Die Mittel aus dem Fonds könnten anschließend zur Entschädigung der benachteiligten Länder verwendet werden. Da in diesem Fall kein strafendes Land mehr Einbußen durch die Sanktionen erleidet, wird deren Androhung glaubwürdig.

5.3.1

Im Gegensatz zum Kyoto-Protokoll beginnt der Emissionszertifikathandel innerhalb der Europäischen Union nicht erst 2008, sondern bereits seit 1.1.2005. Obwohl die Emissionsreduktionsverpflichtungen für alle Mitglieder des Kyoto-Protokolls erst ab 2008 gültig ist, kann somit die Funktionsweise eines Handelssystems vorab getestet werden.

5.3.2

Die ökologische Treffsicherheit selbst innerhalb der EU ist eingeschränkt, da nicht alle Treibhausgase und nicht alle wirtschaftlichen Sektoren in den europäischen Emissionshandel einbezogen sind.

5.3.3

Die Effizienz selbst innerhalb der EU ist eingeschränkt, da nicht alle Treibhausgase und nicht alle Sektoren in den europäischen Emissionshandel einbezogen sind. Somit werden die Grenzkosten der Vermeidung zwischen verschiedenen Treibhausgasen als auch zwischen Sektoren unterschiedlich sein.

Lösungshinweise zu den Aufgaben zu Teil 6

6.1.1

Eine Gesellschaft steht vor der Entscheidung, welche Mengen eines vorgegebenen, endlichen und bekannten Vorrats einer homogenen, für den Konsum essentiellen Ressource sie zu welchem Zeitpunkt abbauen soll, wobei konstante Abbaugrenzkosten unterstellt werden.

6.1.2

Die Reichweite ist ein Indikator der Ressourcenverfügbarkeit zur Abschätzung des Zeitraumes, für den eine Ressource voraussichtlich noch verfügbar sein wird. Sie wird ermittelt, indem der verbleibende Vorrat einer Ressource durch die Jahresverbrauchsmenge geteilt wird. Dabei werden je nach verwendetem Vorratsbegriff bzw. Erwartung bezüglich der jährlichen Verbrauchsmengen unterschiedliche Reichweitenbegriffe verwendet.

6.1.3

Der Preis des Extraktionsoutputs spiegelt neben den Abbaugrenzkosten auch die zeitlichen Opportunitätsgrenzkosten der Ressource wider. Daher wird der aktuelle Preis auf Veränderungen der erwarteten Knappheitssituation reagieren. Diese Zukunftsorientierung spricht für den Ressourcenpreis als Verfügbarkeitsindikator.

6.1.4

Der optimale Zeitpfad des Ressourcenabbaus ist dadurch charakterisiert, dass in jeder Periode der (Brutto-)Grenznutzen der Ressourcenextraktion mit der Summe aus Abbaugrenzkosten und zeitlichen Opportunitätskosten (Ressourcenrente) übereinstimmt. Der undiskontierte Nettogrenznutzen wächst mit einer Rate, die der sozialen Diskontrate entspricht. Die Fördermenge der Ressource geht kontinuierlich zurück, der verbleibende Vorrat strebt dem Wert 0 zu.

6.1.5

Die Gesellschaft steht vor dem intertemporalen Allokationsproblem, welche Mengen des Rohstoffs zu welchem Zeitpunkt extrahiert und verbraucht werden sollen, um die gesamtwirtschaftliche Wohlfahrt über den betrachteten Zeithorizont zu maximieren. Bezeichne $ZB(x_t)$ die Zahlungsbereitschaft in Periode t, $AK(x_t)$ die Abbaukosten und W die Wohlfahrt, dann lautet das formale Optimierungsproblem des sozialen Planers:

(1) $\displaystyle \max_{x_0, x_1} \quad W = ZB(x_0) - AK(x_0) + \left(ZB(x_1) - AK(x_1) \right) (1+r)^{-1}$

u. d. N. $x_0 + x_1 = R$.

Die Lagrange-Funktion lautet:

(2) $L = ZB(x_0) - AK(x_0) + (ZB(x_1) - AK(x_1))(1+r)^{-1} + \lambda(R - x_0 - x_1)$.

Daraus erhält man die notwendigen Bedingungen erster Ordnung:

(2a) $\dfrac{\partial L}{\partial x_0} = MZB(x_0) - AGK(x_0) - \lambda = 0$,

(2b) $\dfrac{\partial L}{\partial x_1} = (MZB(x_1) - AGK(x_1))(1+r)^{-1} - \lambda = 0$.

Auflösen nach λ und Gleichsetzen ergibt die Optimalitätsbedingung (Hotelling-Regel):

(3) $MZB(x_0) - AGK(x_0) = (MZB(x_1) - AGK(x_1))(1+r)^{-1}$.

Einsetzen der Funktionen aus der Aufgabenstellung ergibt unter Berücksichtigung der Nebenbedingung $x_0 + x_1 = 20.000 \Rightarrow x_1 = 20.000 - x_0$:

$$10 - \frac{x_0}{2000} - 1 = \frac{\left(10 - \dfrac{20.000 - x_0}{2000}\right) - 1}{(1+0,1)}$$

$$9 - \frac{x_0}{2000} = \frac{x_0 - 2000}{2200}$$

$$x_0^{opt} = 10.381$$

Die optimale Abbaumenge in der Periode 1 beträgt somit: $x_1^{opt} = 20.000 - 10.381 = 9.619$. Eingesetzt in die Nachfragefunktion erhält man die Ressourcenpreise für beide Perioden: $p_0^{opt} = MZB(10.381) = 4,81$ und $p_1^{opt} = MZB(9.619) = 5,19$.

6.1.6

(1) Ressourcenpreis = Bruttogrenznutzen, (2) private Abbaugrenzkosten = soziale Opportunitätsgrenzkosten der beim Abbau eingesetzten Produktionsfaktoren, (3) Marktzinssatz = soziale Diskontrate.

6.1.7

Die zeitlichen Opportunitätskosten des Ressourcenabbaus sinken, wodurch sich der Preispfad nach unten verschiebt. Die optimale Abbaumenge steigt, der optimale Zeitraum der Ressourcennutzung wird größer.

6.1.8

Unter Berücksichtigung der Umweltschäden, $S(x_t)$, die durch den Ressourcenverbrauch in jeder Periode entstehen, lautet das Optimierungsproblem des sozialen Planers (vgl. auch Aufgabe 6.1.5):

(1) $\underset{x_0, x_1}{\text{Max}}$ $W = ZB(x_0) - AK(x_0) - S(x_0) + \left(ZB(x_1) - AK(x_1) - S(x_1)\right)(1+r)^{-1}.$

u. d. N. $x_0 + x_1 = R.$

Die Lagrange-Funktion lautet in diesem Fall:

(2)

$L = ZB(x_0) - AK(x_0) - S(x_0) + \left(ZB(x_1) - AK(x_1) - S(x_1)\right)(1+r)^{-1} + \lambda\left(R - x_0 - x_1\right).$

Daraus ergeben sich die folgenden notwendigen Bedingungen erster Ordnung:

(2a) $\dfrac{\partial L}{\partial x_0} = MZB(x_0) - AGK(x_0) - GS(x_0) - \lambda = 0,$

(2b) $\dfrac{\partial L}{\partial x_1} = \left(MZB(x_1) - AGK(x_1) - GS(x_1)\right)(1+r)^{-1} - \lambda = 0.$

Auflösen nach λ und Gleichsetzen ergibt die Optimalitätsbedingung (modifizierte Hotelling-Regel):

(3) $MZB(x_0) - AGK(x_0) - GS(x_0) = \left(MZB(x_1) - AGK(x_1) - GS(x_1)\right)(1+r)^{-1}.$

Wie in Aufgabe 6.1.5 erhält man aus (3) die optimale Abbaumenge der Periode 0 durch Einsetzen der Funktionen und Berücksichtigung von $x_1 = 20.000 - x_0$:

$$10 - \frac{x_0}{2000} - 1 - \frac{x_0}{4000} = \frac{\left(10 - \dfrac{20.000 - x_0}{2000}\right) - 1 - \left(\dfrac{20.000 - x_0}{4000}\right)}{(1+0,1)}$$

$$9 - \frac{x_0}{2000} = \frac{2001 x_0 - 24000}{4400}$$

$$x_0^{opt} = 10.095,2 \approx 10.095$$

Die optimale Abbaumenge in der Periode 1 beträgt: $x_1^{opt} = 20.000 - 10.095 = 9.905$. Eingesetzt in die Nachfragefunktion erhält man wiederum die Ressourcenpreise:

$p_0^{opt} = MZB(10.095) = 4,95$ und $p_1^{opt} = MZB(9.905) = 5,05.$

Da die Umweltschäden bestandsunabhängig sind, gilt wie im statischen Modell, dass der Pigou-Steuersatz in jeder Periode den Grenzschäden im Optimum entsprechen muss. Die optimalen Steuersätze erhält man rechnerisch daher durch Einsetzen der optimalen Extraktionsmengen in die Grenzschadensfunktion:

$s_0^{opt} = GS(10.095) = 2,52$ und $s_1^{opt} = GS(9.905) = 2,48.$

6.2.1

Im Gegensatz zu den den erschöpflichen Ressourcen sind bei den erneuerbaren Ressourcen bei gegebenem endlichen Bestand konstante jährliche Abbaumengen *ad infinitum* denkbar.

6.2.2

Der Zusammenhang zwischen Ressourcenbestand und dessen Wachstum kann durch eine parabolische Wachstumsfunktion dargestellt werden. Bei vollständiger Abstinenz des Menschen impliziert dies eine »S-förmige« Bestandsentwicklung im Zeitablauf bzw. Konvergenz gegen den biologisch determinierten Maximalbestand. Bei menschlicher Nutzung gerade in Höhe der Zuwächse wird diese Entwicklung unterbrochen und der jeweils gegebene Bestand für die Dauer dieses Nutzungsmodus aufrechterhalten.

6.2.3

Bei einem parabolischen Zusammenhang zwischen dem Ressourcenbestand und dessen Wachstum weist die (bestandsabhängige) Regenerationsfähigkeit erneuerbarer Ressourcen ein ressourcenspezifisches Maximum auf. Das maximale Bestandswachstum repräsentiert gleichzeitig die maximal erzielbaren nachhaltigen Jahreserntemenge (Maximum Sustainable Yield).

6.2.4

Zur Ermittlung der MSY ist zunächst der korrespondierende Bestand, X^{MSY}, zu berechnen. Durch Differentation der Wachstumsfunktion erhält man die folgenden Bedingungen für das Maximum der Wachstumsfunktion ($w' = 0, w'' < 0$) :

(1) $\quad \dfrac{dw(X_t)}{dX_t} = \dfrac{1}{2} - \dfrac{X_t}{10000} = 0 => X^{MSY} = 5000$

(2) $\quad \dfrac{d^2 w(X_t)}{dX_t^2} = -\dfrac{1}{10000} < 0.$

Aus (1) ergibt sich ein zur MSY korrespondierender Bestand von $X^{MSY} = 5000$ kg. Setzt man dies in die Wachstumsfunktion ein, erhält man die maximale nachhaltige Jahreserntemenge (MSY): $w(X^{MSY}) = \dfrac{1}{2} \cdot 5000 \cdot (1 - \dfrac{5000}{10000}) = 1250$ kg.

6.2.5

Die Größe MSY kann aus ökonomischer Sicht nicht a priori als Referenzmaß für die gesellschaftlich optimale Jahreserntemenge empfohlen werden, da bei ihrer Bestimmung ökonomische Aspekte des Knappheitsproblems, wie z. B. die Erntekosten, vollkommen vernachlässigt werden. Vielmehr ist in der Regel davon auszugehen, dass das Maximum einer Aktivität nicht zugleich das ökonomische Optimum dieser Aktivität darstellt. Aufgrund der Nicht-Berücksichtigung ökonomischer Daten kann mit Hilfe des Konzepts der MSY außerdem keine Aussage über die zeitliche Anpassung an das Gleichgewicht getroffen werden, wenn der anfängliche Ressourcenbestand kleiner oder größer als der zur MSY korrespondierende Bestand ist.

6.2.6

Beim *Open Access Regime* besitzt jeder individuelle Nutzer der Ressource lediglich Eigentumsrechte für den Fang bzw. die Ernte, nicht jedoch für den Bestand selbst.

6.2.7

Da jeder individuelle Nutzer einer Open Access Ressource lediglich Eigentum am Fang bzw. der Ernte hat, nicht jedoch am Bestand, gewährleistet eine individuelle Zurückhaltung bei der Ernte in der Gegenwart keine Erhöhung der Regenerationsfähigkeit der Ressource in der Zukunft. Die Nutzer der Ressource haben daher keinen Anreiz, die Nutzungskosten in ihrer Entscheidung über das Ausmaß der Ernte zu berücksichtigen (Gefangenendilemma). Unter konkurrenzwirtschaftlichen Bedingungen erntet jeder individuelle Ressourcennutzer die Menge, bei der seine Grenzfangkosten gerade mit dem Marktpreis übereinstimmen. Es kommt zur Übernutzung des Ressourcenbestands.

6.2.8

Beschränkungen des Zeitraums der Ernte, der Fangkapazität und/oder der Fangtechnik sind aus ökonomischer Sicht ineffizient und verhindern nicht die Übernutzung des Bestands. Eine Abgabe auf die abgeerntete Menge leistet theoretisch eine Internalisierung der Nutzungskosten, sofern die Ernteaktivitäten kontrollierbar sind. Eine Definition von Eigentumsrechten ist nur dann erfolgversprechend, wenn das Nutzungsrecht an bestimmten Ressourceneinheiten verbrieft werden kann und transferierbar ist.

6.2.9

a) Es handelt sich bei der Regenerationsfunktion des Wildes um eine logistische Wachstumsfunktion. Diese unterstellt ein Nullwachstum bei Beständen von $X = 0$ und $X = X_{max}$, wobei X_{max} die biologische Sättigungsmenge bezeichnet. Bei Beständen zwischen 0 und X_{max} ergibt sich ein parabolischer Zusammenhang zwischen Wachstum und Bestand, wie er in Abbildung 6.1.a dargestellt ist.

Abbildung 6.1

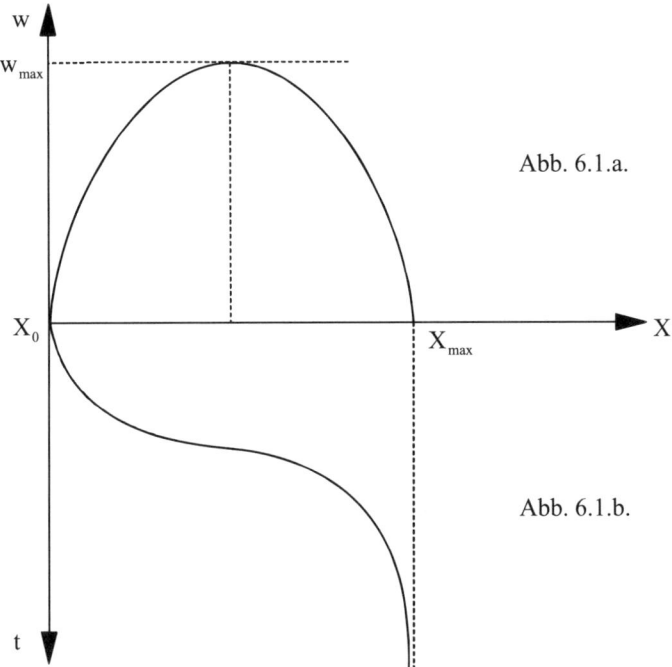

Abb. 6.1.a.

Abb. 6.1.b.

Das größte Bestandswachstum w_{max} ergibt sich beim Bestand $\frac{1}{2}X_{max}$. Das Niveau w_{max} hängt vom ressourcenspezifischen Wachstumsfaktor ab (vgl. Teilaufgabe b)). Bei durch den Menschen ungestörter Entwicklung ergibt sich ein logistischer Bestandsverlauf über die Zeit, wie er in Abbildung 6.1.b dargestellt ist.

b) Zur Ermittlung der MSY ist zunächst der korrespondierende Bestand, X^{MSY}, zu berechnen. Differenzieren der Wachstumsfunktion nach X_t und auflösen nach X_t ergibt: $\dfrac{dw(X_t)}{dX_t} = \dfrac{1}{5} - \dfrac{X_t}{25000} = 0 \Rightarrow X^{MSY} = 5000.$

Eingesetzt in die Wachstumsfunktion, erhält man die maximale nachhaltige Jahreserntemenge (MSY):

$$w(X^{MSY}) = \frac{1}{5} \cdot 5000 \cdot (1 - \frac{5000}{10000}) = 500 \text{ kg.}$$

c) Unter vollkommener Konkurrenz gilt im Marktgleichgewicht bei Open Access: $P_t = AGK_t$. Im hier betrachteten Fall lautet die Bedingung: $12 = 30000 / X_t$, woraus folgt, dass das Marktgleichgewicht bei einem Bestand von $X^A = 2500$ kg und einer Fangmenge von $y^A = w(2500) = 350$ kg liegt.

d) Das Optimierungsproblem des sozialen Planers lautet:

(1) $\underset{y_t}{\text{Max}} \quad W = \sum_{t=0}^{T}(U(y_t)-C(y_t,X_t))$

u. d. N. $X_{t+1} = X_t + w(X_t) - y_t, \quad t = 0,\dots,T.$

Die Lagrange-Funktion ist:

(2) $L = \sum_{t=0}^{T}(U(y_t)-C(y_t,X_t)) + \sum_{t=0}^{T}\lambda_t(X_t + w(X_t) - y_t - X_{t+1}).$

Daraus ergeben sich die folgenden notwendigen Bedingungen erster Ordnung:

(2a) $\dfrac{\partial L}{\partial y_t} = U'(y_t) - \dfrac{\partial C(y_t,X_t)}{\partial y_t} - \lambda_t = 0,$

(2b) $\dfrac{\partial L}{\partial X_t} = -\dfrac{\partial C(y_t,X_t)}{\partial X_t} + \lambda_t(1 + w'(X_t)) - \lambda_{t-1} = 0.$

Im langfristigen Gleichgewicht muss gelten $\lambda_{t-1} = \lambda_t$. Damit erhält man aus (2a) und (2b) die Optimalitätsbedingung:

(3) $U'(y_t) - \dfrac{\partial C(y_t,X_t)}{\partial y_t} = \dfrac{\partial C(y_t,X_t)/\partial X_t}{w'(X_t)}.$

Aus den Angaben in der Aufgabenstellung folgt:

$U'(y_t) = P_t = 12, \quad \dfrac{\partial C(y_t,X_t)}{\partial y_t} = \dfrac{30000}{X_t}$ und $w'(X_t) = 0,2 - 0,00004X_t.$

Weiterhin gilt im bioökonomischen Gleichgewicht $y_t = w(X_t)$ und somit

$\dfrac{\partial C(y_t,X_t)}{\partial X_t} = -\dfrac{30000}{X_t^2} \cdot y_t = -\dfrac{30000}{X_t^2} \cdot w(X_t).$

Einsetzen in (3): $12 - \dfrac{30000}{X_t} = -\dfrac{30000 \cdot (0,2X_t - 0,00002X_t^2)}{X_t^2(0,2 - 0,00004X_t)}$ und auflösen nach X_t

ergibt den sozial optimalen Bestand von $X_t^{opt} = \dfrac{3}{0,00048} = 6250$ kg. Die hierzu korrespondierende optimale Jahreserntemenge ist: $y_t^{opt} = w(6250) = 468,75$ kg Wild pro Jahr.

e) Unter der Annahme einer Diskontrate von Null muss der Abgabesatz, s, so gewählt werden, dass gilt:

$P_t = \dfrac{\partial C(y_t,X_t)}{\partial y_t} + \dfrac{\partial C(y_t,X_t)/\partial X_t}{w'(X_t)} = \dfrac{\partial C(y_t,X_t)}{\partial y_t} + s,$

d. h. der Abgabesatz muss den Nutzungsgrenzkosten im Optimum entsprechen. Bei konstanter Nachfrage ($P_t = 12$) und einem Optimalbestand von $X^{opt} = 6250$ ergibt sich ein optimaler Abgabesatz von: $s^{opt} = 12 - AGK_t(6250) = 12 - 4,8 = 7,2$ €.

Da der Anfangsbestand ($X_0 = 2500$) unterhalb des optimalen Bestandes ($X^{opt} = 6250$) liegt, würde die Einführung des optimalen Steuersatzes unweigerlich zur Ausrottung des Bestandes führen. Die optimale Anpassungspolitik an das Optimum besteht in einem Ernteverzicht ($y_t = 0$), bis der Optimalbestand von $X^{opt} = 6250$ erreicht ist. Die Zeit bis zur Erreichung des Optimums kann berechnet werden: Bei $y_t = 0$ ist dX_t/dt

$= w(X_t)$, woraus eine optimale Anpassungszeit von $dt = \int\limits_{X_0=2500}^{X^{opt}=6250} \frac{1}{w(X_t)} dX_t = 8{,}05$

Perioden folgt.

6.3.1

Unter einer nachhaltigen Entwicklung ist eine Entwicklung zu verstehen, die dauerhaft aufrechterhalten werden kann. Hierbei werden die ökonomische, ökologische und soziale Entwicklung (»drei Säulen der Nachhaltigkeit«) unterschieden. Der Nachhaltigkeitsbegriff hat in der Ressourcen- und Agrarökonomie eine lange Tradition. Zu einem der Schlüsselbegriffe der weltweiten gesellschaftspolitischen Diskussion wurde er, nachdem die von den vereinten Nationen eingesetzte Brundtland-Kommission im Jahre 1987 ihren Bericht »Our Common Future« vorlegte. Soweit es allgemeine Absichtserklärungen angeht, ist eine nachhaltige Entwicklung heute als politisches Ziel überall anerkannt. Umstritten ist jedoch, wie der allgemeine Begriff operationalisiert werden kann, d. h. anhand welcher Indikatoren die Nachhaltigkeit einer Entwicklung zu beurteilen ist. Außerdem besteht Uneinigkeit darüber, mit welchen politischen Instrumenten und Strategien der Weg zu einer nachhaltigen Entwicklung beschritten werden kann bzw. sollte.

6.3.2

Nettosozialprodukt (NSP) und Ökosozialprodukt (ÖSP) unterscheiden sich durch die ihnen zugrundeliegende Definition des gesellschaftlichen Vermögens. Während das NSP auf einem Vermögensbegriff basiert, der ausschließlich menschengemachtes Kapital umfasst, wird das ÖSP ausgehend von einem Vermögensbegriff berechnet, der sowohl menschengemachtes Kapital als auch natürliche Ressourcenbestände berücksichtigt. Folgerichtig wird bei der Ermittlung des ÖSP das Bruttosozialprodukt nicht nur um die Abschreibungen menschengemachter Kapitalgüter, sondern darüber hinaus um Wertminderungen natürlicher Ressourcenbestände bereinigt.

6.3.3

In der Literatur werden drei Nachhaltigkeitskonzepte, die schwache, die strikte und die kritische Nachhaltigkeit, unterschieden. Alle Konzepte verlangen die Konstanz des zur Sicherung zukünftiger Generationen zur Verfügung stehenden Gesamtkapitalbestands der Menschheit, unterscheiden sich aber insbesondere hinsichtlich der Substitutionsmöglichkeiten zwischen den einzelnen Komponenten des Gesamtbestands: Das Konzept der schwachen Nachhaltigkeit fordert lediglich die Aufrechterhaltung des zur Verfügung stehenden Gesamtkapitalbestands, eine Substitution zwischen den einzelnen Komponenten des Gesamtbestands, insbesondere zwischen dem menschengemachten und dem Naturkapital, wird als zulässig erachtet. Im Gegensatz dazu lehnt das Konzept der strikten Nachhaltigkeit eine aggregierte Betrachtung der verschiedenen Bestandsgrößen ab und verlangt die Aufrechterhaltung der einzelnen Komponenten des zur Verfügung stehenden Gesamtbestands. Hier wird insbesondere die Substitution zwischen menschengemachtem und Naturkapital als unzulässig angesehen. Das Konzept der kritischen Nachhaltigkeit ist ein Kompromiss zwischen diesen beiden Extrempositionen: Es fordert die Einhaltung kritischer Mindestbestände der einzelnen Komponenten des Gesamtbestands, erlaubt aber bei größeren Beständen auch die Substitution zwischen menschengemachtem und Naturkapital.

6.3.4

a) Unter den gegebenen Voraussetzungen lautet das Optimierungsproblem des sozialen Planers:

(1) Max $W = \sum_{t=0}^{T} (1+r)^{-t} \ln(c_t)$

u. d. N.

(1a) $y_t = f(K_t, x_t) = K_t^{\alpha} x_t^{\beta}$, $t = 0,..,T$, $\alpha + \beta = 1$,

(1b) $y_t = c_t + I_t$, $t = 0,..,T$,

(1c) $K_{t+1} = K_t + I_t$, $t = 0,..,T$,

(1d) $R = \sum_{t=0}^{T} x_t$, $t = 0,..,T$.

Fasst man die Nebenbedingungen (1a)–(1c) wie folgt zusammen:

(1a') $y_t = f(K_t, x_t) = K_t^{\alpha} x_t^{\beta} = c_t + K_{t+1} - K_t$ => $K_t^{\alpha} x_t^{\beta} - c_t - K_{t+1} + K_t = 0$

dann ergeben sich aus dem Lagrange-Ansatz:

(2) $L = \sum_{t=0}^{T} \left[(1+r)^{-t} \ln(c_t) + p_t (K_t^{\alpha} x_t^{\beta} - c_t - K_{t+1} + K_t) \right] + \mu \left[R - \sum_{t=0}^{T} x_t \right]$,

wobei p_t der Schattenpreis des Kapitalgutes und μ der Schattenpreis der nichterneuerbaren Ressource sind, folgende notwendige Bedingungen erster Ordnung für ein Optimum:

(2a) $\dfrac{\partial L}{\partial c_t} = (1+r)^{-t} \dfrac{1}{c_t} - p_t = 0$,

(2b) $\dfrac{\partial L}{\partial x_t} = p_t \beta K_t^{\alpha} x_t^{\beta-1} - \mu = 0$,

(2c) $\dfrac{\partial L}{\partial K_t} = p_t \alpha K_t^{\alpha-1} x_t^{\beta} + p_t - p_{t-1} = 0$.

Unter der Annahme, dass der Grenznutzen des Konsums in allen Perioden positiv ist, folgt aus (2a) für zwei aufeinanderfolgende Perioden:

(2a') $\dfrac{p_t}{p_{t+1}} = (1+r) \dfrac{c_{t+1}}{c_t}$.

Aus (2.a') und (2c) ergibt sich die Ramsey-Bedingung für optimales Wirtschaftswachstum:

(3) $1 + \alpha K_{t+1}^{\alpha-1} x_{t+1}^{\beta} = (1+r) \dfrac{c_{t+1}}{c_t}$,

die besagt, dass entlang der optimalen Allokation die intertemporale Grenzrate der Substitution im Konsum gleich der durch die Technologie determinierte Grenzproduktivität des Kapitals sein muss.

Aus der Bedingung (2b) folgt, dass das Wertgrenzprodukt der nichterneuerbaren Ressource im Optimum konstant ist (Hotelling-Regel). Für zwei aufeinanderfolgende Perioden gilt:

$$(2b') \quad \frac{p_t}{p_{t+1}} = \frac{K_{t+1}^{\alpha} x_{t+1}^{\beta-1}}{K_t^{\alpha} x_t^{\beta-1}},$$

d. h. dass das Preisverhältnis zwischen zwei Perioden im Optimum gleich dem umgekehrten Verhältnis der Grenzproduktivitäten der Ressource zwischen den beiden Perioden sein muss. Aus (2.b') und (2.c) erhält man die Solow-Stiglitz-Bedingung:

$$(4) \quad \frac{K_{t+1}^{\alpha} x_{t+1}^{\beta-1}}{K_t^{\alpha} x_t^{\beta-1}} = 1 + \alpha K_{t+1}^{\alpha-1} x_{t+1}^{\beta},$$

die besagt, dass im Optimum die Eigenzinsraten der Inputfaktoren identisch sein müssen.

b) Eine Ressource heißt essentiell, wenn ein positiver Output ohne die Ressource nicht produziert werden kann, d. h. wenn $f(K_t,0) = 0$. Für die in der Aufgabe angegebene Cobb-Douglas-Produktionsfunktion gilt: $y_t = f(K_t,0) = K_t^{\alpha} \cdot 0 = 0$, d. h. die Ressource ist essentiell.

c) Ja. Aufgrund der Begrenztheit des natürlichen Ressourcenbestands und der Diskontierung zukünftiger Wohlfahrtserträge steigt (bei Abwesenheit von Extraktionskosten) der Preis der Ressource gemäß Hotelling-Regel im Zeitablauf mit der Diskontrate. Dadurch verteuert sich im Zeitablauf der Einsatz der natürlichen Ressource in der Produktion relativ zu anderen Produktionsfaktoren, so dass die Einsatzmenge der erschöpfbaren Ressource über die Zeit abnehmen und für $t \to \infty$ gegen Null konvergieren muss. Eine notwendige Bedingung zur Aufrechterhaltung langfristig dauerhaften Konsums, d. h. für $T = \infty$, ist daher, dass die durchschnittliche Produktivität der nichterneuerbaren Ressource für $x_t \to 0$ *unbegrenzt* ist. Für die Cobb-Douglas-Produktionsfunktion gilt:

$$\lim_{x_t \to 0} \frac{f(K_t, x_t)}{x_t} = \lim_{x_t \to 0} K_t^{\alpha} x_t^{\beta-1} = \lim_{x_t \to 0} \left(\alpha \ln(K_t) + (\beta-1)\ln(x_t) \right) = +\infty \text{ für } \beta < 1.$$

Folglich gilt im Spezialfall der Cobb-Douglas-Produktionsfunktion, dass für $\beta < 1$ die notwendige Voraussetzung für dauerhaften Konsum erfüllt wird, obwohl die Ressource im Produktionsprozess essentiell ist.

6.3.5

Anthropozentrisch ist eine Analyse, die das Wohlergehen der Menschen in den Mittelpunkt stellt. Die Situation von Tieren, Pflanzen und Gesteinen hingegen wird nur als relevant betrachtet, insofern sie das menschliche Wohlbefinden beeinflusst. In Abgrenzung hierzu ist von einer ökozentrischen Position die Rede, wenn im Zentrum des Interesses das Wohlergehen der Natur im Sinne der 'Gesundheit' und Funktionsfähigkeit der Ökosysteme steht.

6.3.6

a) Im Fall $\underline{X} < X_0$ ist keine besondere Nachhaltigkeitspolitik erforderlich, da der Mindestbestand auch im unkorrigierten Marktgleichgewicht eingehalten wird. Aus wohlfahrtstheoretischer Sicht ist eine Internalisierung der Nutzungskosten angezeigt.

b) Im Fall $X_0 < \underline{X} < X^{opt}$ wird der Mindestbestand im unkorrigierten Marktgleichgewicht nicht eingehalten. Sowohl aus nachhaltigkeitspolitischer als auch aus wohlfahrtstheoretischer Sicht ist eine Korrektur des Marktergebnisses erforderlich. Das Politikziel der kritischen Nachhaltigkeit erfordert demnach keine zusätzlichen Maßnahmen.

c) Im Fall $X^{opt} < \underline{X}$ erfordert das Ziel der Nachhaltigkeit zusätzliche politische Maßnahmen, da der kritische Mindestbestand auch bei einer wohlfahrtsmaximalen Politik, d. h. bei Internalisierung der Nutzungskosten, unterschritten wird.

6.3.7

(1) Extraktionsregel: Erschöpfbare Ressourcen sollen nur in dem Maße abgebaut werden wie funktionsäquivalente Substitute für zukünftige Generationen bereitgestellt werden können. (2) Ernteregel: Erneuerbare Ressourcen sollen nur in Höhe der natürlichen Regenerationsrate genutzt werden. (3) Emissionsregel: Die natürliche Assimilationskapazität der Umwelt für Schadstoffe soll nicht überschritten werden.

6.3.8

Bei erneuerbaren Ressourcen kann es stationäre Konsumpfade geben, bei welchen die gleiche Menge der Ressource in allen Perioden konsumiert werden kann. Bei konstanter Bevölkerung und konstantem Pro-Kopf-Konsum ist es daher im Allgemeinen nicht nötig, auf ressourcenschonendere Technologien überzugehen. Falls in der Vergangenheit der optimale stationäre Bestand bereits unterschritten wurde, ist der Einsatz von ressourcenschonender Technik sinnvoll. Ebenfalls sinnvoll (und notwendig) ist die Entwicklung und der Einsatz ressourcensparender Technologien in einer wachsenden Gesellschaft, welche die wohlfahrtsmaximale Erntemenge der Ressource bereits nutzt.

Umweltökonomisches Glossar

Hinweis: Eine kursive Schreibweise dient dem Verweis auf entsprechende Glossareinträge.

Abbaumengensteuer
Abgabe pro abgebaute Ressourceneinheit.

Abbauwertsteuer
Abgabe auf die Bemessungsgrundlage »Verkaufspreis«.

Abgabe
Standardorientiertes umweltpolitisches Instrument, welches jedem einzelnen Emittenten eines bestimmten Schadstoffes in einer bestimmten Region einen konstanten und für alle Emittenten gleichen *Abgabesatz* auferlegt; der *Abgabesatz* ist so zu bemessen, dass er eine Anpassungsreaktion der einzelnen Emittenten herbeiführt, die ihren aggregierten Schadstoffausstoß auf den regionalen *Emissionsstandard* begrenzt.

Abgabesatz
Zahlungen pro Emissionseinheit, die ein Verursacher eines bestimmten Schadstoffes an den Staat zu entrichten hat.

Abwertung
Möglichkeit der Steuerung des gesamten Emissionsniveaus durch periodische Verringerung der durch zeitlich unbefristete *Zertifikate* verbrieften Emissionsmengen.

Auflage
Standardorientiertes umweltpolitisches Instrument, welches jedem einzelnen Emittenten eines bestimmten Schadstoffes in einer bestimmten Region eine absolute Höchstgrenze bezüglich der von ihm pro Zeiteinheit zu verursachenden Emissionen vorschreibt; die Summe aller individuellen Emissionshöchstgrenzen entspricht dem regionalen *Emissionsstandard*.

Ausgleichs-Politik (Offset Policy)
Praktische Variante der Zertifikatpolitik, die im Falle neu einzurichtender Emissionsquellen den Erwerb von Emissionsrechten von Altemittenten vorsieht, welche ihrerseits entsprechende Emissionsreduktionen nachweisen müssen.

Asymmetrische Information
Konstellation, bei der zwei (oder mehrere) Parteien miteinander in eine ökonomische Beziehung (insbesondere: Vertragsbeziehung) eintreten und dabei über die für diese Beziehung relevante(n) Information(en) in unterschiedlichem Maße verfügen.

Bilaterale Externalität
Schaden, dessen Ausmaß durch wirtschaftlich sinnvolle Maßnahmen sowohl des Verursachers als auch des Geschädigten gesenkt werden kann.

Bubble-Policy
Siehe *Glocken-Politik*.

Clean Development Mechanism (CDM)
Flexibler Mechanismus innerhalb des Kyoto-Protokolls, wobei Annex-B-Staaten ihren Emissionsreduktionsverpflichtungen nachkommen können, indem sie zertifizierte Emissionsreduktionen in Entwicklungsländern kaufen.

Coase-Theorem
Unabhängigkeit des durch Verhandlungen zwischen Verursacher und Geschädigtem erzielten (pareto-optimalen) Emissionsniveaus von der staatlicherseits gewählten eigentumsrechtlichen Regelung (*Laissez-faire-Regel* bzw. *Verursacherregel*).

Current Reserves
Vorräte an bekannten Lagerstätten, deren Abbau derzeit technisch möglich und ökonomisch rentabel ist.

Diffusionskoeffizient
Immissionsmenge eines Schadstoffes am Empfangsort pro Emissionseinheit am Entstehungsort.

Dominante Strategie
Optimale Strategie eines Akteurs unabhängig von der Strategie der anderen Akteure eines Spiels.

Doppelte Dividende der ökologischen Steuerreform
Siehe *Double Dividend-Hypothese*.

Double Dividend-Hypothese
Hypothese, dass eine Ökosteuer zwei Dividenden erzielt. Erste Dividende: Internalisierung externer Effekte bzw. Einhaltung vorgegebener Umweltstandards. Zweite Dividende: Steuererträge fließen in die Wirtschaft zurück und werden dazu verwendet, die Kosten des Produktionsfaktors Arbeit zu senken. Damit wird das Ziel verfolgt, die Beschäftigung zu steigern und/oder die *Zusatzlast der Besteuerung* des Faktors Arbeit zu senken.

Dynamische Anreizwirkung
Kriterium zur Beurteilung eines umweltpolitischen Instrumentes hinsichtlich seiner Fähigkeit, *umwelttechnischen Fortschritt* zu induzieren.

Dynamische Reichweite

Reichweite ermittelt unter Berücksichtigung vermuteter Wachstumsraten des jährlichen Ressourcenverbrauchs.

Dynamische Spiele

Alle Spiele, die nicht als *statische Spiele* klassifiziert werden. Dynamisch bedeutet, dass eine zeitliche Dimension implizit oder explizit Teil des Spiels ist. *Wiederholte Spiele* gehören z. B. zur Gruppe der dynamischen Spiele.

Effizienz

Kriterium zur Beurteilung eines umweltpolitischen Instrumentes hinsichtlich seiner Fähigkeit, einen *Emissionsstandard* mit minimalen Emissionsvermeidungskosten zu erreichen.

Ehrlichkeitsprämie

Zahlung, die ein Vertragspartner dafür erhält, dass er seinen wahren Typ offenbart.

Emissionsstandard

In einer abgegrenzten Region pro Zeiteinheit exogen vorgegebene absolute Emissions-höchstgrenze für einen bestimmten Schadstoff.

Emission Trading (ET)

Flexibler Mechanismus innerhalb des Kyoto-Protokolls, wobei Annex-B-Staaten ihren Emissionsreduktionsverpflichtungen auch dadurch nachkommen können, indem sie Emissionszertifikate eines anderen Annex-Staates kaufen. Dies entspricht dem klassi-schen standardorientierten Instrument *Zertifikat*.

EU-Emissionshandel

Emissionshandelssystem zur Umsetzung der im Kyoto-Protokoll vereinbarten Emissi-onsreduktionsziele, welches innerhalb der Europäischen Union seit dem Jahr 2005 auf-gebaut wurde. Die Phase 2005 bis 2008 gilt als Pilotphase für die erste Erfüllungsperiode des Kyoto-Protokolls in den Jahren 2008 bis 2012.

Erneuerbare Ressourcen

Natürliche Ressourcen, deren Bestand sich im relevanten Planungszeitraum vermehren kann.

Erschöpfliche Ressourcen

Natürliche Ressourcen, deren Gesamtbestand im relevanten Planungszeitraum konstant ist.

Externer Effekt

Beeinflussung der Nutzen- bzw. Gewinnsituation, welche der Betreiber einer (hier: umweltbelastenden) Aktivität bei Dritten verursacht, ohne diese Drittwirkung bei der

Entscheidung über die Qualität und das Ausmaß dieser Aktivität zu berücksichtigen, da sie nicht durch den Marktmechanismus vermittelt wird.

Externe Kosten
Monetär bewerteter (negativer) *externer Effekt.*

Freie Vergabe
Variante der Zuteilung von *Zertifikaten*, bei der jedem Verursacher das Recht auf eine bestimmte Emissionsmenge (z. B. die bislang faktisch verursachten Emissionen) ohne Gegenleistung verbrieft und für übertragbar erklärt wird. Diese Variante wird im Englischen auch als *Grandfathering* bezeichnet.

Gefährdungshaftung
Haftungsregel, nach der ein Emittent verschuldensunabhängig für jeden Schaden haftet, den er verursacht.

Gefangenen-Dilemma
Gruppensituation, in der individuell rationales Verhalten des einzelnen Mitgliedes ein für alle Mitglieder nachteiliges Ergebnis herbeiführt.

Gestaffelte Auflagenpolitik
Ausgestaltung einer *Auflage*, welche den Unterschieden in den Vermeidungskosten einzelner Verursacher Rechnung trägt.

Gleichgewichtsabbaurate
Abbaurate einer *erschöpflichen Ressource*, die der konkurrenzwirtschaftliche Marktmechanismus hervorbringt.

Globale Rationalität eines internationalen Umweltvertrags
Der aggregierte Nettogewinn aller Beteiligten aus einem Umweltvertrag ist positiv, wobei der Bezugspunkt eine Situation ohne Vertrag ist.

Globales Optimum
Wahl der Vermeidungs- oder Emissionsniveaus aller Staaten, so dass die aggregierte Nettowohlfahrt maximiert wird. Manchmal findet sich auch der Begriff des *sozialen Optimums* in der Literatur.

Glocken-Politik (Bubble Policy)
Praktische Variante der Zertifikatpolitik mittels Vorgabe eines *Emissionsstandards* für einen lokalen Luftraum (Glocke) bezüglich eines bestimmten Schadstoffes; der (den) in diesem Luftraum emittierenden Firma (Firmen) ist es überlassen, an welcher Stelle die erforderliche Emissionsreduktion vorgenommen wird.

Grandfathering
Siehe *freie Vergabe*.

Grenzschäden (GS)
Durch Ausweitung der Produktion eines bestimmten Gutes (bzw. durch Ausweitung einer bestimmten Emissionsmenge) um eine (marginale) Einheit bei nicht am Marktgeschehen beteiligten Dritten verursachte Nutzen- bzw. Gewinneinbußen.

Grenzvermeidungskosten (GVK)
Durch die Rückführung eines durch die Produktion bzw. den Konsum eines bestimmten marktmäßig gehandelten Gutes verursachten *externen Effektes* um eine (marginale) Einheit bei den Marktteilnehmern entstehende Nutzen- bzw. Gewinneinbußen (Opportunitätsgrenzkosten einer Verminderung des Produktionsniveaus des betreffenden Gutes bzw. der betreffenden Emission).

Haftungsbegrenzung
Festlegung einer Haftungsobergrenze als Höchstbetrag für die zu leistende Schadensersatzzahlung.

Haftungsregel
Ausformung haftungsrechtlicher Bestimmungen, welche die Bedingungen und den Umfang spezifiziert, unter denen und in welchem der Emittent Schadensersatz zu leisten hat.

Hotelling-Regel
Charakterisierung des gleichgewichtigen Zeitpfades des Ressourcenabbaus.

Hot-Spots
Dieser Begriff wird meistens für lokal hohe Umweltbelastungen verwendet, die innerhalb einer Glocke im Rahmen eines Zertifikatmarkts entstehen können. Allerdings können Hot-Spots auch bei anderen Instrumenten vorkommen.

Individuelle Rationalität eines internationalen Umweltvertrags
Jeder Teilnehmer erhält einen Nettonutzen aus einem Umweltvertrag, der jenen ohne Kooperation nicht unterschreitet. Individuelle Rationalität – auch Profitabilität genannt – ist eine notwendige (aber keine hinreichende) Bedingung für die *Stabilität eines internationalen Umweltvertrags*.

Internalisierung externer Effekte
Anlastung *externer Kosten* beim Verursacher.

Internalisierungsstrategie
Idealtypische staatliche Maßnahme mit dem Ziel, externe Kosten dem jeweiligen Verursacher anzulasten; im Unterschied zu *standardorientierten umweltpolitischen Instru-*

menten resultiert das (hypothetische) aggregierte Emissionsniveau aus der (»endoge-nen«) Abwägung zwischen Nutzen und Kosten des Umweltverzehrs durch jeden einzelnen Verursacher.

Issue-Linkage
Verknüpfung eines Sachverhalts (z. B. Umweltabkommen) mit einem anderen Sachver-halt (z. B. Handelsabkommen), wobei die Teilnahme an einem Abkommen an die Teil-nahme an einem anderen Abkommen konditioniert wird.

Joint Implementation (JI)
Flexibler Mechanismus innerhalb des Kyoto-Protokolls, wobei Annex-B-Staaten ihren Emissionsreduktionsverpflichtungen auch dadurch nachkommen können, indem sie Reduktionsmaßnahmen in einem anderen Annex-Staat finanzieren.

Kartell der Altemittenten
Unter den Besitzern von *Zertifikaten* getroffene Absprache zur Beschränkung des Zer-tifikathandels.

Kompensationszahlungen
Zahlungen, die durch einen *externen Effekt* Geschädigte unter der *Laissez faire-Regel* (bzw. Verursacher unter der *Verursacherregel*) an dessen Verursacher (bzw. durch ihn Geschädigte) leisten, um diese zur Einschränkung der schädigenden Aktivität (bzw. zur Tolerierung der Schädigungen) zu bewegen.

Kontrollierter Emissionshandel
Praktische Variante der Zertifikatpolitik, welche die Übertragung von Emissionsrechten zwischen verschiedenen Anlagen ermöglicht; der Grundgedanke besteht in der »Gut-schrift« von Emissionsvermeidungen, die über die staatlichen Auflagen hinausgehen (*Ausgleichs-* und *Glocken-Politik* sind Spielarten des kontrollierten Emissionshandels).

Laissez-faire-Regel
Variante der *Internalisierung externer Effekte* durch Verhandlungen, bei der dem Ver-ursacher das Eigentumsrecht an der betreffenden Ressource vollständig zugewiesen wird.

Marginaler Bestandskosteneffekt
Infinitesimale Auswirkung einer Bestandsveränderung einer *erneuerbaren Ressource* auf die Höhe der Erntekosten bei gegebener Erntemenge.

Marginaler Regenerationseffekt
Infinitesimale Auswirkung einer Bestandsveränderung einer erneuerbaren Ressource auf deren *Regenerationsfähigkeit.*

Marginale Zahlungsbereitschaft (MZB)

Höhe der Bereitschaft eines Haushalts, für eine (marginale) zusätzliche Einheit eines beliebigen Produktes von vorgegebener Qualität zu zahlen.

Marginal Stock Effect

Verhältnis von marginalem Bestandskosteneffekt zu *marginalem Regenerationseffekt*.

Marktgleichgewicht

Zustand, in dem der Marktpreis eines Gutes sowohl der *marginalen Zahlungsbereit-schaft* jedes einzelnen Konsumenten dieses Gutes als auch den Grenzkosten jedes einzelnen Produzenten dieses Gutes entspricht, in dem also (ungeachtet der Situation nicht am Markt beteiligter Dritter) für keinen Marktteilnehmer eine Veranlassung zur Veränderung der konsumierten bzw. produzierten Mengen besteht.

Marktversagen

Situation in welcher das Gleichgewicht nicht dem *sozialen Optimum* entspricht.

Maximum Sustainable Yield (MSY)

Maximale bestandserhaltende Jahreserntemenge einer *erneuerbaren Ressource.*

Nachhaltige Entwicklung

Eine die Schonung der natürlichen Ressourcen und den Schutz der Umwelt hinreichend gewährleistende Wirtschaftsweise.

Nash-Gleichgewicht

Zustand bei dem kein Akteur einen Anreiz hat seine Strategie zu ändern, gegeben alle anderen Akteure wählen ihre Gleichgewichtsstrategie. Die Wahl der Strategie leitet sich aus dem individuellen (nicht-kooperativen) Maximierungskalkül jedes Akteurs ab.

Neue Politische Ökonomie

Im Gegensatz zur klassischen Wohlfahrtsanalyse, die der normativen Analyse zuzuordnen ist, ist die Neue Politische Ökonomie innerhalb der positiven Analyse von Politikmaßnahmen einzuordnen. Die Neue Politische Ökonomie, welche im Englischen auch Public Choice genannt wird, versucht das Ergebnis politischer Entscheidungen zu erklären. Sie geht dabei davon aus, dass sich Politiker bei ihren Entscheidungen nicht am Gemeinnutz der Gesellschaft orientieren, sondern eigene Interesse verfolgen, wie z. B. die Wiederwahlchance zu maximieren.

Nutzungskosten

Gegenwartswert des durch zukünftigen Ressourcenabbau erzielbaren Gewinns.

Öffentliches Gut

Gut, welches nichtrival im Konsum ist und von dessen Konsum niemand ausgeschlossen werden kann.

Ökologische Steuerreform

Einführung eines aufkommensneutralen Systems von *Ökosteuern*. Das Steueraufkommen wird dazu verwendet, die Kosten des Produktionsfaktors Arbeit zu senken. Die dahinter stehende Absicht liegt in der Erzielung einer »*doppelten Dividende*«.

Ökologische Treffsicherheit

Kriterium zur Beurteilung eines umweltpolitischen Instrumentes hinsichtlich seiner Fähigkeit, den regionalen *Emissionsstandard* zielgenau zu realisieren.

Ökosteuer

Steuer auf den Energieverbrauch bzw. auf umweltschädigende Aktivitäten.

Offenmarktpolitik

Rückkauf ursprünglich den Verursachern von Emissionen zugeteilter *Zertifikate* durch staatliche Instanzen.

Offset-Policy

Siehe *Ausgleichs-Politik.*

Open Access Resource

»Selbstbedienungsressource«: Gemeinschaftlich ausgebeutete Ressource, wobei jedem Mitglied der Nutzergemeinschaft der Abbau nach eigenem Gutdünken gestattet ist.

Optimales Emissionsniveau

Durch den Ausgleich von *Grenzschäden* und *Grenzvermeidungskosten* charakterisiertes Emissionsniveau.

Pareto-Optimum

Jeder Zustand, in dem es nicht mehr möglich ist, auch nur ein Mitglied der Ökonomie besserzustellen, ohne ein anderes Mitglied schlechterzustellen.

Pauschale Auflagenpolitik

Ausgestaltung einer *Auflage*, welche Unterschiede in den Vermeidungskosten der einzelnen Verursacher nicht berücksichtigt.

Pigou-Steuer

Dem Verursacher eines negativen *externen Effektes* auferlegte Steuer, die gerade so bemessen werden soll, dass dieser seine Aktivität auf sozial optimalem Niveau ausübt; der Pigou-Steuersatz entspricht gerade dem im *sozialen Optimum* verursachten Grenzschaden.

Potential Reserves

Vorräte, deren technische und wirtschaftliche Abbaubarkeit für die Zukunft erwartet wird.

Preis-Standard-Ansatz
Siehe *Abgabe*.

Regenerationsfähigkeit
Natürliche Fähigkeit einer *erneuerbaren Ressource*, über den Einsatz anderer Ressourcen eine nicht von menschlichem Zutun abhängige Bestandsausweitung zu leisten.

Reichweite
Indikator der Ressourcenverfügbarkeit zur Abschätzung des Zeitraumes, für den eine Ressource voraussichtlich noch verfügbar sein wird.

Rentenabgabe
Abgabe auf den Abbaugewinn.

Reserven
Siehe *Current Reserves*.

Reservenreichweite
Reichweite ermittelt auf der Grundlage der *Current Reserves*.

Resource Endowment
Am weitesten gefasster Vorratsbegriff, der sich auf den gesamten Rohstoffgehalt der Erdkruste bezieht.

»Resource Endowment«-Reichweite
Reichweite ermittelt auf der Grundlage des gesamten Rohstoffgehaltes der Erdkruste.

Ressourcen
Summe aus *Current Reserves* und *Potential Reserves*

Ressourcenpolitische Instrumente
Maßnahmen des Staates, mit denen eine Streckung der Ressourcenbestände und damit die Schließung der Lücke zwischen *Marktgleichgewicht* und sozialem Optimum angestrebt wird.

Ressourcenreichweite
Reichweite ermittelt auf der Grundlage der *Ressourcen* als Summe aus *Current Reserves* und *Potential Reserves*.

Schadensdiskontierung
Die vom Emittenten kalkulierte erwartete Schadensersatzzahlung liegt unter dem erwarteten Schaden.

Schadstoffinteraktion

Interdependenzen zwischen den Umwelteinwirkungen und/oder den Vermeidungskosten unterschiedlicher Schadstoffe.

Screening

Unterbreitung eines Systems von Vertragsangeboten, welches geeignet ist, eine Selbstselektion der Vertragspartner herbeizuführen.

Sorgfaltsstandard

Im Rahmen der *Verschuldenshaftung* rechtlich fixiertes Emissionsniveau, dessen Überschreitung die Schadensersatzverpflichtung des Emittenten begründet.

Sorgfalt, im Verkehr erforderliche

Vgl. *Sorgfaltsstandard.*

Soziale Diskontrate

Faktor, mit dem in verschiedenen Perioden anfallende gesellschaftliche Nutzen auf den Entscheidungszeitpunkt abgezinst werden.

Soziales Optimum

Zustand in dem die gesellschaftliche Wohlfahrt (gemessen anhand einer vorgegebenen Wohlfahrtsfunktion) ihr Maximum erreicht. In der Ressourcenökonomie bezeichnet das soziale Optimum einen zeitlichen Abbaumodus einer *erschöpflichen Ressource*, der den bis zu einem Planungshorizont betrachteten Nutzen aus der Ressource für die Gesellschaft maximiert.

Spieltheorie

Mathematische Methode, welche die Interaktion von Akteuren untersucht und Voraussagen über den Ausgang dieser Interaktion unter Verwendung verschiedener Hypothesen und Gleichgewichtskonzepte trifft.

Stabilität eines internationalen Umweltvertrages

Zustand bei dem sich jedes Mitglied an die Vertragsvereinbarungen hält und nicht aus dem Vertrag austritt. Die Prüfung der Stabilität kann mit Hilfe unterschiedlicher Stabilitäts- oder Gleichgewichtskonzepte erfolgen.

Standardorientiertes umweltpolitisches Instrument

Staatliche Maßnahme, die bewirken soll, dass die Summe der absoluten Emissionsmengen aller Verursacher eines bestimmten Schadstoffes in einer abgegrenzten Region pro Zeiteinheit auf den *Emissionsstandard* absinkt.

Stand der Technik

Als fortschrittlich und wirtschaftlich verkraftbar anerkannte und oftmals in Vorschriften fixierte Methoden zur Begrenzung von Emissionen.

Statische Reichweite
Reichweite ermittelt auf der Grundlage des letztjährigen Verbrauchs.

Statische Spiele
Spiele, die keine (implizite oder explizite) zeitliche Dimension aufweisen und daher keine *dynamischen Spiele* sind.

Sustainable development
Siehe *Nachhaltige Entwicklung.*

Teilweise Abweichung zwischen Schaden und Schadensersatzzahlung
Abweichungen, die aufgrund gesetzlicher *Haftungsbegrenzungen* nur über einem Teil des Definitionsbereiches der Emission bestehen.

Transaktionskosten
Kosten, die beim Einsatz eines Allokationsmechanismus' entstehen; werden Güter z. B. über Verhandlungen alloziert, bestehen die Transaktionskosten in den Kosten der Identifikation der Beteiligten, der Verhandlungen selbst sowie der Niederlegung, Ausführung und Überwachung des Verhandlungsergebnisses.

Trittbrettfahrerverhalten
Nutzung eines von anderen Akteuren bereit gestellten *öffentlichen Gutes* ohne eigene Beiträge zur Bereitstellung zu leisten.

Umwelthaftungsrecht
Rechtliche Institution, mit der festgelegt wird, unter welchen Bedingungen und in welchem Umfang der Verursacher eines *externen Effektes* dem Geschädigten den Schaden zu ersetzen hat.

Umwelttechnischer Fortschritt
Veränderungen des Standes der Umweltschutztechnologie, die es ermöglichen, mit gleichen Vermeidungskosten höhere Emissionsreduktionen bzw. mit geringeren Vermeidungskosten gleiche Emissionsreduktionen zu erreichen.

Unilaterale Externalität
Schaden, dessen Ausmaß durch wirtschaftlich sinnvolle Maßnahmen ausschließlich des Verursachers gesenkt werden kann.

Unvollständige Konkurrenz
Markt, dem eines oder mehrere Merkmale für *vollständige Konkurrenz* fehlen.

Verschuldenshaftung
Haftungsregel, nach der ein Emittent dem Geschädigten den Schaden dann und nur dann ersetzen muss, wenn der Schaden dadurch zustandegekommen ist, dass der Emittent bei

seiner Aktivität die *im Verkehr erforderliche Sorgfalt* hat vermissen lassen (schuldhaftes Handeln)

Versteigerung
Variante der Zuteilung von *Zertifikaten*, bei der diese durch staatliche Instanzen an den meistbietenden Verursacher (oder sonstige Interessenten) vergeben werden

Verursacherprinzip
Beim schwachen Verursacherprinzip muss der Schädiger nur für Schaden aufkommen, die eine bestimmte Norm verletzen. Hält er die Norm ein, trägt der Verursacher nur seine Vermeidungskosten. Beim starken Verursacherprinzip muss der Schädiger für alle Schäden aufkommen. Wie hoch die Schadenszahlungen sind, hängt vom umweltpolitischen Instrument ab. Bei der Emissionsabgabe zum Beispiel bezahlt der Schädiger auf alle Restemissionen einen Steuersatz pro Emissionseinheit.

Verursacherregel
Variante der *Internalisierung externer Effekte* durch Verhandlungen, bei der dem Geschädigten das Eigentumsrecht an der betreffenden Ressource vollständig zugewiesen wird

Vollständige Abweichung zwischen Schaden und Schadensersatzzahlung
Abweichungen, die (aus unterschiedlichen Gründen) unabhängig vom Emissionsniveau über dem gesamten Definitionsbereich der Emission bestehen

Vollständige Konkurrenz
Markt für den Folgendes gilt: Es wird

a) ein homogenes Gut,
b) von einer großen Zahl von Anbietern,
c) unter vollständiger Information,
d) bei freier Beweglichkeit des Preises und
e) bei Fehlen von Markteintritts- oder austrittskosten

angeboten und von einer großen Zahl von Nachfragern nachgefragt. Diese Bedingungen bewirken, dass kein einzelner Anbieter und kein einzelner Nachfrager in der Lage ist, den Marktpreis zu beeinflussen.

Wiederholte Spiele
Spezielle Variante der *dynamischen Spiele*, wobei das statische Grundspiel mehrmals wiederholt gespielt wird. Kennzeichnend ist, dass die Auszahlungen der Spieler in einer Periode nur von den Strategien dieser Periode abhängen und dass die Auszahlungsfunktion jeder Periode identisch ist.

Zertifikat

Standardorientiertes umweltpolitisches Instrument, welches das Recht auf Emission einer bestimmten Schadstoffmenge pro Zeiteinheit für die Emittenten in einer bestimmten Region an den Besitz einer entsprechenden Menge von Emissionserlaubnisscheinen (*Zertifikate*) knüpft; eine Gesamtmenge von Zertifikaten, deren Nennwerte sich auf den *Emissionsstandard* addieren, wird den betreffenden Verursachern durch *Versteigerung* oder freie *Vergabe* zugeteilt.

Zusatzlast der Besteuerung

Besteuerung führt zu einer Abweichung zwischen Brutto- und Nettopreis und damit zu einer Abweichung zwischen marginaler Zahlungsbereitschaft der Konsumenten und Grenzkosten der Anbieter. Hierdurch wird die Grenzausgleichsbedingung verletzt, woraus eine Allokationsverschlechterung resultiert.

Alfred Endres
Umweltökonomie
3., vollständig überarbeitete
Auflage 2007.
ISBN 978-3-17-019721-3

Die 3., vollständig überarbeitete und erweiterte Auflage des erfolg-
reichen Lehrbuchs analysiert Umweltprobleme und Umweltpolitik aus
ökonomischer Sicht. Der Bogen der Darstellung reicht von der Internalisierung externer Effekte bis zur Praxis des umweltpolitischen
Instrumenteneinsatzes. Die Neuauflage behandelt u.a. die Theorie
der internationalen Umweltpolitik ausführlicher und wendet sie auf
Probleme der Klimapolitik an. Dabei stehen das Kyoto-Abkommen und
der EU-Emissionshandel im Zentrum. Hinzu gekommen ist bei der
Neuauflage auch eine ökonomische Einschätzung der Kontroversen
um die nachhaltige Entwicklung.

Der Autor Prof. Dr. Alfred Endres lehrt Wirtschaftstheorie an der Fern-
Universität in Hagen. Außerdem ist er ständiger Gastprofessor für In-
tegrative Umweltökonomie an der Universität Witten/Herdecke.

W. Kohlhammer GmbH
70549 Stuttgart · Tel. 0711/7863 - 7280 · Fax 0711/7863 - 8430